外国家庭法及妇女理论研究中心项目

家 事 法 研 究 学 术 文 库

U0722342

遗产分割制度比较与适用研究

杜志红 著

中国人民公安大学出版社

CPPSUP 全 国 百 佳 图 书 出 版 单 位

《遗产分割制度比较与适用研究》的出版
获得中央高校基本科研业务费专项资金项目
（编号：SWU2209202）的资助

丛书主编简介

陈苇 女,1987年于西南政法学院民法专业硕士研究生毕业,获法学硕士学位,留该校任教,主要研究方向为婚姻家庭继承法、妇女儿童老人权益保护。2003年12月至2004年12月,其受国家留学基金资助公派出国留学,作为访问学者到澳大利亚悉尼大学法学院进修外国家庭法。西南政法大学民商法学院教授、博士生导师,家庭法国际学会第十六届执行委员会副主席和学术委员会委员,中国法学会婚姻家庭法学研究会副会长,重庆市妇联法律顾问,重庆市儿童工作资源中心专家,重庆市高级人民法院家事审判方式和工作机制改革试点工作指导小组成员。

代表性成果包括:独著、主编、主持翻译的《中国婚姻家庭法立法研究》(2000年版、2010年第二版)、《外国婚姻家庭法比较研究》《当代中国内地与港、澳、台婚姻家庭法比较研究》《中国大陆与港、澳、台继承法比较研究》《当代中国民众继承习惯调查实证研究》《外国继承法比较与中国民法典继承编制定研究》《改革开放三十年(1978-2008)中国婚姻家庭继承法研究之回顾与展望》《中国继承法修改热点难点问题研究》《我国防治家庭暴力情况实证调查研究》《21世纪家庭法与家事司法:实践与变革》《中国妇女儿童权益法律保障情况实证调查研究》《中国遗产处理制度系统化构建研究》《当代中国民众财产继承观念与遗产处理习惯实证调查研究》《中国婚姻家庭法理论与实践研究》《中国继承法理论与实践研究》《当代外国婚姻家庭法律制度研究》《加拿大家庭法汇编》《澳大利亚家庭法(2008年修正)》《美国家庭法精要(第五版)》《澳大利亚法律的传统与发展(第三版)》等著作、译作20余部;在《中国法学》《法律科学》《法学》《法商研究》以及International Journal of Law, Policy and the Family; The International Survey of Family Law; US-China Law Review; 21st Century Law Review等中外学术刊物发表中英文学术论文90余篇。此外,其主编出版《家事法研究》学术论文集刊六卷(2005年卷至2010年卷)和"家事法研究学术文库"其他著作20余部;应邀与美国、意大利学者合作撰写美国法学院比较家庭法英文教材1部:Practical Global Family Law——United States, China and Italy(2009年4月在美国出版)。

目 录

1

CONTENTS

CONTENTS

CONTENTS ═══

CONTENTS ≡≡≡≡

前 言

　　1978 年西南政法学院复办以后相当长时间，我国著名的婚姻法专家、中国法学会婚姻法学研究会副总干事杨怀英教授担任我校婚姻法研究方向的学科带头人。1985 年 3 月至 7 月，我校承担了司法部委托的全国法律专业婚姻法师资进修班的教学任务。当时全国著名的婚姻法专家巫昌祯、杨大文、王德意、李忠芳、任国钧等教授应邀前来我校，与杨怀英教授及胡平副教授等教师共同为来自全国的婚姻法师资进修班学员们上课，传授婚姻法学的理论知识和教学经验。如今，该婚姻法师资进修班学员们大部分都成了各高校婚姻法领域的知名专家学者和骨干教师，他们为国家培养了大批优秀人才。因此，可以说，我校是我国婚姻法学人才培养的摇篮。在科研方面，杨怀英教授先后主编出版《滇西南边疆少数民族婚姻家庭与法的研究》（法律出版社 1988 年出版）、《中国婚姻法论》（重庆出版社 1989 年出版，1991 年荣获重庆市社科优秀科研成果三等奖）、《凉山彝族奴隶社会法律制度研究》（四川民族出版社 1994 年出版，1996 年荣获四川省社科优秀科研成果二等奖）等专著和教材。1995 年杨怀英教授去世后，由中国法学会婚姻法学研究会常务理事邓宏碧教授担任我校婚姻法研究方向的学科带头人。邓宏碧教授、胡平副教授等老教师带领讲授婚姻法课程的教师，继续努力进行教学和科研工作。尤其值得指出的是，邓宏碧教授主编的《中国少数民族人口政策研究》（重庆出版社1998年出版）为国家社会科学"八五"规划重点科研项目，2001年荣获重庆市社会科学优秀科研成果一等奖。

薪火相传。本人于1979年9月考入西南政法学院法律系本科学习，1983年6月毕业任教一年后，于1984年9月考入西南政法学院攻读民法专业硕士研究生，师从杨怀英教授，主要研究方向为婚姻家庭继承法；于1987年7月硕士研究生毕业后留校任教，主要从事婚姻家庭继承法及妇女儿童老年人权益法律保护的教学和科研工作。在母校各级领导和老师们的辛勤培养下，我由一名学生逐步成长为助教、讲师、副教授、教授、博士生导师、博士后合作导师；于1996年5月至1999年4月担任民法教研室副主任，于1999年5月至2003年4月担任民法教研室主任，于2003年5月至2019年6月担任婚姻家庭继承法教研室主任。在我国婚姻法学界巫昌祯教授、杨大文教授等老一辈专家的辛勤培养下，本人于1996年7月起担任中国法学会婚姻法学研究会理事；于1999年7月起担任中国法学会婚姻法学研究会常务理事；于2004年7月至今担任中国法学会婚姻家庭法学研究会副会长；于2011年11月至2014年7月担任家庭法国际学会第十四届执行委员会委员；于2014年8月至2017年6月担任家庭法国际学会第十五届执行委员会委员兼学术委员会委员；于2017年7月至2020年9月担任家庭法国际学会第十六届执行委员会副主席兼学术委员会委员。必须说明的是，自2011年11月我由第十四届家庭法国际学会主席、澳大利亚悉尼大学法学院 Patrick Parkinson 教授①提名，经家庭法国际学会执行委员会研究同意后受聘担任家庭法国际学会第十四届执行委员会委员以来，我每年均积极撰写论文，"以文参会"，先后到意大利、韩国、法国、英国、巴西、荷兰等国出席家庭法国际学会召开的执委会、地区性会议和世界大会，在会上积极发言，发出中国声音，阐述中国观点，增进了其他国家学者对中国婚姻家庭领域的新情况、新问题和最新修改立法的了解，扩大了中国婚姻家庭法学者在家庭法学术研究领域的国际影响力。2014 年 8 月，家庭法国际学会在巴西召开"第十五届家庭法世界大会"，会上我当选家庭法国际学会第十五届执行委员会委员兼学术委员会委员。2017 年 7 月，家庭法国际学会在荷兰召开"第十六届家庭法世界大会"，会上我当选家庭法国际学会第十六届执行委员会副主席并继续兼任学术委员会委员。作为中国婚姻家庭法专家，在家庭法国际学会中我是第一位来自中国的副主席。进入领导层之后，我在家庭法国际学会这一家庭法学术研究的最高平台上，可以更好地发出中国声音、讲述中国故事、贡献中国智慧。这有利于进一步促进中外婚姻家庭继承法研究领域的国际学术交流，为各国婚姻家庭继承法律制度的改革提供参考，以造福于全人类的婚姻家庭。

"谁言寸草心，报得三春晖。"我铭记杨怀英导师"老老实实做人，认认真真做事"的教诲，以杨怀英导师和其他婚姻法学界老一辈专家为榜样，带领团队教师们努力做好教学、科研及立法研讨、法律咨询等社会服务工作。

在课程教学和教学团队建设以及社会服务方面，"教书育人"

---

① Patrick Parkinson 教授是我受中国国家留学基金资助以访问学者身份于 2003 年 12 月至 2004 年 12 月在澳大利亚悉尼大学法学院进修外国家庭法时的导师。

是教师的基本职责，高等院校法学教育的重心应当"以本为本"，即以加强本科生教育作为基本出发点。为适应高等学校法学专业"婚姻家庭继承法学"本科课程教学和教学团队建设的需要，首先，我组织进行教材的编撰和修订工作。编撰出版教材并且适时更新教材内容，这是进行教学改革和创新的基础。在我国新时代法治国家建设的进程中，新的法律法规及其司法解释不断被制定和实施，我组织本校和外校讲授本门课程的教师们积极开展教材编撰及适时修订工作，以满足本校和其他高等院校的"婚姻家庭继承法学"本科课程的教师教学和学生自学之需要。本人担任主编先后在四个出版社出版了以下教材：（1）法律出版社出版：全国重点政法院校系列教材《婚姻家庭继承法学》（2002年第1版、2004年第2次印刷）。（2）群众出版社出版：21世纪高等院校法学精品课程的理论课教材《婚姻家庭继承法学》（2005年第1版、2012年第2版、2017年第3版）及其配套的实践课教材《婚姻家庭继承法学案例教程》（2005年第1版、2010年第2版、2017年第3版）。（3）中国政法大学出版社出版：21世纪普通高等院校法学教材《婚姻家庭继承法学》（2011年第1版、2014年第2版、2018年第3版、2022年第4版）。必须说明的是，此《婚姻家庭继承法学》教材的第3版和第4版均入选"十二五"国家重点图书出版规划项目。（4）高等教育出版社出版：法学专业必修课、选修课系列教材《婚姻家庭继承法学》（2014年第1版、2018年第2版、2022年第3版）。其次，我主持开展本门课程的教学改革工作。为适应我国新时代对法律应用型人才培养的需要，我们在教学中阐明基本概念、基本原则和基本原理的同时，注意理论联系实际，引导学生运用所学理论知识分析和研究现实案例，以培养和提高学生发现问题、分析问题和解决问题的能力。最后，我组织团队教师认真总结教学改革经验，撰写发表教学改革论文，及时交流教学改革经验，供学界同人参考。我们讲授的西南政法大学"婚姻家庭继承法学"本科生课程于 2006 年被评为"西南政法大学校级精品课程"，于 2007 年被评为"重庆市市级精品课程"，同年本课程的教学团队被评为"重庆市市级优秀教学团队"。在注重教学内容和方式改革的同时，我们还加强教学资源建设，本课程于 2012 年被评为"重庆市市级精品资源共享课"。其间，我负责主持完成的教学改革成果："培养学生实践能力和创新能力的新方法——项目参与式社会调查"，于 2009 年荣获"重庆市教学成果一等奖"。综上所述，本人担任责任教授的"婚姻家庭继承法学"课程，通过教学团队全体教师共同辛勤工作，在取得良好教学效果而受到学生肯定的同时，也受到法学界同行和社会群众的好评，产生了良好的社会影响。2006 年 1 月至 2019 年年底的十余年，因工作业绩突出，我们获得了多项集体荣誉和个人荣誉，西南政法大学婚姻家庭继承法教研室和外国家庭及妇女理论研究中心荣获"重庆市沙坪坝区三八红旗集体""重庆市教科文卫体系统 2011 年度五一巾帼标兵岗""重庆市三八红旗集体"和"全国三八红旗集体"等集体荣誉称号；本人被评为"西南政法大学优秀教师""西南政法大学研究生优秀指导教师""西政好老师""重庆市三八红旗手""重庆市五一巾帼标兵""重庆市十佳师德标兵""全国师德先进个人"和"全国模范教师"。为充分发挥劳模的示范引领作用，2014 年 12 月在西南政法大学校党政领导和校工会的指导下，本人担任负责人组织创立西南政法大学"陈苇劳模创新工作室"，在团队教师们的共同辛勤工作下，在教学科研、立法研讨、法治宣传及法律咨询公益服务等工作中做出了突出成绩，2016 年该工作室被评为"重庆市教科文卫体工会首批产业级劳模创新工作室",2017 年该工作室被评为"重庆市劳模创新示范工作室"。这些都提高和扩大了西南政法大学民商法专业婚姻家庭继承法学科方向的良好声誉。

在校内学术研究和人才培养平台方面,2003 年 12 月至 2004 年 12 月,本人受国家留学基金资助由教育部公派出国留学,作为访问学者到澳大利亚悉尼大学法学院进修外国家庭法一年。留学回国后,我于 2005 年 1 月向学校提出了建立"西南政法大学外国家庭法及妇女理论研究中心"的书面申请。2005 年 4 月 1 日,西南政法大学校长办公会议批准同意该研究中心成立,任命我担任主任。自 2005 年 4 月该研究中心成立以来,本人夙夜忧虑、恐负厚望,带领研究中心的教师和研究生组成科研创新团队,勤奋科研,不敢懈怠。至 2022 年 12 月的十余年里,我担任项目负责人主持、带领团队成员师生共同撰写完成并公开出版的专著、译著有二十余部,主要有《外国婚姻家庭法比较研究》(重庆市哲学社会科学"十五"规划项目成果著作,译作,2006 年 1 月出版)、《加拿大家庭法汇编》(2006 年 1 月出版)、《中国大陆与港、澳、台继承法比较研究》(重庆市教委人文社科项目成果著作,2007 年 1 月出版)、《当代中国民众继承习惯调查实证研究》(国家社科基金项目子课题成果著作,2008 年 1 月出版)、《澳大利亚家庭法(2008 年修正)》(译作,重庆市教委人文社科重点项目成果,2009 年 1 月出版)、《美国家庭法精要》(第五版)(译作,2010 年 3 月出版)、《改革开放三十年(1978—2008)中国婚姻家庭继承法研究之回顾与展望》(西南政法大学重点项目成果著作,2010 年 1 月出版)、《中国婚姻家庭法立法研究》(第二版)(2010 年 1 月出版)、《外国继承法比较与中国民法典继承编制定研究》(国家社科基金项目成果著作,经专家匿名评审后被鉴定为"优秀"等级,

2010 年入选首届《国家哲学社会科学成果文库》。全国哲学社会科学办公室在其"出版说明"中指出：入选成果代表当前相关领域学术研究的前沿水平，体现我国哲学社会科学界的学术创造力，按照"统一标识、统一封面、统一版式、统一标准"的总体要求组织出版。该著作于 2011 年 3 月出版）、《澳大利亚法律的传统与发展（第三版）》（译作，2011 年 5 月出版）、《当代中国内地与港、澳、台婚姻家庭法比较研究》（中国司法部"法治建设与法学理论研究"课题成果著作，2012 年 5 月出版）、《中国继承法修改热点难点问题研究》（2013 年 10 月出版）、《我国防治家庭暴力情况实证调查研究——以我国六省市被抽样调查地区防治家庭暴力情况为对象》（中国法学会部级法学研究课题成果著作，2014 年 5 月出版）、《21 世纪家庭法与家事司法：实践与变革》（2016 年 10 月出版）、《中国妇女儿童权益法律保障情况实证调查研究——以中国五省市被抽样调查地区妇女儿童权益法律保障情况为对象（上卷、下卷）》（中国法学会部级法学研究课题成果著作，2017 年 3 月出版）、《中国家事审判改革暨家事法修改理论与实务研究》（2018 年 4 月出版）、《中国民法典编纂视野下家事审判改革及家事法修改研究》（2019 年 5 月出版）、《中国遗产处理制度系统化构建研究》（中国司法部"法治建设与法学理论研究部级科研项目"成果著作，2019 年 5 月出版）、《中国继承法理论与实践研究》（2019 年 5 月出版）、《中国婚姻家庭法理论与实践研究》（2019 年 9 月出版）、《当代中国民众财产继承观念与遗产处理习惯实证调查研究（上卷、下卷）》（中国司法部"法治建设与法学理论研究部级科研项目"子课题成果著作，2019 年 10 月出版）、《中国家事审判改革暨家事法立法完善理论与实践研究》（2020 年 5 月出版）、《当代外国婚姻家庭法律制度研究》（2022 年 7 月出版）等。此外，本人应邀与美国、意大利学者合作撰写美国法学院比较家庭法英文教材 1 部：*Practical Global Family Law——United States, China and Italy*（2009 年 4 月在美国出版）。

在国内学术研究和人才培养平台方面，为促进婚姻家庭继承法领域的学术研究和学术交流，本人于 2005 年起创办并担任主编出版《家事法研究》学术论文集刊。自《家事法研究》2006 年卷面世至 2011 年的 6 年间，先后出版了 2005 年卷至 2010 年卷共计 6 卷，推出了一批具有前沿性的学术论文，培养了一批学术新人，受到国内学术界同人和实务界人士的肯定和好评，产生了良好的社会影响。为进一步扩大《家事法研究》的学术影响，经本人提出申请，中国法学会婚姻家庭法学研究会常务理事会研究同意，《家事法研究》从 2011 年卷起被转为"中国法学会婚姻家庭法学研究会"的会刊。可以相信，在该研究会的精心主办下，《家事法研究》将在法学理论研究与司法实务探索相结合的沃土中更加茁壮成长，枝繁叶茂！

长江后浪推前浪。为推出婚姻家庭继承法学研究领域具有前沿性、创新性的学术著作，培养更多的学术新人，自 2012 年起本人创立并担任主编出版"家事法研究学术文库"。此文库作为学术研究和学术交流的平台，遴选出版婚姻家庭继承法研究领域具有前沿性、创新性的博士学位论文和学术专著，每年拟出版 1~3 本。本文库旨在通过婚姻家庭继承法学研究领域最新学术著作的出版，推出一批前沿理论和实务问题研究的新作，促进我国婚姻家庭继承法学研究朝着更深、更广的方向发展，以更多的优秀研究成果为我国民众处理婚姻家庭继承问题提供参考，为推进法治国家建设之完善立法、改进司法服务。至 2023 年年底，本文库已出版学术著作 33 部，在 2024 年拟出版《中国民法典婚姻家庭编与继承编理论与实务研究》《遗产债务清偿制度研究》《遗产分割制度比较与适用研究》等学术著作，以飨读者。

最后，我衷心感谢编辑老师多年来对本文库出版所付出的辛勤劳动！

《家事法研究学术文库》主编：陈　苇
2024 年 2 月 28 日

自　序

　　随着我国社会经济的不断发展，民众私有财产的数量和种类不断增加。随着社会流动性增强和人们思想观念变化，个人遗产的继承和分配问题日益复杂，共同继承人之间的遗产分割纠纷逐渐增加，成为影响家庭和谐、社会稳定的重要问题。遗产分割制度是我国《民法典》继承编的重要组成部分，专门调整共同继承人之间的遗产分割关系。遗产分割制度可以细分为遗产分割客体、依据、时间、方法和效力五个方面的具体制度。目前国内遗产分割制度的相关研究还比较薄弱。

　　本书对遗产分割法律制度的基本概念、价值取向、制度演变、审判现况和国外立法等进行较为系统的研究。在研究思路和方法上，首先从我国遗产分割制度的立法现状出发，对司法实践中的典型案例进行评析，然后在考察我国民众继承习惯的基础上，借鉴国外相关立法例，参考我国学者"继承法立法建议稿"有关完善我国遗产分割制度立法的观点，提出完善我国遗产分割制度的理论和规范建议。

　　由于笔者水平有限，本书存在某些不足之处，敬请专家、学者和读者朋友批评指正！

杜志红

2024 年 2 月 28 日

鸣　谢

　　为了写作本书，2017年暑期笔者组织学生对我国西南地区三省（市）民众遗产分割习惯进行了调查。本次调查使用的问卷《当代民众继承观念与遗产分割习惯》，是在陈苇教授负责主持的2016年司法部部级科研项目"我国遗产处理制度系统化构建研究"（编号：16SFB2036）课题组于2016年11月至12月设计制作的《当代中国民众财产继承观念与遗产处理习惯实证调查》之调查问卷基础上，修改补充部分内容而成的。在此，笔者谨向陈苇教授和该课题组参与调查问卷制作的全体成员表示衷心的感谢！

　　西南大学材料与能源学院2015级、2016级材料物理和金属材料工程专业本科的84名学生，参加了《当代民众继承观念与遗产分割习惯》的入户问卷调查、个人访谈、问卷统计和复核工作。贵州省黄平县和遵义市，四川省江油市、绵竹市、广汉市和绵阳市，重庆市江津区、永川区和开县留下了同学们辛勤的调查足迹。笔者在此向这84名同学表示衷心的感谢！

　　参加本次调查的学生名单如下：

　　一、贵州黄平小分队（7人）

　　组长：姚雪

　　组员：王雅岚、刘媛、袁琪、谢佑、李金杨、孟昊岩

　　二、贵州遵义小分队（12人）

　　组长：钟源鑫

　　组员：段志鹏、鲁国椿、赵云川、胥皓添、秦家乐、金海宁、黎书然、牟杨秋、段贵娟、高玉虹、杨静芳

三、四川江油小分队（9 人）

组长：赖博雯

组员：高枫、易云鹤、潘永齐、孙俊绒、吴星、栗维敏、谢靖怡、向欣

四、四川绵竹小分队（9 人）

组长：陈宇

组员：李孟周、孙颜、钟黎明、雍秉莲、邓诗琴、李燕姣、杨茜、袁伊蝶

五、四川广汉小分队（8 人）

组长：周晓悦

组员：雷雨司、尚海琳、冯智豪、廖鑫元、辛凯耀、胡启彬、殷建杰

六、四川绵阳小分队（10 人）

组长：江宇婷

组员：景嘉忆、林俊伟、张祥森、李阳、朱希希、何祥飞、徐佳悦、朝钰、杨博宇

七、重庆江津小分队（10 人）

组长：胡豪侣

组员：张高腾、梁碧华、刘晓庆、李靖阳、刘陈铺、陈士林、许志岭、张思远、谷达冲

八、重庆永川小分队（12 人）

组长：蒋竟

组员：王清清、唐梅芳、樊童欣、李潇熠、曾欣钰、龚冬奥、金维川、杨爽、张郅昊、向天笑、刘肖月

九、重庆开县小分队（7 人）

组长：谭雲

组员：胡飚、郑永红、颜纳雨、陈朋、蒋凤、周艺

杜志红

2024 年 2 月 28 日

引 言

一、选题背景与意义

（一）选题背景

近年来，我国社会经济迅猛发展，人们所拥有的财富总量日益增长，拥有的财产类型日益丰富。国家统计局关于国民经济和社会发展统计公报的数据显示，从 1985 年到 2022 年，全国城镇居民人均可支配收入增长了 71 倍，农村居民人均可支配收入增长了 50.7 倍。[①] 我国居民经济收入的增长也带来了财产种类和结构的变化，城乡住房面积和质量的提升使房产成为家庭中的重要财产，电器、汽车等已成为普通的家庭消费品。居民存款大幅增加，股票、基金、保险等理财产品在部分居民的财产结构中占据重要地位。在实行社会主义市场经济体制之后，个人投资的私营企业蓬勃发展，个人拥有的生产资料与财富大幅增长。

根据 2021 年第七次全国人口普查主要数据公报的统计，大陆 31 个省、自治区、直辖市平均每个家庭的人口为 2.62 人，比 2010

[①] 以上仅为城乡居民收入数额的对比，实际增长额仍需扣除价格因素。具体内容请参见中华人民共和国国家统计局：《中华人民共和国 2022 年国民经济和社会发展统计公报》，载 http://www.stats.gov.cn/xxgk/sjfb/zxfb2020/202302/t20230228_1919001.html；中华人民共和国国家统计局：《中华人民共和国国家统计局关于一九八五年国民经济和社会发展统计公报》，载 https://www.stats.gov.cn/xxgk/sjfb/tjgb2020/201311/P020200617516957136933.PDF，最后访问日期：2024 年 2 月 2 日。

年第六次全国人口普查的 3. 10 人减少 0. 48 人。其中 0~14 岁人口占 17. 95%；60 岁及以上人口占 18. 70%，65 岁及以上人口占 13. 50%。① 根据联合国制定的标准，65 岁以上人口占人口总数的 7%，即表明该地区已进入老龄化社会，而我国 65 岁以上人口占人口总数已超过该标准 6. 5%，这表明我国已步入老龄化社会。步入老龄化社会，一方面考验政府规划养老的能力，另一方面财产传承问题将日益突出并受到关注。另外，根据 2021 年我国卫生健康事业发展统计公报，居民人均预期寿命在 2020 年为 77. 93 岁，② 分性别看，男性为 76. 42 岁，女性为 81. 71 岁。③ 男女平均预期寿命之差为 5. 29 岁。因此，如何保障健在配偶的生活质量和水平不因被继承人死亡而受到太大影响，也是我们必须予以重视的问题。

《中国统计年鉴》2019 年至 2021 年关于全国人民法院审理的婚姻家庭、继承案件收案情况的数据显示，2019 年全国法院一审继承纠纷收案 143580 件，其中法定继承纠纷 67384 件，遗嘱继承纠纷 6872 件，二者合计 74256 件，占全部继承纠纷的 51. 7%。④ 2020 年全国法院一审继承纠纷收案 119333 件，其中法定继承纠纷 51897 件，遗嘱继承纠纷 5932 件，二者合计 57829 件，占全部继承纠纷的 48. 5%。⑤ 2021 年全国法院一审继承纠纷收案 127182 件，

---

① 中华人民共和国国家统计局：《第七次全国人口普查公报（第二号）》（2021 年 5 月 11 日），载 http：//https：//www. stats. gov. cn/sj/pcsj/rkpc/7rp/zk/html/fu03b. pdf？eqid=b631b2ba000028f200000006646496de；中华人民共和国国家统计局：《第七次全国人口普查公报（第五号）》（2021 年 5 月 11 日），载 http：//https：//www. stats. gov. cn/sj/pcsj/rkpc/7rp/zk/html/fu03e. pdf，最后访问日期：2024 年 2 月 2 日。

② 《2021 年我国卫生健康事业发展统计公报》，载 http：//www. gov. cn/xinwen/2022-07/12/content_ 5700670. htm，最后访问日期：2024 年 2 月 2 日。

③ 何剑钢、郑宇西：《中国死亡率改善率预测及实践研究》，载《保险研究》2022 年第 1 期，第 91 页。

④ 国家统计局编：《中国统计年鉴 2020》，载 http：//www. stats. gov. cn/sj/ndsj/2020/indexch. htm，最后访问日期：2024 年 2 月 2 日。

⑤ 国家统计局编：《中国统计年鉴 2021》，载 http：//www. stats. gov. cn/sj/ndsj/2021/indexch. htm，最后访问日期：2024 年 2 月 2 日。

其中法定继承纠纷 53358 件，遗嘱继承纠纷 8282 件，二者合计 61640 件，占全部继承纠纷的 48.5%。① 可见，2019—2021 年，一审中继承纠纷的收案总量每年保持在 11 万件以上，其中法定继承纠纷的收案数量每年 5 万件以上，遗嘱继承纠纷的案件数量每年 5000 件以上。《最高人民法院关于修改〈民事案件案由规定〉的决定》规定，我国继承纠纷的案由主要分为法定继承纠纷、遗嘱继承纠纷、被继承人债务清偿纠纷、遗赠纠纷、遗赠扶养协议纠纷和遗产管理纠纷六种。而遗产分割主要发生在法定继承纠纷和遗嘱继承纠纷中，是共同继承时数名法定继承人或遗嘱继承人因无法达成协议而诉至法院请求法院裁判分割遗产的情形。因此，从法定继承纠纷和遗嘱继承纠纷的收案情况来看，遗产分割案件占了全部继承纠纷的半壁江山。同时，遗产分割纠纷也日益呈现出复杂化的态势，主要表现在：一是遗产分割纠纷中遗产的范围难以厘清；二是遗产债权人的利益难以得到有效保障；三是遗产分割纠纷中遗产分割方法的确定较为复杂。

我国 1985 年《继承法》只有 37 个条文，不仅数量较少，相较于其他外国的继承法律规定，其条文和篇幅都较为短小。由于它以《苏俄民法典》为蓝本，主要体现的是计划经济的特点，而没有借鉴实行市场经济制度下高度发达的国家的法律规定。因此，在社会经济基础以及家庭和亲属关系都发生深刻变化的前提下，当初"宜粗不宜细"立法指导下的该继承法显然已不能完全适应社会生活的需要，迫切需要修改完善。在我国，2014 年 10 月，党的十八届四中全会通过《中共中央关于全面推进依法治国若干重大问题的决定》，明确提出"编纂民法典"。所谓"编"，是将既有的物权、合同、人格权、婚姻家庭、继承、侵权责任等民事法律和制度进行系统整理、统合；所谓"纂"，是结合我国改革开放

---

① 国家统计局编：《中国统计年鉴 2022》，载 http：//www.stats.gov.cn/sj/ndsj/2022/indexch.htm，最后访问日期：2024 年 2 月 2 日。

实践中出现的各种新情况、新问题，确立新的制度。① 这对 1985 年《继承法》而言，可谓正逢其时。正是借着这股春风，2020 年 5 月 28 日我国《民法典》颁布。继承编作为其中的重要一编也作了体系化的完善和创新，其中最大的亮点就是增加了遗产管理制度，为更好地保护遗产债权人的利益提供了有力的保障。但遗憾的是，受制于时间以及对以往民众继承习惯尊重等因素的影响，《民法典》继承编的整体变化不大。从条文数量来看，从原来的 37 条增加到 44 条，其中有 5 条是有关遗产管理制度的规定，其余的内容基本上均保留了原《继承法》的规定。

从调整对象来看，继承法是调整平等的民事主体之间因自然人的死亡而发生的财产关系的法律。其中，最重要的一项任务就是把被继承人的遗产顺利移转到继承人的手中，确保遗产稳妥地移转，进而保证社会的稳定。如果被继承人存在数个共同继承人时，就需要通过遗产分割制度来实现将被继承人的遗产在各共同继承人之间公平有序地分配。我国《民法典》继承编规定了遗产分割制度，其规定主要分散在 "法定继承""遗嘱继承""遗产的处理" 三章中，而且遗产分割的规定仅在第 1132、1153、1155 和 1156 条，其对法定继承遗产的分割、被继承人的遗产与其他共同财产的区分、保留胎儿的继承人份额与遗产分割的原则和办法作了简单的规定，既不系统也不全面。而外国有不少国家均将 "遗产分割" 作为专章或专节纳入民法典的继承编中，并对遗产分割的客体、依据、时间、办法和效力作了详细而全面的规定。针对前述我国民众财富日益增长后对准确适用遗产分割制度的现实需求以及学术界目前对于遗产分割制度进行系统、深入研究的学术专著尚无出版的现状，本书对遗产分割制度进行体系化研究。本书将在对我国遗产分割制度立法和司法状况进行深入考察、分析的基础上，比较和借鉴域外遗产分割制度，参考我国学者 "继承

---

① 周洁：《民法典编纂的前世今生》，载《新民周刊》2020 年 6 月 24 日。

法立法建议稿"有关完善我国遗产分割制度立法的观点，进而提出我国《民法典》继承编遗产分割制度适用的具体建议。

（二）选题意义

本选题的意义主要体现在如下几个方面：

第一，目前，学术界对继承制度中的法定继承制度和遗嘱继承制度研究较多，对遗产分割制度开展的研究较少。而遗产分割是结束遗产共有，实现继承人利益最为关键的一环。对遗产分割制度的深入研究，有助于实现被继承人的遗产在各共同继承人之间的公平分配。

第二，遗产分割的顺利与否，既涉及继承人的切身利益，也涉及与被继承人和继承人相关的第三人的合法权益，如如何保障继承过程中遗产债权人和继承人债权人的利益不受侵害。因此，研究遗产分割制度有助于平等保护各共同继承人以及遗产分割所涉及的第三人。

第三，随着我国民众财富的日益增长，民众死亡后的遗产分割问题日益凸显，因遗产分割问题而诉至法院的纠纷也日益增多，突出表现在被继承人的遗产范围难以查清、遗产的分割方法难以确定、遗产债权人的利益得不到保护等。对遗产分割制度展开研究，有助于更好地指导司法实践。

第四，针对我国遗产分割制度规定得不系统和不全面，借鉴国外立法例，参考我国学者"继承法立法建议稿"有关完善我国遗产分割制度立法的观点，结合我国社会的现实国情，提出《民法典》继承编之遗产分割制度适用的具体建议。

二、国内外研究现状

（一）国内研究现状

经过对文献资料的收集和整理发现，关于遗产分割制度进行深入系统研究的较少，具体表现在：

第一，目前关于遗产分割制度开展研究的论文较少。在对期刊数据库进行在线搜索后，发现涉及遗产分割制度的期刊论文仅有50余篇，硕士学位论文10余篇，这些论文关于遗产分割制度的研究主要涉及以下六个方面：（1）对遗产分割制度整体展开的研究。蒙冬梅（2009）针对我国继承法没有对遗产分割作出详细规定的立法现状，为保护共同继承人的合法利益，建议通过明确规定遗产分割的原则、胎儿应继承份额的保留、遗产分割的依据、遗产分割的方法、遗产分割的效力和遗产分割的归扣制度来完善立法；唐敏宝（2004）从理论与实务两个角度对遗产分割的前提、依据、限制和效力展开研究；陈锡川（1999）主要以平等原则为切入点讨论了共同继承人分割遗产时继承人与被继承人间债权债务、生前特种赠与归扣以及遗产分割后共同继承人之间的相互担保责任；林正雄（1999）从遗产分割与共有物分割的区别与联系视角，对遗产分割的方式、方法、实行和效力进行了探讨；刘长宜（1993）就遗产分割中的遗嘱分割、协议分割以及裁判分割所涉及的相关争议提出了自己的看法；江燕伟（1993）主要对法官裁判分割的方法和效力进行了研究。[①]（2）有关遗产分割制度立法价值取向与相关立法原则的研究。秦志远（2007）认为遗产分割不应仅关注于遗产的归属，更应关注遗产效用的发挥，在完善我国遗产分割制度时，应坚持利用优先，并同时关注意思自治价值、伦理价值和社会价值。陈苇、冉启玉（2019）阐述的现代继承法的基本原则中，涉及遗产分割的原则主要有：一是被继承人、继承人意思自治原则，即被继承人有权以遗嘱处分其个人财产及处

[①] 蒙冬梅：《论我国继承法之遗产分割制度》，载《广西社会科学》2009年第12期；唐敏宝：《遗产分割理论与实务》，载《司法研究年报》第24辑，2004年11月；陈锡川：《遗产分割与共同继承人间平等》，"国立"政治大学法律学研究所1999年硕士学位论文；林正雄：《遗产分割之研究》，台湾辅仁大学法律学研究所1999年硕士学位论文；刘长宜：《遗产分割方法之研究》，东海大学法律研究所1993年硕士学位论文；江伟燕：《遗产分割之研究——以裁判分割为中心》，台湾辅仁大学法律学研究所1993年硕士学位论文。

理相关的事项，并可对遗嘱附条件或者附义务，遗嘱可排除无遗嘱继承优先被适用；在无遗嘱继承的遗产分割时，继承人间可协商分割的时间、方式等。二是发挥遗产扶养功能原则，无遗嘱继承时遗产分割，遗产应当尽量由近亲属继承，以发挥遗产的家庭扶养功能；遗嘱继承处理遗产时，须为法定近亲属保留特留份或提供"合理的"扶养费。此外，在遗产分割前一定时期内对被继承人生前受其扶养者须从遗产中提供一定期间的临时生活费等。三是保护遗产债权人利益原则，在实行直接继承的大陆法系国家，通常设立以下制度：有条件的限定继承制度、遗产管理制度（含发布继承的通知或公告、制作遗产清册、申请财产分离等规范）和遗产债务清偿连带责任制度，以保护遗产债权人利益。[①]（3）对遗产分割前各共同继承人关系的研究。我国学术界普遍认为共同继承遗产为共同共有，而冯乐坤（2011）、李国强（2013）等认为，随着我国以同居共财为基础而形成的家庭模式的逐渐瓦解，以《物权法》的解释和《继承法》的修改为视角，共同继承人之间应为按份共有。[②]（4）我国古代分家习惯对于遗产分割制度的影响和意义。俞江（2005）认为，分家作为中国家庭财产领域中的主要行为模式，与近代中国的财产继承领域的规则存在冲突，即分家习惯与继承法难以兼容。要解决此冲突，既要承认分家习惯的合理性，又应注意其违背平等原则的局限性。冀建峰（2003）认为，分家一定程度上包括了遗产分割，在家长突然亡故而生前未做分家的情况下，农村村民会采取请人说和的方法，对财物进行分割。但在他们看来这仍属于"分家"而非"遗产分割"。而此

---

① 秦志远：《遗产分割：制度与价值》，载《理论与探索》2007 年第 6 期；陈苇、冉启玉：《现代继承法的基本原则研究》，载陈苇等：《中国继承法理论与实践研究》，中国人民公安大学出版社 2019 年版，第 11—14 页。

② 冯乐坤：《共同继承遗产的定性反思与制度重构》，载《法商研究》2011 年第 2 期；李国强：《论共同继承遗产的分割规则——以〈物权法〉的解释和〈继承法〉的修改为视角》，载《法学论坛》2013 年第 2 期。

时分家的具体操作仍然是采用民间分家中的习惯，而非《继承法》的相关规定。[1]（5）对遗产分割相关制度的研究。麻昌华（2015）认为，继承法的修改在借鉴国外继承制度时，必须对我国的继承习惯进行价值考量，以实现民间法与制定法的良性互动；房绍坤（2013）认为，遗产分割时应注意发挥遗产的效用，通过赋予继承人请求遗产分割的自由和规定配偶对住房和家庭用具的优先分配权来实现；付翠英（2012）认为，针对继承人的继承权被侵害以及遗产债权人的利益得不到保障的社会现状，建议构建系统完善的遗产管理制度。陈苇、石婷（2013）在考察我国设立遗产管理制度的社会基础，对国外遗产管理制度考察与评析和遗产管理制度的立法价值取向分析基础上，提出我国遗产管理制度之立法设想。陈苇、贺海燕（2020）认为，我国《民法典》新增遗产管理人制度，明确规定遗产管理人的职责范围，并附以兜底条款，有利于确认遗产范围，保证遗产清单的准确性，保障遗产债务的清偿和遗产分割的有序进行。[2]

第二，关于遗产分割制度的专著目前国内尚无出版，但涉及遗产分割制度的著作和教材数量较多，还有不少学者的立法建议稿。我国学者对遗产分割制度的研究主要围绕以下内容展开：（1）对遗产分割制度进行的综合性研究。其中，具有代表性的著作有：刘春茂主编的《中国民法学·财产继承》（1990）对遗产分割的原则、方式、时间、方法、溯及效力作了探讨；张玉敏的

---

[1] 俞江：《继承领域内冲突格局的形成——近代中国的分家习惯与继承法移植》，载《中国社会科学》2005 年第 5 期；冀建峰：《农村家庭合法财产的分割——对山西省平遥县段村的调查》，载《山西农业大学学报（社会科学版）》2003 年第 3 期。

[2] 麻昌华：《论法的民族性与我国继承法的修改》，载《法学评论》2015 年第 1 期；房绍坤：《关于修订继承法的三点建议》，载《法学论坛》2013 年第 2 期；付翠英：《遗产管理制度的设立基础和体系架构》，载《法学》2012 年第 8 期；陈苇、石婷：《我国设立遗产管理制度的社会基础及其制度构建》，载《河北法学》2013 年第 7 期；陈苇、贺海燕：《论民法典继承编的立法理念与制度新规》，载《河北法学》2020 年第 11 期。

《继承法律制度研究》（1999）对遗产分割的原则、方法、限制、应继份的计算以及遗产分割的效力进行了研究；郭明瑞等的《继承法研究》（2003）对遗产分割的含义、立法主义、前提、时间与限制、依据、方法和效力作了探讨；张平华、刘耀东的《继承法原理》（2009）对遗产分割的含义、自由与限制、效力、方法作了阐述；陈苇主编的《外国继承法比较与中国民法典继承编制定研究》（2011），从比较法的视角对大陆法系的法国、德国、瑞士、日本、意大利和俄罗斯六个国家和英美法系的英国、美国和澳大利亚三个国家的遗产分割制度进行考察和比较评析，结合我国民众遗产分割实证调查的民间习惯，分析我国现行立法之不足和提出完善立法的建议，并且具体设计了我国遗产分割制度之"立法建议稿"条文。① 具有代表性的教材有：陈苇主编的《婚姻家庭继承法学》（2002）、王歌雅主编的《婚姻家庭继承法》（2008）、夏吟兰主编的《婚姻家庭与继承法学原理》（2011）、马忆南主编的《婚姻家庭继承法学》（2011）、李明舜主编的《婚姻家庭继承法学》（2011）②，上述教材对于遗产分割制度的基本内容作了简明阐述。（2）对遗产分割制度的演变历史进行的研究。研究国外遗产分割制度的演变历史的代表性著作有：［意］彼德罗·彭梵得的《罗马法教科书》（1992）对于罗马法时期的共同继承人的关系以及遗产分割之诉作了概括介绍；周枏的《罗马法原论》（2004）对于罗马法时期的遗产分割以及遗产归扣的三种类型作了介绍；费

---

① 刘春茂主编：《中国民法学·财产继承》，中国人民公安大学出版社 1990 年版；张玉敏：《继承法律制度研究》，法律出版社 1999 年版；郭明瑞、房绍坤、关涛：《继承法研究》，中国人民大学出版社 2003 年版；张平华、刘耀东：《继承法原理》，中国法制出版社 2009 年版；陈苇主编：《外国继承法比较与中国民法典继承编制定研究》，北京大学出版社 2011 年版。

② 陈苇主编：《婚姻家庭继承法学》，法律出版社 2002 年版；王歌雅主编：《婚姻家庭继承法》，清华大学出版社 2008 年版；夏吟兰主编：《婚姻家庭与继承法学原理》，中国政法大学出版社 2011 年版；马忆南：《婚姻家庭继承法学》（第 2 版），北京大学出版社 2011 年版；李明舜主编：《婚姻家庭继承法学》，武汉大学出版社 2011 年版。

安玲的《罗马继承法研究》（2000）作为研究罗马继承法的专门著作，其对遗嘱继承、无遗嘱继承以及遗产归扣制度进行了深入细致的分析，是深刻理解罗马继承制度的素材；［意］桑德罗·斯奇巴尼的《民法大全选译·遗产继承》（1995）、［古罗马］盖尤斯的《法学阶梯》（1996）、［意］桑德罗·斯奇巴尼：《婚姻·家庭和遗产继承》（2001）、［古罗马］优士丁尼的《法学阶梯》（2005）是研究罗马法时期的遗产分割制度的宝贵的文献材料；由嵘的《日耳曼法简介》（1987）、李宜琛的《日耳曼法概说》（2003）、李秀清的《日耳曼法研究》（2005）是了解日耳曼法时期遗产分割制度的重要资料。① 研究我国遗产分割制度的演变历史的代表性著作有：程维荣的《中国继承制度史》（2006）全面阐述了中国历代的继承制度，对继承制度从起源至新中国继承制度的建立展开了系统研究；邢铁的《家产继承史论》（2012）以家产继承为研究对象，对家产继承方式的形成过程、特点进行了详细论证；杨立新主编的《中国百年民法典汇编》（2011）是研究我国近代遗产分割制度法律规范的重要参考资料。② （3）对我国民众继承习惯展开的实证调查研究。陈苇主编的《当代中国民众继承习惯调查实证研究》（2008）对抽样调查的我国北京市、重庆市、湖北

① ［意］彼德罗·彭梵得：《罗马法教科书》，黄风译，中国政法大学出版社1992年版；周枏：《罗马法原论》（下册），商务印书馆2004年版，第575页；费安玲：《罗马继承法研究》，中国政法大学出版社2000年版；［意］桑德罗·斯奇巴尼：《民法大全选译·遗产继承》，费安玲译，中国政法大学出版社1995年版；［古罗马］盖尤斯：《法学阶梯》，中国政法大学出版社1996年版；［意］桑德罗·斯奇巴尼：《婚姻·家庭和遗产继承》，费安玲译，中国政法大学出版社2001年版；［古罗马］优士丁尼：《法学阶梯》，徐国栋译，中国政法大学出版社2005年版；由嵘：《日耳曼法简介》，法律出版社1987年版；李宜琛：《日耳曼法概说》，中国政法大学出版社2003年版；李秀清：《日耳曼法研究》，商务印书馆2005年版。
② 程维荣：《中国继承制度史》，东方出版中心2006年版；邢铁：《家产继承史论》，云南大学出版社2012年版；杨立新主编：《中国百年民法典汇编》，中国法制出版社2011年版。

省和山东省四省（市）民众对遗产分割的范围、时间和方法等民间习惯展开了调查研究；高其才主编的《当代中国分家析产习惯法》（2014）对分家习惯对我国遗产分割制度的影响进行了深入分析。陈苇主编的《当代中国民众财产继承观念与遗产处理习惯调查实证研究（上卷、下卷）》（2019）对抽样调查的我国重庆市、上海市、吉林省、河北省、湖北省、江西省、广东省、海南省、福建省和四川省十省（市）民众对遗产分割的自由与限制、时间与理由、遗产分割是否受遗嘱的限制、继承人协商能否改变遗嘱限制、遗产分割瑕疵的担保责任等观念和处理习惯展开了调查研究，在分析我国遗产分割制度之不足的基础上，结合我国民众习惯的实际提出立法完善建议。① （4）对完善我国遗产分割制度的立法建议，具有代表性的学者建议稿和著作有：梁慧星主编的《中国民法典草案建议稿附理由·继承编》（2013）；徐国栋主编的《绿色民法典草案》（2004）；王利明主编的《中国民法典学者建议稿及立法理由——人格权编·婚姻家庭编·继承编》（2005）；张玉敏主编的《中国继承法建议稿及立法理由》（2006）；陈苇主编的《〈中华人民共和国继承法〉修正案（学者建议稿）》（2012）；杨立新、杨震主编的《中华人民共和国继承法（修正草案建议

---

① 陈苇主编：《当代中国民众继承习惯调查实证研究》，群众出版社 2008 年版；高其才主编：《当代中国分家析产习惯法》，中国政法大学出版社 2014 年版；陈苇主编：《当代中国民众财产继承观念与遗产处理习惯调查实证研究（上卷、下卷）》，中国人民公安大学出版社 2019 年版。

稿)》（2012）。^① 上述六份学者立法建议稿对完善我国遗产分割制度的客体、时间、依据、方法和效力等均作了设计。此外，陈苇主编的《中国遗产处理制度系统化构建研究》（2019）第七章遗产分割制度研究，阐明遗产分割制度的主要内容包括遗产分割的标的、原则、时间、方法和效力等方面的具体规范；阐述遗产分割制度的立法演变、立法目的、价值取向与功能；考察和评析国外立法现状、我国立法现状、我国十省（市）被调查民众的财产继承观念和遗产处理习惯之实证调查数据和遗产分割制度的我国司法实践案例，进而评析我国学者之完善我国立法的观点，在预测现代遗产分割制度发展趋势的基础上，结合我国实际提出了我国立法的完善建议。^② 以上这些研究成果都为继续深入研究完善我国遗产分割制度提供了有益参考。

由上可见，目前我国学术界对于遗产分割制度的研究，已经出版、发表有涉及遗产分割制度研究的论文、教材、著作和完善我国立法的学者建议稿，但尚无对遗产分割制度全面、系统研究的专著出版。笔者认为，对于对遗产分割制度应包括主要内容的全面梳理和分析、对遗产分割制度演变历史的归纳与概括、对我国遗产分割制度现有立法不足的分析和研究等都有待继续深入，

---

① 梁慧星主编：《中国民法典草案建议稿附理由·继承编》，法律出版社 2013 年版；徐国栋主编：《绿色民法典草案》，社会科学文献出版社 2004 年版；王利明主编：《中国民法典学者建议稿及立法理由——人格权编·婚姻家庭·继承编》，法律出版社 2005 年版；张玉敏主编：《中国继承法建议稿及立法理由》，人民出版社 2006 年版；陈苇主编：《〈中华人民共和国继承法〉修正案（学者建议稿）》，载易继明主编：《私法》2013 年第 10 辑第 2 卷，华中科技大学出版社 2013 年版，第 1-24 页。必须说明，陈苇对此立法建议稿附注释说明：本修正案建议稿的内容全部源于陈苇担任项目负责人的国家社科基金项目的结项专著——陈苇主编的《外国继承法比较与中国民法典继承编制定研究》一书中对我国 1985 年《继承法》各项制度的完善立法建议内容，北京大学出版社 2011 年版；杨立新、杨震主编：《中华人民共和国继承法（修正草案建议稿）》，载《河南财经政法大学学报》2012 年第 5 期。

② 陈苇主编：《中国遗产处理制度系统化构建研究》，中国人民公安大学出版社 2019 年版，第 346-495 页。

以期结合我国的实际对构建我国遗产分割制度提出全面系统的意见和建议。笔者将在前人研究成果的基础上，对上述问题展开更加深入系统的研究。

（二）国外研究现状

国外关于遗产分割制度的研究主要体现在各国法律的规定和学者的代表著作以及论文中。（1）各国法律对遗产分割制度所作的规定。大陆法系国家关于遗产分割制度的规定主要体现在各国的民法典中。本书选取了法国、德国、瑞士、日本、意大利、俄罗斯六个代表性国家的民法典作为考察对象，① 在对上述民法典进行仔细梳理的过程中，笔者发现前述各国对遗产分割的客体、依据、时间、方法和效力均作了较为全面和详细的规定。（2）相关著作对遗产分割制度的研究。大陆法系国家的代表性著作有［德］雷纳·弗兰克、托比亚斯·海尔姆斯的《德国继承法》（第六版）（2015）② 和［德］克里斯蒂娜·埃贝尔-博格斯的《德国民法遗产分割（2042-2057a BGB）诺莫斯注解——2014年最新版诺莫斯德国民法典继承法（1922-2385BGB）注解之一部分》（2014）。③ 前者在该书第十九章"继承人共同体"中围绕各共同继承人的关系，继承开始后各共同继承人对于继承份额的处分和共同继承人的优先购买权、遗产的管理、归扣及如何分割遗产进行了详细的阐述；而后者对《德国民法典》主要针对共同继承人就遗产分割

---

① 各国民法典的具体版本如下：《法国民法典》，罗结珍译，北京大学出版社2010年版；《德国民法典》（第5版），陈卫佐译，法律出版社2020年版；《瑞士民法典》，于海涌、赵希璇译，法律出版社2016年版；《日本民法典》，刘士国、牟宪魁、杨瑞贺译，中国法制出版社2018年版；《意大利民法典》，陈国柱译，中国人民大学出版社2010年版；《俄罗斯联邦民法典》，黄道秀译，中国民主法制出版社2020年版。

② ［德］雷纳·弗兰克、托比亚斯·海尔姆斯：《德国继承法》（第六版），王葆时、林佳业译，中国政法大学出版社2015年版。

③ ［德］克里斯蒂娜·埃贝尔-博格斯：《德国民法遗产分割（2042-2057a BGB）诺莫斯注解——2014年最新版诺莫斯德国民法典继承法（1922-2385BGB）注解之一部分》，王强译，中国政法大学出版社2014年版。

相互间的权利、义务的第 2042–2057a 条逐条、逐款、逐句进行注解，剖析其中的法理内涵，交代条款的来龙去脉，这为笔者更加深刻地理解德国遗产分割制度的相关规定提供了宝贵素材。英美法系国家的代表性著作有：Andrew Lowobi 的 *Essential Succession* (*second edition*)（2005）是了解英国遗产分割制度的宝贵素材；①[美] 杰西·杜克米尼尔、斯坦利·M. 约翰松的《遗嘱 信托 遗产》对美国有遗嘱死亡和无遗嘱死亡时的遗产分配问题作了阐述；② [澳] 肯·马蒂、马克·波顿的《澳大利亚继承概要》（第二版）对澳大利亚无遗嘱死亡和有遗嘱死亡时的遗产分配问题作了阐述。③（3）相关论文对于遗产分割制度的研究。Gerry W. Beyer 认为，只有遗产管理人在清偿遗产债权人的债务和其他需要支出的费用后才能将剩余的遗产依据遗嘱或法律的规定交给遗嘱指定的受益人或无遗嘱继承人。④

三、研究思路与方法

（一）研究思路

本书的研究思路如下：

第一，对遗产分割制度的基本理论进行考察。对遗产分割的内涵、特征以及条件作了基本界定后，对遗产分割制度的内涵予以界定，并对遗产分割制度的主要内容予以概括和归纳。

第二，对外国和我国的遗产分割制度的历史演变进行考察，梳理遗产分割制度的起源、发展过程和演进路径，比较我国和外

---

① Andrew Lowobi. *Essential Succession* (second edition). London: cavendish publishing limited, 2005.

② [美] 杰西·杜克米尼尔、斯坦利·M. 约翰松：《遗嘱 信托 遗产》（节 译），陈苇主编，西南政法大学内部印刷，2006 年 10 月。

③ [澳] 肯·马蒂、马克·波顿：《澳大利亚继承概要》（第二版），陈苇等译，西南政法大学内部印刷，2007 年 5 月。

④ Gerry W. Beyer. *Wills, Trusts and Estates* (Second Edition). Beijing: Citic Publishing House, 2003.

国遗产分割制度历史演进的不同，在此基础上总结归纳遗产分割制度历史演变的规律以及对完善我国遗产分割制度的启示意义。

第三，从我国司法实践中典型案例入手，对我国遗产分割客体、时间、依据、方法和效力制度的立法和司法现状、我国民众的遗产分割习惯进行考察和评析，在对国外立法规定和我国学者立法建议稿观点考察评析的基础上，提出我国遗产分割制度的适用建议。

（二）研究方法

本书在研究过程中，主要采取了以下五种方法：

第一，历史研究法。通过对外国古罗马法时期、日耳曼法时期以及近现代的遗产分割制度和我国的古代至近现代的遗产分割制度的演变历史进行考察，总结不同的历史时期遗产分割制度所呈现的不同特点，分析遗产分割制度与当时社会政治、经济以及文化生活的关系。

第二，价值研究法。本书通过运用价值分析方法，对遗产分割制度应遵循的价值取向进行分析，具体从自由、平等、公平、效率和秩序五个价值着手，并同时对遗嘱指示分割、继承人协议分割和法院裁判分割所遵循的不同价值位阶进行排序，从而为遗产分割制度的构建提供理论依据。

第三，比较研究法。主要通过考察大陆法系法国、德国、瑞士、日本、意大利、俄罗斯六国民法典和我国梁慧星、王利明、徐国栋、张玉敏、陈苇、杨立新等学者负责主持撰写的六份学者立法建议稿对遗产分割的客体、依据、时间、方法和效力的具体规定，在比较评析的基础上提出可供完善我国遗产分割制度的具体建议。

第四，调查研究法。对我国贵州省、四川省和重庆市三省（市）近一千名民众开展"当代民众继承观念与遗产分割习惯"的实证调研，了解我国三地区被调查民众在确定遗产范围、分割遗产的时间、依据、办法和效力的观念和习惯，为完善我国遗产分割制度的立法提供第一手国情参考资料。

第五，实证研究法。对我国司法实践中涉及遗产分割客体、时间、依据、办法和效力制度的典型案例进行梳理和分析，并在此基础上归纳和总结司法实践中存在的突出问题。

四、主要创新点

本书可能的创新点主要体现在以下几个方面：

第一，本书较为系统地梳理了遗产分割制度的历史演变，从历史角度阐述遗产分割制度的形成及发展过程，并对中外遗产分割制度的演变作了归纳和总结。

第二，本书尝试从价值论的角度详细阐释遗产分割制度应坚持的自由、平等、公平和效率等价值，并根据遗产分割的具体方式对上述价值作位阶排序。

第三，本书通过开展实证调查，考察了我国贵州省、四川省和重庆市西南三省（市）部分地区被调查民众关于遗产分割客体、时间、范围、依据、方法和效力的观念和习惯，为我国遗产分割制度的立法完善提供第一手国情参考资料。

第四，本书从司法实践出发，对遗产分割的典型案例进行分析，剖析现实问题，并结合我国被调查民众的遗产分割习惯，在对国外遗产分割制度立法比较评析和参考我国学者"继承法立法建议稿"对我国遗产分割制度的修改、完善建议之学术观点的基础上，提出我国遗产分割制度的立法完善及适用建议。

第一章 遗产分割制度的
基本理论考察

遗产分割制度是继承法的一个重要组成部分。遗产分割的顺利与否不仅关系到继承人的切身利益，也关系到其他利害关系人的利益。本章就遗产分割、遗产分割制度的基本问题予以界定和考察。

第一节 遗产分割的界定

一、遗产分割的内涵

遗产分割是将遗产在各共同继承人之间按其应继份进行分配，从而实现将被继承人的遗产转化为各个继承人单独所有的重要环节，是遗产处理过程中一个重要步骤。遗产分割在财产继承已取代身份继承的当代社会，对于调整被继承人与继承人以及各共同继承人之间的关系扮演着重要的角色。但关于什么是遗产分割，我国学术界还存在如下争议：

（一）遗产分割的主体是否仅限于继承人

有学者认为，遗产分割的主体不仅包括继承人，还包括其他遗产取得权人，如受遗赠人、遗产酌分请求权人等。[①] 也有学者认为，遗产分割的主体仅限于发生共同继承关系的数个继承人。[②]

上述两种观点是遗产分割主体广义说和狭义说的典型代表。继承制度是解决被继承人死亡后财产转移的法律制度。被继承人死亡后，其作为民事主体的资格虽已经消亡，但其生前的一切法律关系并没有消亡，这就需要有人替代其解决这些遗留问题。因此，继承人就接替被继承人的一系列法律关系。[③] 继承人不仅从继承开始后取得被继承人生前财产和权利的所有权，而且应履行被继承人生前未履行的债务，而其他遗产取得权人，如受遗赠人有权从遗产中取回自己受赠的财产，[④] 遗产酌分请求权人有权取得酌分财产。[⑤] 在此意义上，不论是受遗赠人还是遗产酌分请求权人，均可视为遗产分割的主体。此外，其他遗产债权人也是从遗产中获得清偿，故也可视为遗产分割的主体，此为遗产分割主体的"广义说"。但学术界多数学者并不赞同此说，认为遗产分割的主体只能限于各共同继承人。本书也赞同"狭义说"。大陆法系与英美法系对于遗产的界定范围不同。大陆法系多数国家将遗产的范围界定为积极财产和消极财产的混合体，将继承界定为继承人对

① 王卫国主编：《民法》，中国政法大学出版社 2012 年版，第 594 页；李勇军、方祺江编：《继承维权自助》，中国法制出版社 2007 年版，第 201 页。

② 多数学者持这种观点。参见卓冬青主编：《婚姻家庭继承法》，武汉大学出版社 2012 年版，第 319 页；刘文：《继承法比较研究》，中国人民公安大学出版社 2004 年版，第 395 页；杨立新主编：《婚姻家庭继承法》，北京师范大学出版社 2010 年版，第 363 页。

③ ［意］彼德罗·彭梵得：《罗马法教科书》，黄风译，中国政法大学出版社 1992 年版，第 423 页。

④ 我国受遗赠的主体仅限于法定继承人以外的其他人，而国外不少国家受遗赠的主体既包括继承人也包括继承人以外的第三人。

⑤ 依据我国《民法典》第 1131 条规定，我国遗产酌分请求权人的主体为对继承人以外的依靠被继承人扶养的人，或者继承人以外的对被继承人扶养较多的人。

于被继承人权利义务的概括继承。[①] 而英美法系国家在继承开始后由遗产管理人负责收取债权、清偿债务，在此基础上有剩余的，才将遗产分配给各共同继承人，因此，遗产仅限于积极财产。但二者的共同点均是通过一定的制度对遗产债务进行清偿。在大陆法系国家实行的是限定继承制度，[②] 而英美法系实行的是遗产管理制度。由此可见，两种法系虽然采取的移转模式不同，但是遗产分割之前均应对被继承人的债务进行清偿。而受遗赠人和遗产酌分请求权人作为遗产的债权人应向接受继承的继承人请求其清偿遗产债务，而不能作为遗产分割的主体请求分割遗产。

（二）遗产分割的客体是否仅限于积极财产

有学者认为，遗产分割的客体既包括积极遗产也包括消极财产。[③] 也有学者认为，遗产分割的客体仅包括积极财产。[④]

《中华人民共和国民法典》[⑤] 第 1122 条规定，遗产是自然人死亡时遗留的个人合法财产。可见，我国《民法典》明确将遗产限定为积极财产，不包括遗产债务这类消极财产。在我国学者对重庆、山东、武汉、北京四地区民众的继承习惯所做的调查来看，我国民众对遗产分割的认识也仅限于积极财产，而不包括债务，特别是在我国民间部分地区仍然存在"父债子还"的习惯，[⑥] 故从

---

①　如依《俄罗斯联邦民法典》第 1110 条之规定，继承是将死者的财产依照权利和义务概括移转的方式，即以整体统一的完整形式在同一时刻转归他人。依第 1112 条之规定，在继承开始之日属于被继承人的物品、其他财产，其中包括财产权利和义务为遗产的组成部分。

②　当然大陆法系国家的限定继承制度也包括对于遗产的管理。

③　王卫国主编：《民法》，中国政法大学出版社 2012 年版，第 595 页。

④　陈苇、宋豫主编：《中国大陆与港、澳、台继承法比较研究》，群众出版社 2007 年版，第 193 页。

⑤　以下简称我国《民法典》。

⑥　我国学者进行的对被继承人的债务偿还之民众习惯所做的调研显示，在北京和重庆两地的被调查民众中，有一半人赞同只要继承人继承了其父亲的遗产，不论遗产价值为多少，对于被继承人所遗留的债务应当"父债子还"。参见陈苇：《当代中国民众继承习惯调查实证研究》，群众出版社 2008 年版，第 66 页。

这一点也反映出老百姓心目中的"分割遗产"是对被继承人所遗留的积极财产的分割，对于债务是偿还而非分割。因此，在与现行法律和民众的朴素情感保持一致的前提下，遗产分割的客体应仅限于积极财产。① 当然，继承人继承遗产，不可能只享受权利而不承担义务，虽然我国《民法典》未如其他国家一样在立法中明确继承人对被继承人的权利义务的概括承受，但依据我国《民法典》的规定，继承人在继承遗产的实际价值范围内承担清偿被继承人债务的义务。可见，在我国实际上也实行的是概括继承制度，继承人继承遗产的同时也须承担清偿被继承人债务的义务。②

（三）遗产分割是行为、分配程序，还是环节

关于遗产分割，学术界主要有"行为说""法律行为说""环节或步骤说""程序说""制度说""不界定说"六种，现分别论述如下：

一是行为说。遗产分割是指数个继承人在继承开始后对遗产形成共有，按继承人的应继份分配遗产的行为。③ 遗产分割，继承人有数人开始共同继承，遗产归于共同继承人之共同共有（共有或分别）时，按继承人之应继份而分配之行为。④ 遗产的分割是指两个以上的继承人共同继承时，按应继份将遗产分配于各个继承

---

① 本文所讨论的遗产分割的范畴，也仅限于对积极遗产分割的研究，不包括债务的清偿。

② 虽然有不少学者对继承人所承担的无条件的限定继承制度有所批判，并建议通过设立有条件的限定继承制度来保证遗产债权人的利益。有条件的限定继承制度是指继承人可以在继承开始后法律规定的期间内通过向法定的机关提交完整全面的遗产清册，从而可以将清偿遗产债务的责任限定在遗产的范围内的制度。参见张玉敏：《论限定继承制度》，载《中外法学》1993年第2期，第32-35页。但并不能据此认为我国继承人只继承遗产不承担义务。

③ 王丽萍编著：《婚姻家庭继承法学》，北京大学出版社2010年版，第364页；李霞主编：《婚姻家庭继承法学》，山东大学出版社2006年版，第415页。

④ 史尚宽：《继承法论》，中国政法大学出版社2000年版，第206页。

人的行为。① 该说强调在数人共同继承时，按应继份将遗产分配给各个继承人。

　　二是法律行为说。遗产分割是指继承开始后，依法在数个继承人之间分配遗产，而使遗产实际归各继承人所有的法律行为。② 遗产分割，是指在共同继承中将继承财产按各共同继承人的应继份在他们之间进行分配，从而使遗产转归各继承人单独所有以消灭遗产共有关系的法律行为。③ 遗产的分割，是指继承开始后，依法或依遗嘱在各继承人之间进行遗产分配的法律行为。④ 遗产的分割，是指继承人依据其应继承份额对遗产进行分配，从而使遗产的共有关系归于消灭的法律行为。⑤ 该说和"行为说"的相同之处在于均强调数人共同继承时，依法或依遗嘱按应继份对遗产进行分配。区别在于"法律行为说"强调通过遗产分割达到消灭各共同继承人对遗产的共有关系的效果。

　　三是环节或步骤说。遗产的分割，须按各继承人或受遗赠人应得的份额或比例进行，所以，遗产的分割是遗产处理中一个重要的步骤。⑥ 在继承关系的运行中，由于继承人的多数性和继承开始至取得应继份的时差性，必然发生多个继承人对遗产共有一段时间之后才对遗产进行实际分割，从而分割遗产成为继承的终局性重要环节。⑦ 该说明确了遗产分割在遗产处理过程中的地位及顺序。

　　四是程序说。遗产分割，系将被继承人生前所遗留之土地、

---

① 张玉敏：《继承法律制度研究》，法律出版社 1999 年版，第 143 页。
② 夏吟兰主编：《婚姻家庭继承法》，中国政法大学出版社 2012 年版，第 280 页。
③ 张平华、刘耀东：《继承法原理》，中国法制出版社 2009 年版，第 406 页。
④ 陈苇主编：《外国继承法比较与中国民法典继承编制定研究》，北京大学出版社 2011 年版，第 569 页。
⑤ 王歌雅主编：《婚姻家庭继承法》，清华大学出版社 2008 年版，第 247 页。
⑥ 郑立、王作堂：《民法学》（第二版），北京大学出版社 1995 年版，第 567 页。
⑦ 曹诗权主编：《婚姻家庭继承法学》，中国法制出版社 1999 年版，第 424 页。

建筑物、存款、股票、珠宝金饰及美术品等积极财产与债务等消极财产，依照各继承人之应继份公平适正地进行分配的程序。① 继承通常为共同继承，其继承财产即成为共同继承人共同所有，将共同继承财产转换为各个共同继承人单独所有的程序即为遗产分割。② 该说强调遗产分割的逻辑性、条理性。

五是制度说。遗产分割，系将遗产现实的分配予各共同继承人之一种制度。③ 该说从法律规范的角度对遗产分割进行界定。

六是不界定说。从学术界对遗产分割概念的界定来看，多数学者将遗产分割定性为法律行为，而法律行为概念系萨维尼所创立，其把法律行为的内涵精确地阐明为："行为人为创设其意欲的法律关系而从事的意思表示行为。"④ 后来《德国民法典》以此为依据首次在总则中确立了法律行为制度，《瑞士民法典》在将意思表示与法律行为加以区分的前提下进一步完善了该制度，之后各国或地区颁布的民法典纷纷对此加以效仿。⑤ 1986 年我国颁布《中华人民共和国民法通则》（以下简称我国《民法通则》），我国未采用"法律行为"的表述，而采用了民事法律行为的概念。在制度设计上，民事法律行为是合法的行为。⑥ 但 2017 年《民法总则》颁布实施之后，虽然继续使用"民事法律行为"概念，但删除了合法性要件，按照第 133 条之规定，只要是民事主体通过意思表示设立、变更、终止民事法律关系的行为，即为民事法律行为。至此，我国民事立法所称"民事法律行为"与大陆法系民法

---

① 林正雄：《遗产分割之研究》，台湾辅仁大学法律学研究所 1999 年硕士学位论文，第 7 页。

② 邓曾甲：《日本民法概论》，法律出版社 1995 年版，第 400 页。

③ 陈锡川：《遗产分割与共同继承人间平等》，"国立"政治大学法律学研究所 1999 年硕士学位论文，第 4 页。

④ 张俊浩主编：《民法学原理》，中国政法大学出版社 1991 年版，第 219 页。

⑤ 马俊驹、余延满：《民法原论》，法律出版社 2010 年版，第 179 页。

⑥ 我国《民法通则》第 54 条。

理论和立法例所称"法律行为"已变成同一概念。[1]

遗产分割因其依据不同，可以分为遗嘱分割、继承人协议分割和裁判分割三种。[2] 遗嘱分割系继承人或遗嘱执行人按照被继承人的遗嘱所确立的分割方式分配遗产的行为。而遗嘱是被继承人生前在法律允许的范围内，按照法律规定的方式对其财产或其他事物所做的个人处理，该处理将在其死亡时发生财产所有权和债权的转移以及债务的承担等法律后果，故系法律行为无疑。继承人协议分割为数个继承人之间对于遗产分割的各项事宜达成的协议，是数个继承人对于遗产分割的时间、办法以及份额等事项通过协议的方式所达成的意欲结束遗产共有关系的意思表示，故此种分割方式亦为法律行为。而裁判分割，系法院依据法律的规定对各共同继承人之间如何分割遗产进行裁判，属于人民法院依法就当事人之间的民事实体权利义务关系所作出结论性判定的公权力行为，当然不属于民事法律行为，因此，不宜将遗产分割统一定位为"法律行为"。

将遗产分割视为遗产处理的一个重要步骤或是继承的终局性环节，这是从遗产分割在继承过程中所发挥的作用和所处的时间顺位而做的定位，是符合实际的。继承开始后，知道被继承人死亡消息的继承人应当及时通知其他继承人和遗嘱执行人。存有遗产的人应当妥善保管遗产，继承人放弃继承的，应在遗产处理前作出放弃继承的表示。受遗赠人应在知道受遗赠后两个月内作出接受或放弃受遗赠的表示。被继承人的遗产与配偶或家庭成员相混同的，要先从上述共有财产中将被继承人的财产分离出来。被继承人留有遗嘱的，按被继承人的遗嘱在继承人间分割遗产，如

---

[1]　梁慧星：《民法总则讲义》，法律出版社 2018 年版，第 111 页。

[2]　陈苇主编：《婚姻家庭继承法学》，群众出版社 2012 年版，第 384-385 页；也有学者认为是遗产分割的方法，而非依据，如张玉敏教授。参见张玉敏：《继承法律制度研究》，法律出版社 1999 年版，第 145 页。

被继承人未留有遗嘱，或被继承人留有的遗嘱未对所有遗产做出处理，则剩余的部分由继承人协商分割或者是协议不成时由法院裁判分割。因而，遗产分割是继承过程中的终局性环节。

将遗产分割定位为程序，是将遗产分割本身的进行须按照一定先后次序来阐释的。如要进行遗产分割，应先确定遗产和继承人的范围，在此基础上确定每个人的应继份及其组成，最后将遗产分配给各个继承人。将遗产分割定位为制度，是从遗产分割须遵循调整各共同继承人分配遗产的法律规范的总和这一角度来考虑的，故无论是将遗产分割定位为终局性环节、程序，还是制度，都是正确的，只是定位的角度不同而已。

但从遗产分割作内涵界定而言，笔者认为应从遗产分割本身的字面意思着手进行解释。"遗产"，正如前所述系被继承人死后所遗留的财产和权利，不包括债务。而"分割"是指把一个整体或有联系的事物强行分开。①"分割"是受人支配的一种活动，由人具体指导和操作。在遗嘱继承时，被继承人对遗产分割有明确指示的，由遗嘱执行人或继承人执行被继承人的遗嘱，在法定继承时，对于遗产分割的时间、办法和份额，先由继承人之间协议，继承人不能达成协议时可由人民调解委员会进行调解或由人民法院裁判，但不论采用哪种方式，均是由具体的人在指导遗产分割的总的过程。故在此意义上，笔者认为第一种观点将遗产分割定位为"行为"较为合理。因为其不仅将各种类型的遗产分割均囊括在内，同时也点出了遗产分割的实质。故遗产分割，是指被继承人死后，由继承人、遗嘱执行人、遗产管理人或人民法院对于被继承人所遗留的财产和权利在各共同继承人之间进行分配的一种行为。

---

① 汉典，载 https：//www.zdic.net/hans/%E5%88%86%E5%89%B2，最后访问日期：2024 年 2 月 2 日。

（四）遗产分割的效果是终止共有关系还是继承关系

多数学者认为，遗产分割是结束各共同继承人之间对于遗产的共有关系。遗产分割以消灭遗产共同共有关系为目的。[1] 但也有学者认为，各共同继承人之间对于遗产不是共同共有而是共同继承关系，[2] 故各继承人遗产分割仅仅是共同继承关系的结束。德国学者认为，从遗产分割的标的和人的关系两个方面出发，遗产分割既包括将继承人共同财产作为遗产标的的分割，又包括继承人共同关系的分割。遗产标的的分割是指按法定分割完成的分割或按被继承人指示完成的分割，使每位共同继承人得到相应的遗产份额。继承人共同关系的分割包括部分分割和全部分割。部分分割是指某一继承人通过无偿放弃继承退出共同继承关系、通过有偿放弃或将其应继份转移给继承人共同体而自己获得补偿的方式退出共同继承关系。全部分割是指所有共同继承人都将其应继份转移，直至都移转给一位共同继承人为止。[3]

笔者认为，德国学者的观点为我们正确认识共同继承关系提供了一个更为宽广的视野。就遗产分割的对象而言，是对于构成遗产的全部动产、不动产、债权、知识产权中的财产和权利的分割。但就分割的结果而言，继承人共同体这一类似于夫妻或合伙的"人合关系"也随之解体。因此，遗产分割的效果自然产生人和物两个方面的效果。一方面继承人之间的共同关系解体，另一方面各共同继承人对遗产共同继承的关系结束，被继承人的遗产

---

① 陈棋炎、黄宗乐、郭振恭：《民法继承新论》，三民书局 2010 年版，第 137 页；刘文：《继承法比较研究》，中国人民公安大学出版社 2004 年版，第 395 页；王歌雅主编：《婚姻家庭继承法》，清华大学出版社 2008 年版，第 247 页。

② 李校利、王孔雀：《论遗产所有权转移的时间》，载《当代法学》1993 年第 2 期，第 41 页。

③ ［德］克里斯蒂娜·埃贝尔-博格斯：《德国民法遗产分割（2042-2057aBGB）诺莫斯注解——2014 年最新版诺莫斯德国民法典继承法（1922-2385BGB）注解之一部分》，王强译，中国政法大学出版社 2014 年版，第 2-3 页。依据《德国民法典》第 2033 条的规定，继承人可以公证证书的方式处分其应继份。

转化为各个继承人单独所有。

综上所述，遗产分割是继承开始后，继承人、遗嘱执行人、遗产管理人或人民法院等依据法律或遗嘱确定的应继份在各共同继承人之间分配被继承人的遗产以消灭其对于遗产的共同继承关系的行为。

二、遗产分割的特征

我国通说将遗产分割前继承人对于遗产的共有视为共同共有。故有人认为其与一般共同共有物的分割无异。[①] 实际上，遗产分割与共同共有物的分割相比明显不同，其主要具有以下特征：

（一）分割标的的整体性

一般共有物分割针对的是一项财产，动产或不动产。对于用益物权或担保物权的共有，也准用对于动产或不动产共有的规定。而遗产分割为对遗产整体的分割，而非以遗产中各个财产和权利为分割对象。遗产中既包括有形财产，如动产和不动产，又包括无形财产，如知识产权中的财产权益、债权、股权等。在遗产分割前，被继承人的遗产为各共同继承人共同所有的财产。依据我国《民法典》的规定，遗产是自然人死亡时遗留的个人合法财产。[②] 虽然法律规定遗产应为公民死亡时所遗留的财产应具有合法性备受学界诟病，但是被继承人死亡后，其遗产是由各种类型的动产、不动产、债权及其他财产权益组成的混合体，任何一个人死亡，都不可能只留下一个动产或不动产，因此，在继承人对遗产进行分割时，也是对于由上述财产组成的整体进行分割，而非针对遗产中的每一个动产、不动产或财产权利进行单一的分割。

（二）分割提出的随时性

遗产分割前的共有到底是共同共有还是按份共有，学术界尚

---

① 杨立新、朱呈义：《继承法专论》，高等教育出版社 2006 年版。
② 我国《民法典》第 1022 条。

有争议。但学术界通说认为遗产分割前的共有为共同共有。① 按照我国《民法典》第303条之规定，共同共有人只有在共有基础丧失或有重大理由时才可行使请求分割共同财产，但是各共同继承人除了被继承人遗嘱指定或法律另有规定外，继承人在继承开始后可随时请求分割遗产。继承开始后继承人享有请求分割遗产的自由为多数国家确立的一项遗产分割原则。例如，《瑞士民法典》第604条规定："每个继承人均有权随时请求分割遗产。但合同或法律规定不可以分割的除外。"② 《西班牙民法典》第1051条规定："任何共同遗产继承人不得被强制维持遗产共有的状况，除非被继承人明确禁止分割遗产。"③ 《日本民法典》第907条规定："依下条规定被继承人以遗嘱禁止的情形外，共同继承人可以随时以协议分割遗产。"④

上述国家之所以这样规定：一是源于共同继承人共同关系的非合意性，继承开始后，继承人形成共同体，概括承受被继承人的一切权利义务，此共同体的形成非出于继承人的意愿，而是源于法律的强制性规定。因此，此种共同关系与夫妻共同关系、合伙关系相比，具有较强的不稳定性。二是源于共同继承关系以遗产分割为目的。各国对于各共同继承人之间的关系要么规定为共同共有，要么规定为按份共有，但不论是哪种共有，该共有均带有一种拟制性。因为被继承人死亡后，在遗产范围和继承人范围均不明确的前提下就规定继承人对于遗产共有，并不符合生活的

---

① 梁慧星主编：《中国民法典草案建议稿附理由·继承编》，法律出版社2013年版，第159页；王利明主编：《中国民法典学者建议稿及立法理由——人格权编·婚姻家庭编·继承编》，法律出版社2005年版，第485页。对此，笔者持不同意见，笔者认为继承开始后遗产分割前，继承人对于遗产所享有的权利为继承权而非所有权，继承人对遗产既非共同共有，也非按份共有，继承人对于遗产享有所有权是溯及继承开始时。参见杜志红：《继承权的迷失与回归》，载《法治论坛》2021年第4辑。

② 《瑞士民法典》，于海涌、赵希璇译，法律出版社2016年版。

③ 《西班牙民法典》，潘灯、马琴译，中国政法大学出版社2013年版。

④ 《日本民法典》，刘士国、牟宪魁、杨瑞贺译，中国法制出版社2018年版。

实际。① 也正是基于此，继承人共同体成立的目的并非维持遗产共有的长期存续，而是以遗产分割为目的。继承人长期共有遗产，不仅可能会对如何管理遗产产生分歧，而且长期共有也不利于遗产效用的发挥。

（三）分割依据的多样性

我国《民法典》第 304 条第 1 款规定："共有人可以协商确定分割方式。达不成协议，共有的不动产或者动产可以分割且不会因分割减损价值的，应当对实物予以分割；难以分割或者因分割会减损价值的，应当对折价或者拍卖、变卖取得的价款予以分割。"由此可见，共有物分割的依据有二：一是共有人之间的协议；二是法院的裁判，在共有人无法达成协议时，由人民法院依据上述法律规定依法裁判确定共有物的分割方式。而遗产分割的依据主要有三种：一是被继承人的指定。遗产是被继承人生前通过个人毕生辛勤努力而积攒的个人财富，对于个人所有的财产被继承人在其生前有随意处分的自由和权利，该自由和权利的表现之一就是被继承人可以通过立遗嘱的方式对其财产如何在各共同继承人之间分配作出指示。因此，遗产分割的首要依据就是被继承人的遗嘱，即如被继承人通过遗嘱对于遗产分割的时间、份额和办法等作出明确的规定，各共同继承人应尊重被继承人的意愿。而且如果被继承人通过遗嘱指示遗产分割的方式方法委托第三人确定，继承人应尊重第三人所作出的决定。② 这是遗产分割与共有物分割最大的区别，共有人作为共有物的所有权人，关于共有物的分割有权自行决定，无须第三人来插手，但是遗产分割不同。因为各共同继承人共有物的客体——遗产，非本身属于继承人，故关于遗产的处置首先应尊重被继承人的意愿而非继承人的意愿。

---

① 杜志红：《法定继承遗产分割纠纷诉讼时效的限制》，载《河北法学》2016 年第 6 期，第 155 页。
② 《德国民法典》第 2048 条、《日本民法典》第 908 条。

二是继承人的协议，被继承人未留有遗嘱对遗产分割作出明确指示的，继承人可以对于遗产分割的具体方案进行协商，协商一致形成的方案对继承人均具有约束力。该方案即为继承人分割遗产的依据。在德国，在继承人达成合意时，还可以不遵守被继承人的分割指示。[1] 此种突破属于各共同继承人行使继承权的一种方式，因为继承权是保障继承人依法取得被继承人遗产的根本性权利。继承权能否得以实现主要在于各继承人能否顺利取得自己的应继份。因此，在被继承人留有遗嘱时，自应以被继承人的遗嘱作为分割依据，但是，继承人对于遗产分割方案达成一致意见时，实属继承人对于继承权的处置，自应尊重继承人的共同意愿。三是法院的判决。在继承人对于被继承人的指示有疑义，或在被继承人未留有指示且继承人之间无法达成协议时，继承人可以向法院请求裁判分割。裁判分割的结果，使共同继承人间对遗产的共同关系变更为单独所有，共同继承人间之权利义务关系被创设，是形成之诉。[2] 这点与共有物分割一致，均是在共有人无法达成协议时，由法律创设的一种辅助救济手段。

（四）分割方法的特殊性

共有物的分割，一般以实物分割、折价分割、补偿分割三种方式为主，而遗产分割还有保持共有的分割方法。[3] 我国台湾地区学者认为，设定用益权也为遗产分割的一种方法，即将遗产之一部分所有权分予某继承人，并在该部分遗产上设定租赁权、使用借贷等债权或地上权、永佃权等物权与其他共同继承人。[4] 如被继

---

① ［德］克里斯蒂娜·埃贝尔-博格斯：《德国民法遗产分割（2042-2057a BGB）诺莫斯注解——2014 年最新版诺莫斯德国民法典继承法（1922-2385BGB）注解之一部分》，王强译，中国政法大学出版社 2014 年版，第 83 页。

② 林秀雄：《民法第一一六四条至第一一七三条之注释研究》，载《行政院国家科学委员会专题研究计划成果报告》，1998 年 7 月，第 8 页。

③ 我国《民法典》第 1156 条。

④ 刘长宜：《遗产分割方法之研究》，东海大学法律研究所 1993 年硕士学位论文，第 151-153 页。

承人去世后，留有的遗产仅为一套房屋，该房屋生前由其和大儿子居住，被继承人还有另一继承人小儿子，关于房屋的分割方式，双方无法达成一致意见，于是诉讼至法院。法院经审理后发现，大儿子除该房屋外并无其他居所，二儿子还有其他住房。在此情形下，法院欲判该房屋归大儿子所有，由大儿子向小儿子给付房屋折价款。但是大儿子收入拮据，无力支付。那么，此时，在综合考量的情况下，法院可以判该房屋归小儿子所有，而大儿子对该房屋享有居住权。①

此外，对于特殊的继承人或特殊的遗产，各国立法还规定有特殊的遗产分割方法。如为保障健在配偶对于原属于夫妻双方或者全部属于死者遗产的住房的居住权，法国立法规定在配偶死亡时，除被继承人有相反的意愿外，有继承权的健在配偶实际占有上述房屋并以此为主要居所时，该配偶直至其死亡对该住房享有居住权，对住房内配置的家具享有使用权，该权利应自配偶死亡之日起1年内提出。② 瑞士立法也规定，继承开始时，健在配偶可以自己的应继份优先取得属于遗产的双方居住过的房屋或其家用器具。③ 对于被继承人中留有特殊遗产的，如农场，为避免被指定的继承人因接受农场而承受过重的遗产债务负担，德国立法规定，在有疑义时，农场应按收益价额来估价。④

可见，遗产分割的方法比一般共有物分割的方法要复杂得多，这主要是由于遗产构成本身的复杂性所决定的。共有物的分割主要针对的是动产和不动产，而遗产的分割可能还包括各种类型的

---

① 现实生活中，房屋的分割可能并非如上述那样简单，可能还须综合考量房屋的实际价值和房屋租金的动态变化。

② 《法国民法典》第764、765-1条。

③ 《瑞士民法典》第612a条。

④ 农场的价值如按交易价值计算，则接受农场的继承人须按交易价值对遗产债务人承担责任。而交易价值往往大于收益价额。因此，为了保障该继承人的利益，防止发生债务超过，德国民法典特对农场的价值计算作特别规定。参见杜景林、卢谌：《德国民法典——全条文注释》（下册），中国政法大学出版社2015年版，第1180页。

企业和权利等。

第二节　遗产分割制度的界定

一、遗产分割制度的内涵

遗产分割是继承开始后，继承人、遗嘱执行人、遗产管理人或人民法院等依据法律或遗嘱确定的应继份在继承人之间分配遗产以消灭其共同继承关系的行为。制度一般指"要求大家共同遵守的办事规程或行动准则，也指在一定历史条件下形成的政治、经济、文化、法律等方面的体系"。① 因此，遗产分割制度，是指规定各继承人之间分配遗产的一系列法律原则和规则等法律规范的总和。

我国《民法典》第 1130 条明确了法定继承人应继份额分配的办法。第 1132 条确立了继承开始后，继承人处理遗产分割的具体方式。第 1133 条赋予被继承人以遗嘱处分个人财产的权利。第 1155 条明确了遗产分割时应为胎儿保留应继份的规则。第 1156 条明确了遗产分割的具体原则和方法。我国《最高人民法院关于适用〈中华人民共和国民法典〉继承编的解释（一）》② 第 30 条明确了在有无法通知的继承人时应为其保留应继承的遗产并确定该遗产的保管人或保管单位的规则。第 31 条明确了应为胎儿保留的遗产份额在没有被保留时的处理办法。第 42 条确立了法院在分割遗产中的房屋、生产资料和特定职业所需的财产时的分割规则。国外许多国家在其民法典继承编中用专章或专节的方式对继承人如何分割遗产作了详尽的规定。如《瑞士民法典》在第三编"继

---

① 中国社会科学院语言研究所词典编辑室：《现代汉语词典》（第 6 版），商务印书馆 2012 年版，第 1678 页。

② 以下简称《民法典继承编解释一》。

承法"的第二分编"继承"的第十七章"遗产的分割"中分四节（分别是第一节"分割前的继承人团体"、第二节"遗产分割的方法"、第三节"补偿"和第四节"分割终结及其效力"）作了规定。① 这些都属于遗产分割制度的法律规范。

二、遗产分割制度的主要内容

关于该制度所包括的内容，夏吟兰教授认为主要包括遗产范围的确定，遗产分割的时间、原则和方式；② 马忆南教授认为主要包括遗产的确定，遗产分割的原则、限制、方法和效力；③ 陈苇教授认为主要包括遗产分割的时间、原则、方法和效力四个方面；④ 综合上述专家的观点，遗产分割制度作为一项完善的法律制度，其主要内容应包括客体、时间、依据、方法和效力五个方面。遗产分割，首先应明确遗产分割的范围，即明确遗产分割的客体。此时，需要将被继承人的遗产从其他共有财产中分离出来，且应注意保持遗产不与继承人的固有财产相混同。遗产分割的客体明确后，继承人须具体协商遗产分割的时间，并按照一定的规则和方法对遗产进行分割。在被继承人有遗嘱指示时，应优先尊重其指示，在无指示且继承人之间无法达成一致意见时，继承人可请求法院裁判分割。遗产分割的具体方法包括原物分割、折价分割、补偿分割和保持共有等。遗产分割后，分得的遗产即发生归属于各继承人单独所有的效力。

（一）遗产分割的客体

继承开始后，继承人对于遗产的分割仅限于积极财产，包括

---

① 《瑞士民法典》，于海涌、赵希璇译，法律出版社 2016 年版，第 32-33 页。

② 夏吟兰主编：《婚姻家庭继承法》，中国政法大学出版社 2012 年版，第 280 页。

③ 马忆南：《婚姻家庭继承法学》（第 3 版），北京大学出版社 2014 年版，第 334-340 页。

④ 陈苇主编：《婚姻家庭继承法学》（第 2 版），中国政法大学出版社 2014 年版，第 324-329 页。

动产、不动产、债权、知识产权、用益物权及担保物权等。这些财产和权利在继承开始后遗产分割前这段时间之收益及孳息自应一并列入遗产分割之范围。[①] 但前述这些财产和权利在被继承人生前有可能是和第三人共有的，故在遗产分割时，须将被继承人的份额从共有财产中分离出来。继承开始后，被继承人或继承人的债权人担心被继承人的遗产与继承人的财产相混同而导致其债权不能对被继承人的遗产优先受偿的，其可以向法院或主管政府部门提出遗产分离的请求，以避免被继承人的遗产和继承人的财产相混同，这是"遗产的分离"。遗产的分离是为了确定被继承人遗产的范围，因此，本书将其纳入遗产分割的客体。

1. 遗产的范围

遗产分割仅限于被继承人的积极遗产，被继承人的消极遗产不包括在内。对于被继承人的消极遗产，由继承人承担连带清偿、按份清偿或分割前连带清偿分割后按份清偿的责任。[②] 各国规定的积极遗产范围不同。在我国，积极遗产包括公民的收入、储蓄、房屋、生活用品、牲畜、林木、家禽、图书资料、文物、生产资料、著作权和专利权中的财产权利、有价证券和债权等。在德国，积极遗产包括根据属于遗产的权利，或作为对遗产标的的毁坏、损坏或侵夺的补偿，或与遗产有关的法律行为而取得的一切。[③]

关于遗产的评估时间节点，学术界有继承开始时说与遗产分割时说之争。[④] 因继承开始后至遗产分割的时间从几个月到几十年不等。故以继承开始时或以遗产分割时作为评估遗产价值的时间

① 唐敏宝：《遗产分割理论与实务》，载《司法研究年报》2004 年第 24 辑，第 33 页。

② 冯菊萍：《试论共同继承中的若干法律问题》，载刘宪权主编：《华政法律评论》第 6 卷，上海人民出版社 2013 年版，第 146–147 页。

③《德国民法典》第 2041 条。

④ 唐敏宝：《遗产分割理论与实务》，载《司法研究年报》2004 年第 24 辑，第 33 页。

节点，对继承人的利益影响会有较大的区别。特别是在被继承人的遗产是不动产、古玩字画、股票或个人独资企业时，其价值变化会较大。以遗产分割时作为遗产的评估时间节点，对于各继承人较为公平且操作起来也较为简便。如以继承开始时作为评估时间节点，则对遗产的评估显得较为困难。而且，如果遗产在继承开始时至遗产分割时价值发生巨大变化，以继承开始时来评估遗产难以让继承人心服口服，遗产分割也很难顺利进行。

2. 遗产的分离

遗产的分离是将遗产与其他财产区分开来，保持其独立性。在我国，遗产的分离主要是指在共有财产中将被继承人所占的份额分离出来作为遗产。在国外主要是指被继承人的遗产和继承人的财产不混同。

我国的遗产分离主要有两种类型：第一，夫妻共同财产中遗产的分离。我国采取的是法定财产制与约定财产制相结合的夫妻财产制。我国的法定财产制为婚后所得共同制，习惯上称为夫妻共同财产制。[①] 即在婚姻关系存续期间，除法律规定或当事人另有约定外，夫妻双方或一方所得的财产应归夫妻共有，夫妻对该财产平等地行使权利。夫妻在婚姻关系存续期间所得的工资、知识产权的收益、奖金、生产和经营的收益、继承或赠与所得的财产等其他财产归夫妻共有。[②] 根据我国的国情，目前绝大多数家庭实行的是夫妻共同财产制，因此，在夫妻双方有一方死亡时，继承人要继承夫妻死亡一方的遗产，应先将上述夫妻共有财产的一半分出为健在配偶所有，其余的才能作为被继承人的遗产。第二，家庭共同财产中遗产的分离。家庭共有财产是家庭成员在家庭共同生活存续期间共同创造、共同所得的共有财产。[③] 家庭共有财产

---

① 陈苇主编：《婚姻家庭继承法学》，群众出版社 2012 年版，第 136 页。

② 我国《民法典》第 1062 条。

③ 王利明等：《物权法论》，中国政法大学出版社 1998 年版，第 346 页。

主要包括：家庭成员共同劳动积累的财产；家庭成员共同出资购买的财产；家庭成员共同受赠和继承的财产等。家庭成员在上述共有财产中的份额，应当按照其贡献的大小、出资的多少或者应继份大小来确定。家庭成员有人死亡时，该成员在家庭共有财产中享有的份额即为被继承人的遗产。[1] 因此，遗产存在于家庭共有财产中时，继承人要分割遗产，应首先将属于其他家庭成员的财产从家庭共有财产中分出，分出后剩余的财产才为被继承人的遗产。此外，除夫妻共同财产、家庭共同财产外，还存在着其他类型的共有财产，如合伙财产等。当合伙人中有人死亡时，应将死亡的合伙人在合伙财产中的份额分出，作为其遗产由其继承人继承。[2]

国外的遗产分离制度是有条件的限定继承制度下为保护被继承人或继承人的债权人利益而特设的一种制度，这种制度在日本、意大利被称为"财产分离"，在德国被称为"遗产管理"，在瑞士则被称为"官方清算"。有条件的限定继承是指继承人在法定期间向法院或主管政府部门提交真实、准确的遗产清册而使自己可以享有在遗产范围内承担清偿遗产债务权利的制度。如果继承人能按法律规定行使该权利，则可以同时保护遗产债权人的利益。但是，如果继承人不选择通过提交遗产清册而限定继承。例如，被继承人留有大量遗产但继承人却债台高筑，这时继承人可能会选择无限继承，使被继承人的遗产与自己的固有财产相混同，用被继承人的遗产清偿自己的债务，这将严重损害被继承人的债权人的利益。再如，继承人与被继承人的债权人相串通，将自己的固有财产与被继承人的遗产相混同，用自己的固有财产来偿还遗产

---

[1]　马忆南：《婚姻家庭继承法学》，北京大学出版社 2011 年版，第 406 页。
[2]　根据我国《合伙企业法》第 50 条第 1 款之规定，合伙人死亡或者被依法宣告死亡的，对该合伙人在合伙企业中的财产份额享有合法继承权的继承人，按照合伙协议的约定或者经全体合伙人一致同意，从继承开始之日起，取得该合伙企业的合伙人资格。

债务，则继承人的债权人利益得不到保护。又如，继承人隐匿财产、挥霍浪费、不善经营或恶意处分遗产等，在这种情况之下，无限继承也无法保障被继承人的债权人的利益。[①] 因此，在赋予继承人可以享有有条件的限定继承的权利之外，还必须让被继承人的债权人或继承人的债权人能够主动采取一些措施从而保护自己的利益。于是，这样的制度就应运而生。无论是财产分离、遗产管理还是财产清单等制度，其实质都是为了使遗产和继承人的固有财产保持独立。其主要内容是，被继承人的债权人或继承人的债权人如果认为继承人的行为可能导致自己的债权无法清偿，其可在法律规定的期限内向法院或主管机关提出申请，要求设立遗产管理人对遗产进行管理。遗产管理人对遗产的管理，主要包括对遗产的范围进行清查并编制遗产清册、发出公告要求债权人申报债权、公告期满后遗产管理人按其比例清偿债权，清偿完毕后有剩余的，在各共同继承人之间予以分配等。遗产管理确立后，不是遗产管理人的继承人丧失对遗产进行管理的权利。这样，无论是被继承人的债权人还是继承人的债权人的权利均可以不受继承人的侵害，被继承人的遗产可以首先用于清偿遗产债务，而继承人自身固有的财产可以首先用于清偿继承人的债务。[②]

（二）遗产分割的时间

我国《民法典》未明确规定继承人请求遗产分割的具体时间，仅在《民法典》第 1132 条规定，继承人可以协商确定遗产分割的时间。关于遗产分割时间的限制，我国《民法典》也未有明文规定。

而国外不少国家都明文规定，继承开始后，继承人可以随时请求分割遗产。如《德国民法典》第 2042 条规定，各共同继承人

---

① 例如，被继承人的遗产已被挥霍殆尽而继承人本身也无财产，即使其承担无限责任，但因没有财产可供执行而致使债权人的利益落空。

② 张玉敏：《继承法律制度研究》，法律出版社 1999 年版，第 302-303 页。

可以随时请求分割遗产。《法国民法典》第816条规定，即使共同继承人之一已经分开享有遗产中的部分财产，如无财产分割证书，或者未经充分占有而取得时效，对此财产仍可以请求分割。

关于继承人请求分割遗产的时间限制，国外的立法表明主要有以下四个方面：

第一，被继承人以遗嘱禁止分割。被继承人通过设立遗嘱的方式禁止继承人在一定期间内分割遗产。禁止分割的理由多种多样，既可能是马上分割遗产对遗产本身的价值有损害，如遗产主要为各类企业，也可能是被继承人为了照顾未成年的继承人。但被继承人虽有以遗嘱禁止分割的自由，但为了不使遗产效用的发挥受到太长时间的限制，各国对于被继承人禁止分割的最长期限均作了限制。例如，德国为30年或被继承人指定继承人发生一定事件时为止；意大利为被继承人死亡后5年内或最后出生的继承人达到成年年龄后的1年内；日本为5年。

第二，继承人以协议禁止分割。继承开始后，继承人对于遗产享有继承权，因而，只要继承人之间协商同意，他们就可以保持遗产的现状不变，这种情况在遗产主要为企业时较为常见。关于继承人协议不分割遗产的自由是否应该得到限制，多数国家认为只要继承人之间协商一致，此自由不应受到限制。但有学者对此持不同意见，认为遗产长久不分割，不利于遗产效用的发挥且会妨害社会经济的发展，故继承人协议禁止分割遗产的时间与被继承人遗嘱禁止分割的时间一样均应受到限制。[①]

第三，法院裁判限制分割。有些国家规定在符合法定事由时，继承人可以向法院提出请求，禁止在一定期间内分割遗产。意大利民法规定在继承人提出立即分割遗产可能会给遗产造成严重损

[①] 刘长宜：《遗产分割方法之研究》，东海大学法律研究所1993年硕士学位论文，第82页。

失的，法院可裁判 5 年内对全部或部分财产禁止分割。[①] 越南民法规定健在配偶可以向法院提出，遗产分割将严重影响其和家庭的生活，法院可以判决在被继承人死亡后 3 年内不予分割，但健在配偶又结婚的除外。[②]

第四，法律规定的其他限制。有些国家规定为了保障胎儿的利益，在胎儿出生之前，继承人不得请求分割遗产，如德国、瑞士。有些国家规定继承人身份关系确定前禁止分割，如意大利规定在胜诉情况下有权取得遗产的人提起的确认之诉或者是被指定遗产的团体取得法人资格的诉讼进行期间不得分割，但继承人提供了适当担保的除外。

(三) 遗产分割的依据

遗产分割的依据，是继承人按照什么标准来进行遗产分割，这是确定遗产分割方法的重要前提。关于遗产分割的依据，共计三种，分别是被继承人的遗嘱、继承人的协议和法院的裁判。

第一，被继承人的遗嘱。被继承人通过遗嘱对于遗产如何分割有明确指示的，应按被继承人的遗嘱进行遗产分割。在德国和我国台湾地区还规定，除被继承人可以依遗嘱直接指定分割方法外，其也可以委托第三人代为指定。[③] 被继承人遗嘱指定分割遗产视其指定的范围不同可以分为广义指定和狭义指定两种。广义指定，系指被继承人以遗嘱指定有关于遗产分割之一切情形而言，既可以是指定应继份，也可以是指定遗产分割的方法，还可以是二者的混合或者是只指定一部分遗产的分割方法或只指定一个或数个继承人分割遗产；而狭义指定，仅指依据遗嘱所为之指定，各继承人已依遗嘱取得请求其他共同继承人履行遗产分割之债权

---

① 《意大利民法典》第 717 条。参见《意大利民法典》，陈国柱译，中国人民大学出版社 2010 年版。

② 《越南社会主义共和国民法典》第 686 条。参见《越南社会主义共和国民法典：2005 年版》，吴远富编译，厦门大学出版社 2007 年版。

③ 《德国民法典》第 2048 条、我国台湾地区"民法"第 1165 条第 1 款。

权利，已得直接为遗产分割，而无须再经继承人协议，或请求法院判决分割之情形。①

第二，继承人的协议。在被继承人未留有遗嘱对遗产如何分割作出指示的，继承人可通过协商确定遗产分割的时间、份额和办法。继承人协议分割遗产的形式既可以是口头协议，也可以是书面协议。继承人协议分割遗产可变更被继承人指定应继份或法定应继份，也可以变更被继承人遗嘱指定的分割方法。继承人分割遗产的协议成立生效后，各继承人均得请求其他共同继承人履行协议，分割遗产。如果有继承人拒绝按照协议分割遗产，其他继承人可向法院提起给付之诉。继承人协议分割遗产之后，也可以重新订立遗产分割的协议或者是合意解除该协议。

第三，法院的裁判。在继承人对如何分割遗产无法达成协议时，任一继承人都可以向法院请求裁判分割遗产。这包括在遗嘱继承时，继承人之间对于遗嘱的效力有争议，或在遗嘱的指定不甚明确时，继承人对于遗嘱的解释有争议，以及在法定继承时，继承人应继份的大小以及具体由哪个继承人取得哪些遗产有争议。

（四）遗产分割的方法

遗产分割的方法是指继承人取得应继份的具体途径。②

我国遗产分割的方法主要有实物分割、折价分割、补偿分割、保持共有四种。一是实物分割。对于宜于分割的遗产，可采取实物分割的方式。而对于实物分割的对象，学术界有不同看法。有的认为，对象只能是可分物，如现金、存款等。③ 有的认为，对象既可以是可分物，也可以是不可分物，如电视机、电冰箱等。④ 我

---

① 唐敏宝：《遗产分割理论与实务》，载《司法研究年报》2004 年第 24 辑，第 55 页。

② 郭明瑞、房邵坤、关涛：《继承法研究》，中国人民大学出版社 2003 年版，第 173 页。

③ 李明舜主编：《婚姻家庭继承法学》，武汉大学出版社 2011 年版，第 349 页。

④ 马忆南：《婚姻家庭继承法学》，北京大学出版社 2011 年版，第 411 页。

国《民法典》对什么是宜于分割没有明确界定。参照我国《民法典》第 304 条共有人对共有物分割的方法，即"共有人可以协商确定分割方式。达不成协议，共有的不动产或者动产可以分割且不会因分割减损价值的，应当对实物予以分割"。从上述法律规定来看，实物分割的对象应是可分物，因为可分物符合能分割且不因分割而减损其价值的特性。所以，这里的实物分割应该指的是能实际进行分割的动产或不动产。二是折价分割。折价分割是指将不能进行实物分割的遗产或继承人都不愿取得的遗产，通过出卖或拍卖给第三人以换取价金，然后再按各个继承人的应继份比例，对所得的价金进行分割。如对不宜分割的不动产多采取此分割方法。三是补偿分割。补偿分割是指对不宜分割的遗产，如继承人中有人有意愿取得该遗产，则由该继承人取得该遗产的所有权，然后由该继承人对于超出自己应继份的那部分，用金钱或实物对其他继承人予以补偿。在有数个继承人均想取得该物的所有权时，也可以在继承人中采取竞价的方式决定由谁取得该财产，由最后取得该财产的继承人对其他继承人给予金钱补偿。竞价由当事人提出或由人民法院提出，在双方当事人均同意的基础上，法院委托相关部门核定价格并确定基础价格，双方以基价为基准自由叫价，开价最高者取得实物所有权，以该价格为定价对其他未取得所有权的继承人予以作价补偿。[①] 此外，如果继承人分得的遗产超过了其应继份，则对于超过的部分应对其他继承人给予补偿。四是保持共有。保持共有的发生基于以下两种情形：一是被继承人在遗嘱中明确表明禁止对全部或部分遗产进行分割，这时全体继承人对禁止分割的全部或部分遗产保持共有。二是遗产不宜进行实物分割，继承人都愿意取得该遗产；或继承人基于某种生活目的或经营的需要，愿意对遗产继续保持共有的，则可以采

---

① 丁建新：《共有财产分割适用竞价方法初探》，载《政治与法律》1993 年第 6 期，第 55 页。

取此分割方法。全部继承人共有遗产，其共有份额按各继承人应继份的比例确定。

国外遗产分割的方法除上述一般方法外，还规定了特殊的遗产分割方法。主要包括在遗产分割时对特定继承人的特别保护和对特殊遗产设立单独的分割方法。第一，特定继承人的特殊权利。某些遗产对某些特定的继承人维持生活或对被继承人经营企业的延续、对土地或不可分物发挥物之效用具有重要意义。所以，法律规定在遗产分配时某些特定继承人享有优先取得该遗产的权利。例如，被继承人的健在配偶或受扶养人对家庭住房、家具和日常生活用品享有使用权或先取权；在共同继承人中参与经营企业、土地的人或不可分物的共有人对遗产中的企业、土地或不可分物享有先取权。第二，特殊遗产的分割方法。与特定继承人的优先权相比，特殊遗产的特定分割方法主要侧重发挥物之效用。例如，依据《瑞士民法典》第613条之规定，若分割将严重损害物的价值，或者遗产属于性质上结合为一体的物、对家庭有特别纪念意义的物，都不因继承人中一人的异议而分离，应该将物完整地分配给继承人中的一人。

（五）遗产分割的效力

遗产分割的效力是指遗产分割后，继承人就其分割遗产时所得的财产拥有单独的所有权，并就分割遗产彼此间产生相应的权利义务关系。遗产分割的效力是遗产分割制度不可缺少的组成部分。我国立法无此规定，但国外立法有明确规定。国外的遗产分割效力主要包括遗产分割的溯及效力、共同继承人的瑕疵担保责任和遗产分割的无效和可撤销。

关于遗产分割溯及效力的规定，目前国外主要有两种不同的立法例：一是宣告主义，遗产分割的效力应溯及至继承开始时。宣告主义认为继承人通过遗产分割取得的财产，视为从被继承人死亡时即已经归各个继承人单独所有，遗产分割只是宣告本来的状态，故其仅有宣告或认定的效力，如日本、法国和意大利立法例。二是移转主义，继承人从遗产分割时起取得所分得遗产的单独所有权。遗产分割与买卖一样，各继承人通过互相让与各自的应有部分，而取得对于分割而得到的财产的单独所有权。此时，遗产分割具有创设力，而无溯及力。各继承人不是从被继承人处取得对于所分得遗产的所有权，而是通过分割共有的遗产而取得该权利，如德国和瑞士立法例。①

遗产分割时各共同继承人对于分割所分得的物或权利主要有以下担保责任：（1）对遗产瑕疵的担保责任。遗产分割后，各继承人以其分割所得遗产的实际价值为限，对其他继承人负与出卖人相同的担保责任。承担上述担保责任必须具备的条件是：遗产的瑕疵必须是在遗产分割前就已经存在；遗产的瑕疵必须是非因分得该物或权利的继承人本人的过失而产生；遗产的瑕疵必须是分得该遗产的继承人在分割时不知其存在；各继承人对遗产瑕疵的担保责任，未经被继承人用遗嘱予以免除，也未被各共同继承人以契约加以限制。（2）对债权的担保责任。各共同继承人对其他继承人分得的债权应负的担保责任，有以下两种情况：对未附停止条件而已届清偿期或不定期的债权，各继承人就遗产分割时债务人的支付能力承担担保责任；对附有停止条件或尚未到期的债权，各继承人对分得此种债权的继承人，就条件成立时或清偿期到来时债务人的支付能力承担担保责任。②

遗产分割的无效和撤销，主要是指遗产分割在何种情况下可以被宣告无效或撤销。国外关于遗产分割被宣告无效和可撤销的理由主要包括继承人受胁迫、受欺诈、遗漏了继承人或因应继份遭受了四分之一以上份额的损失等。

---

① 史尚宽：《继承法论》，中国政法大学出版社 2000 年版，第 210-211 页。
② 陈苇主编：《婚姻家庭继承法学》，法律出版社 2002 年版，第 490-491 页。

三、遗产分割制度的功能

法律作为现实社会关系中必不可少的调整手段，其赖以存在的基础是法律所具有的功能。法律功能是法律社会学研究的核心问题之一，它是指"法作为一种特殊的社会规范本身所具有的性能或功用。这些功能是基于法的属性、内部诸要素及其结构所决定的某些潜在的能力。"① 遗产分割制度是各共同继承人依法或依遗嘱所确定的应继份在各自之间分配被继承人的遗产，从而实现被继承人的遗产转化为各继承人单独所有的法律制度，其主要有以下三个方面的功能：

（一）保障遗产在各共同继承人之间公平有序地进行分配

遗产分割制度旨在调整各共同继承人之间围绕被继承人遗产的分配问题而产生的相互之间的权利义务。它对于被继承人死亡后，遗产分割客体的确定、遗产分割的时间和限制、遗产分割的依据和方法、遗产分割的法律效力等五个方面的内容均作了详细的规定。这些规定有利于保障各共同继承人之间公平有序地分配遗产。下面以遗产分割的依据和方法的相关规定进行分析。

被继承人留有遗嘱指示遗产如何分割的，继承人应遵照被继承人的指示进行分割。被继承人遗嘱委托第三人确定分割方法的，在公平合理的范围内，继承人亦应尊重。被继承人指示分割，既可以确定每一个继承人的应继份，也可以确定构成遗产的每一项财产和权利的具体分配办法，还可以既指定应继份又指定具体的分割方法，只要是被继承人通过合法有效的遗嘱确定的，继承人都应该遵守。

被继承人未留有遗嘱或未对全部遗产如何分割进行指示的，继承人可以通过相互协商对遗产进行分割。遗产分割的时间、办法和份额并不需要遵循法律的规定，只要各继承人之间能达成一

---

① 张曼莉主编：《法律社会学》，中央广播电视大学出版社 2012 年版，第 40 页。

致意见即可。如被继承人遗留有房屋一栋价值 60 万元、存款 60 万元以及对于第三人的债权 60 万元，被继承人恰好有三个继承人甲、乙、丙。三人可以协商由甲取得房屋、乙取得存款、丙取得债权，也可以协商对于房屋、存款或债权全部按份共有，各占三分之一。

当继承人对于遗产分割的时间、办法或份额无法达成一致意见时，其可以请求法院进行裁判分割。各国关于遗产分割的方法均有明文规定。一般的分割方法有实物分割、变价分割、补偿分割和按份共有等。特殊的分割方法有由健在配偶优先取得属于遗产中夫妻双方共同居住和生活用具等的所有权、由生前参与企业共同经营的继承人优先取得该企业的所有权或经营权、对于不宜分割的物只能分给继承人中的一人等。

上述规定既体现了遗产分割的基本顺序，又明确了遗嘱分割、继承人协议分割以及裁判分割的具体方法，确立了被继承人死亡后遗产分割的基本制度，从而有利于平等保护各共同继承人的利益。

（二）平等保障继承人及其以外的第三人的合法利益

遗产分割不仅涉及继承人，而且涉及与被继承人和继承人有债权债务关系的相关利害第三人。遗产分割时，遗产范围的确定、遗产的分离以及遗产分割的自由与限制均与遗产相关利害第三人的利益密切相关。

遗产分割时，被继承人的遗产与其他第三人的财产因共有相混同的，应从共有的财产中将第三人的财产先分离出来，剩余的才能作为遗产由其继承人继承。在我国，主要体现为将被继承人的遗产从夫妻共同财产和家庭共有财产中分离出来，不能将健在配偶和其他家庭成员的财产作为遗产进行分配，侵害这些共有财产所有权人的利益。

遗产分割时，继承人或被继承人的债权人担忧自己的债权无法以遗产或继承人的固有财产得到优先清偿的，可向法院或主管政府部门提出遗产分离或遗产管理的请求，该请求可通过制作遗产清册和对遗产进行管理而实现，这样被继承人与继承人的固有财产就被分离开来，被继承人的债权人可就遗产优先受偿，而继承人的债权人也可就继承人的固有财产优先受偿，从而实现公平保护继承人与被继承人的债权人之财产权益。

遗产分割时，继承人请求分割遗产的权利受到一定的限制。如胜诉情况下有权取得遗产的人提起的确认之诉或者是被指定遗产的团体取得法人资格的诉讼进行期间不得分割遗产，在关于收养申请、取消收养关系或承认被继承人设立的财团为有权力、能力的裁判尚未作出时也不得分割遗产。这体现了对于已确认有继承资格的继承人和潜在的继承人予以平等保护的思想。

（三）尽快结束共同继承、发挥遗产效用

财产继承法律制度是为避免因被继承人死亡造成其生前所处的各种法律关系受到破坏，使法律关系尽量平稳地过渡给其继承人的一种法律制度。为了取得属于自己应继份的遗产的所有权，共同继承人通过遗产分割，可以尽快结束遗产的拟制共有状态，使自己成为遗产的实际占有和管理人。[1] 关于继承人之间的共同继承关系，在法国一度未得到重视，皆因其认为该关系为一时的存在，迟早应该分割。[2] 继承人之间长期不分割遗产，不仅不利于遗产效用的发挥，而且容易引起继承人之间的纷争。近年来，我国不少城市在改造过程中，通过征地拆迁来实现新的城市规划。在这种情况下，继承人之间因征地补偿而发生遗产纠纷的案件屡见不鲜。故继承开始后，继承人间如能通过遗产分割尽快结束这种状态，不仅可以避免此类纠纷的发生，而且由继承人各自取得遗产的所有权比继承人共同管理遗产更有利于发挥遗产的效用。因为在遗产尚未分割之前，继承人难以有效行使对于遗产的权利，

---

[1] 陈苇主编：《外国继承法比较与中国民法典继承编制定研究》，北京大学出版社2011年版，第572页。

[2] 陈棋炎：《亲属、继承法基本问题》，三民书局1980年版，第381页。

即使以不动产遗产出租或者维持遗产原来的使用方式获取市场价值，也极易导致继承利害关系人之间的矛盾。只有完成遗产分割，继承法律关系了结，新的财产所有权关系确立，使财产摆脱不确定的状态，才能借由所有权主体的参与使财产的市场价值得到体现。因此，有必要促使当事人尽快完成遗产分割。[①]

此外，遗产分割时，对于特定继承人和特殊遗产确立不同的遗产分割方法，有助于遗产效用的最大化。如对于健在配偶，赋予其对于其与被继承人共同生活居住的房屋和其内配备的动产以其应继份优先取得所有权的权利，有助于最大限度发挥上述遗产的生活效用。将被继承人生前经营的企业赋予生前与被继承人共同经营该企业的继承人有以自己的应继份优先取得的权利或者在有数个继承人均参与继承时，数个继承人可以按份共有的方式分割上述企业，有助于最大限度发挥企业的生产效用。而对于性质上结合为一体的物仅分配给一个继承人，对于其他继承人予以现金补偿，可以不损害物的效用。

第三节　遗产分割制度的价值分析

任何法律的制定都应当有明确的目的性，都应当有自己的价值目标和价值取向。立法者只有通过价值取舍和价值选择才能实现某种目的或达到某种社会效果。[②] 立法价值取向主要有两层含义："其一是指各国在制定法律时希望通过立法所欲达到的目的或追求的社会效果；其二是指当法律所追求的多个价值目标出现矛

---

① 杜志红：《法定继承中遗产分割纠纷的时效限制》，载《河北法学》2016 年第 6 期，第 158 页。

② 赵万一、吴晓锋：《商事思维下的公司法实务研究》，中国法制出版社 2009 年版，第 3 页。

盾时的最终价值目标选择。"① 立法价值取向是任何法律制度创设时均必须考量的重要因素，遗产分割制度也不例外。

一、遗产分割制度的价值取向

（一）自由价值

英国学者约翰·密尔认为，"个人的行为只要不涉及他人的利害，个人就有完全的行动自由，不必向社会负责""只有当个人的行为危害到他人利益时，个人才应当接受社会的或法律的惩罚"。② 自由作为法律的一种价值取向，在民法领域就体现为民法确立了意思自治原则，当事人可以按照自己的自由意愿设立、变更和终止民事关系。在制定继承法时，就应表现为继承关系中的每个人能够按照自己的意志，做出其认为对自己最有利的选择。正如霍布豪斯所言，被继承人能通过其对家庭亲情的感知和自己的判断做出自己身后财产分配的合理安排，而这比任何法律所确定的分配规则都可能更加适当。③ 故在遗产分割制度的设计中，因为遗产属于被继承人的个人财产，因而被继承人在生前有按照自己的意志处分遗产的自由，这不仅包括被继承人可以自由指定继承遗产或受遗赠的主体，还包括被继承人可以具体指定继承人的应继份或受遗赠人接受遗赠的份额，并且被继承人指定遗产在一定期间禁止分割的，应尊重被继承人的意愿。故在遗产分割时，如果被继承人留有遗嘱的，应首先按遗嘱进行分割，只有在遗嘱未对遗产进行处分或处分不完全的情况下，遗产分割才按照法律的规定进行。

被继承人对于遗产分割没有具体指示的，根据大陆法系各国

---

① 赵万一、吴晓锋：《商事思维下的公司法实务研究》，中国法制出版社 2009 年版，第 3 页。

② ［英］约翰·密尔：《论自由》，许宝骙译，商务印书馆 1959 年版，第 4 页。

③ Arthur Hobhouse. *The dead Hand*: *Addresses on the Subject of Endowments and Settlements of Property*. London：Chatto & Windus，1880，pp. 183-185.

立法的规定，从被继承人死亡时起，遗产转归各共同继承人按份共有或共同共有。继承人作为遗产的共有人，各共同继承人可以协商遗产的具体分割时间和办法，而即使其协商的结果与被继承人的遗嘱和法律规定的分割办法和份额有所不同，也应予以允许，这体现了对于继承人意志自由的尊重。

法国学者孟德斯鸠认为，"如果一个公民能够做法律所禁止做的事情的话，那么他就不再有自由了，因为其他人同样有这个权利"。① 美国学者迈克尔·D. 贝勒斯认为，"假如某人通过领受可得到保障的权利主张而得到自由，别人则因承担尊重该主张的义务而失去了自由"。② 可见，个人所拥有的自由也都是有限制的，而非无边无际的。例如，父母在选择结婚生育子女时，就表明其有为每个子女留下遗产的义务，其处分遗产的自由应当受到限制。③ 这在社会经济发展还不充分，国家还难以全面承受对于每个家庭成员的生活给予充分保障的今天具有重要的意义。子女获得财产，不仅在生活上得到了充分保障，而且也产生了对家庭强烈的归属感。④ 这种归属感进一步促进家庭成员间相互支持、信任以及亲密无间。⑤ 故如果被继承人处分财产的范围不能超出法律规定的特留份或必留份范围，超过的，该部分处分无效。又如，被继承人虽然有通过遗嘱禁止一定期间不分割遗产的自由，但该自由亦受到一定的限制，即禁止分割的期间一般情况下不能超过法律

---

① ［法］孟德斯鸠：《论法的精神》（上），孙立坚等译，陕西人民出版社 2001 年版，第 180 页。

② ［美］迈克尔·D. 贝勒斯：《法律的原则——一个规范的分析》，张文显等译，中国大百科全书出版社 1996 年版，第 9 页。

③ Michael McAuley. "Forced heirship Redux: A Review of Common Approaches and Values in Civil Jurisdictions." 43 *Loy L Rev* 53 （1997-1998），p. 65.

④ Dot Reid. "From the Cradle to the Grave: Politics, Families and Inheritance law." *Edinburgh Law Review*, vol. 12, no. 3, 2008, p. 403.

⑤ Melanie B. Leslie. "Enforcing Family Promises: Reliance, Reciprocity and Relational Contracts." 77 *NCL Rev*. 5511999, p. 581.

规定的期间，超过的部分视为无效。①

综上，遗产分割制度在设计时应最大限度地体现对于被继承人和继承人意愿的尊重，遗产分割的时间、办法和份额在被继承人通过遗嘱明确指示时，应尊重被继承人的意愿。在被继承人对此无遗嘱指示时，应充分尊重各共同继承人的意愿，从而彰显法的自由价值。

（二）平等价值

法国学者皮埃尔·勒鲁认为，"平等是一种原则，一种信条，这项原则今天已被公认为司法准则，当今社会，从某方面观察，除此原则之外，别无其他基础"。② 平等一般被分为两个类型：无差别的平等和按比例的平等。无差别的平等是指不考虑贡献、学历、社会地位和出身背景等一律给予同等的对待，③ 这种平等又被称为绝对的平等。按比例的平等是指根据个体的差异而给予不同的对待，此种平等为相对的平等。绝对的平等是一种理想状态，一般情况下不容易达到，而相对的平等考虑了个体的差异，虽然形式上不平等，但可能达到实质上的平等。从这一点而言，相对的平等是为了平衡绝对的平等的弊端而发展起来的。④ 平等价值的最终实现要依赖于为此设计的规则，因为没有规则，就不会有真

---

① 如《德国民法典》第 2044 条规定："被继承人可以以终意处分排除对遗产或个别遗产标的的分割，或使之取决于是否遵守通知终止期间。自继承开始时起已经过 30 年的，该项处分即失去效力。"《日本民法典》第 908 条规定："被继承人可以通过遗嘱确定自继承开始时起不超过五年的期间内禁止分割。"

② ［法］皮埃尔·勒鲁：《论平等》，王允道译，商务印书馆 2005 年版，第 20-27 页。

③ Ch. Perelman. *Justice, Law and Argument: Essays on Moral and Legal Reasoning*. London: D Reidel Publishing Company, 1980, p. 114.

④ 黎乃忠：《限定继承制度研究》，西南政法大学 2015 年博士学位论文，第 69 页。

正的法律秩序。[①] 法律规则对于平等的保障主要体现在两个方面：一是法律通过平等地分配权利、义务来实现平等；二是通过限制和制裁不平等行为而恢复平等。[②]

在具体的民事活动中，前者表现为民事活动的一切当事人在民事关系中所处的法律地位相同，法律应平等地分配其权利和义务。在遗产分割制度的设计中，平等价值的实现主要体现为对于继承关系中涉及的利益主体平等地分配其权利和义务。继承关系中的利益主体对内体现为各共同继承人之间的利益关系，对外体现为继承人与遗产债权人、继承人的债权人的其他利害关系人的利益关系。

对内而言，继承人之间的地位是平等的。在法定继承时，继承人的地位平等，一方面，在继承人之间情况相同时，各继承人之间的应继份应均等。该均等不仅指继承人应继份价值的均等，还指在应继份的组成上，尽可能地包括一定数量的相同性质、质量的动产、不动产和债权。另一方面，在遗产分割的具体实施过程中，继承人之间的地位平等。继承人对平等、合理地分割遗产有参考价值的情况，应相互详细通报，继承人可以对于遗产分割的时间、办法和份额进行平等协商，任何继承人均不能将自己的意志强加于他人。在继承人因协商不成时，任何一个继承人均可向法院起诉，请求法院依法平等保护自己的继承权。

对外而言，继承人与其他利害关系人的地位平等。在继承关系中，其他利害关系人主要是指遗产债权人和继承人的债权人。为了平等保护三者的利益，在继承开始后就应保持被继承人遗产和继承人的财产相互独立，确保继承人仅在遗产的价值范围内对于遗产债务负清偿责任、遗产债权人就遗产优先受偿、继承人的

---

① ［美］E. 博登海默：《法理学、法哲学与法律方法》，邓正来译，中国政法大学出版社 1998 年版，第 221 页。

② 胡平仁主编：《法理学》，湖南人民出版社 2008 年版，第 187 页。

债权人就继承人的固有财产优先受偿。现今，各国通过设立放弃继承、限定继承、遗产分离制度来实现此目的。继承开始后，继承人可以通过选择放弃继承、限定继承或无限继承的方式来限定自己对于遗产债务的清偿责任。遗产债务明显超过遗产本身的价值的，继承人可以通过放弃继承而无须承担清偿责任。继承人难以准确判断遗产价值和遗产债务之间的关系的，继承人可以选择仅在继承的遗产价值范围内承担清偿遗产债务的责任。故限定继承制度的主要目的就在于保护继承人的利益。但如果继承人选择无限继承或者继承人提交的遗产清册不符合法律规定而仍需承担无限继承责任时，继承人的固有财产就会与遗产发生混同，在此种情况下，遗产债权人的利益会受到损害，故仅仅设计侧重保护继承人利益的限定继承制度还远远不够，还需要考虑在继承人未做上述选择时保障遗产债权人利益的制度设计，因此，在规定限定继承制度的同时，还必须赋予遗产债权人可以请求遗产分离的权利来保障自己的权益，故遗产分离制度应运而生。而关于遗产分离的请求权人，有的国家规定仅限于遗产的债权人，有的国家还包括继承人的债权人。我们认为，继承人的债权人也应包括在内，理由在于如果继承人和遗产债权人关系较好，在未放弃继承且未选择限定继承的情况下，继承人也可以用自己的固有财产来清偿遗产债务，则此时继承人的债权人利益会受到损害。而在继承关系中，遗产债权人和继承人的债权人的地位相等，应得到同等的对待，故继承人的债权人也应享有请求遗产分离的权利。因此，通过限定继承或遗产分离，均将达到将被继承人的遗产和继承人的固有财产相分离的效果，赋予继承人选择限定继承或遗产债权人和继承人债权人请求遗产分离的权利，将三者放在同等保护的法律地位，能够彰显法的平等价值。

当不平等行为发生时，法律通过限制和制裁不平等行为而恢复平等。在继承人对遗产进行分割后，当某一继承人所分得的物或权利存在瑕疵时，需要法律对发生的此种不平等分割予以救济，对于其他继承人所受的损失，应由其他继承人和受损失之人平等地进行分担，以实现对各共同继承人利益的平等保护。在继承人选择以遗产的价值为限承担清偿责任但其却向法院或主管政府部门提交了虚假的遗产清册时，如继承人仍仅在遗产价值的范围内对遗产债务承担清偿责任，则遗产债权人的利益难以得到保护，这时需要法律对继承人此种不诚信的行为进行制裁。对此，不少国家和地区纷纷立法明确发生此种情形时，继承人需要以自己的固有财产对遗产债务承担无限清偿责任。

（三）公平价值

普遍的看法是，公平是（所有）法律所应当始终奉行的一种价值观。但要给公平下一个十分确切的定义却是很不容易的。① 关于什么是公平，亚里士多德首先将公平区分为广义的公平和狭义的公平。前者的公平等同于美德，后者专指某一种品德，如勇气、慷慨等。在分析狭义上的公平一词时，又区分了"分配的公平"和"矫正的公平"。前者指利益、责任、社会地位等在社会成员之间的分配，后者指在社会成员之间重建原先已经建立起来、又不时遭到破坏的均势和平衡。前者分配的标准应是参加分配人的功德，而后者不考虑双方的功德，只是在一方因另一方遭受损失后，法官命令致害人向遭受损失的一方作出相等数量的赔偿。② 对参加分配人的功德如何进行衡量，这是很难的，因为其没有一个确切的标准，即使是在掌握了关于这个人尽可能多的关于其品质的资料的情况下。于是，彼得·斯坦和约翰·香德提出，分配的标准可以采取以下三种办法：一是以某一种特点为代价或给予另一种基本特点优先考虑，如某种伙食只能供给研究生、某种图书只能文科硕士生才可以借阅。二是建立一种公式，在平等分配的基础

---

① ［英］彼得·斯坦、约翰·香德：《西方社会的法律价值》，王献平译，中国法制出版社2004年版，第86页。

② ［英］彼得·斯坦、约翰·香德：《西方社会的法律价值》，王献平译，中国法制出版社2004年版，第87-89页。

上兼顾其他衡量标准。如战时的口粮配给，先给每个人最起码的基本需求量，进行平均分配，再对某些老弱病残等特殊人的特殊需要予以考虑。三是在各种标准之间存在矛盾与冲突时，用妥协的办法来减少适用这种意见或那种意见之间的差异，即赋予法官自由裁量权以缓和法律规定所固有的刻板性。[①]

到了资本主义阶段关于公平的论争变得日益突出，主要体现为自由主义和平等主义两种不同的观点。自由主义者认为只要人们在经济领域得到经济成果以及经济价值的行为是自由的，是他们依照自己的方式对经济所作的贡献，那么，按个人的贡献分配经济负担和经济利益就是公平的。公平就体现为"起点公平"和"过程公平"。而平等主义者认为无论个人之间有何等差异，每个人都应受到平等的对待。公平更应体现为结果的公平。[②] 罗尔斯将自由主义与平等主义结合起来，这在其最著名的正义两原则中得以体现。其设计的第一原则是每个人都应享有与其他人一样的，最广泛的、平等的、全部的基本自由。第二原则是经济、社会的不平等应使它们：（1）被合理地期望适合于每一个人的利益。（2）依系于地位和职务向所有人开放。[③] 可见，一定程度上，公平和自由与平等密切相关，在追求公平的过程中，自由和平等均发挥着非常重要的作用。

上述几种代表性的公平观念，对于认识公平价值在民法上的含义有着重要的启示作用。我国学术界关于公平价值在民法上的含义形成了几种代表性的观点，有的学者将其归纳为狭义、中义和广义三种。狭义观的代表性学者为徐国栋和李锡鹤教授。徐国栋教授认为，"公平就是交换物在价值上的一种对比度""公平原

---

① ［英］彼得·斯坦、约翰·香德：《西方社会的法律价值》，王献平译，中国法制出版社 2004 年版，第 95—97 页。

② 王立争：《民法基本原则专论》，安徽大学出版社 2010 年版，第 32 页。

③ ［美］约翰·罗尔斯：《正义论》，何怀宏、何包钢、廖申白译，中国社会科学出版社 1988 年版，第 61 页。

则为交换关系内容方面的前提条件提供了规则，公平交换是财货生产者生存的基本条件"。李锡鹤教授认为"公平就是不偏袒，一般来说，应表现为互利""判断一个民事关系是否公平即是否不偏袒的最终根据，是当事人的地位是否平等。公平就是平等的表现，平等的结果。平等就是公平，不平等就是不公平"。中义观的代表性学者为裴圣慧和兰桂杰。裴圣慧认为，公平表现为公民和法人的合法民事权利、民事法律行为、代理行为受法律保护；国家和集体所有以及公民的合法财产受法律保护；公民、法人由于过错侵害他人合法权利或违反义务或基于法律规定应承担民事责任。兰桂杰认为，公平体现为民事行为的有效无效、诉讼时效的中止中断、无过错责任的成立、过错责任重赔偿数额的减轻等。广义观的代表性学者为赵万一，其认为公平包括四个层次的含义：一是前提条件的公平，当事人的社会外部条件和法律地位平等；二是分配的公平，社会成员被一视同仁且都能获得与其付出同等的对待；三是交换的公平，当事人在交换过程中权利义务对等；四是矫正的公平，法律对权利义务关系失衡引起的结果进行矫正。[①]

从上述三种代表类型的公平观来看，狭义观侧重于公平在某一方面的体现。徐国栋教授侧重于交换关系中交换物价值的平等，而李锡鹤教授则认为，公平的结果是互利，公平也表现在当事人地位的平等。这实际上提倡起点公平和程序公平，是自由主义公平观的体现。中义观将具体的法律制度与公平观相联系，并认为公民和法人的合法权益受到保护以及公民、法人因其侵权行为应承担民事责任等均为公平的体现，实际上未能准确界定公平的内涵，且这种罗列方式难免挂一漏万，而且以这种方式作为公平含义的阐释，未免失之过宽，因为民法中任何一项规定都可以说体现了公平价值。广义观将公平分为四个层次的含义，其中第一层和第三层含义为平等主义公平观的观点，第二层和第四层含义为

---

① 王立争:《民法基本原则专论》，安徽大学出版社 2010 年版，第 35—38 页。

亚里士多德"分配的公平"与"矫正的公平"的翻版。

　　笔者认为，亚里士多德已将公平作了较为精当的分类，其分配的公平和矫正的公平对于我们遗产分割制度的适用完善具有重要的启示意义。分配的公平要求在继承人情况大体相同的情况下，在其中间均等地分配遗产。而分配的标准可以参考彼得·斯坦和约翰·香德的设计，其三个标准能最终实现"公平分配"的目标。第一，以某一种特点为代价或给另一种基本特点优先考虑的分配标准，适用于资源有限的情况下的遗产分配。这需要考虑两种情形：一是继承人的特殊性；二是遗产的特殊性。例如，考虑到有继承权的健在配偶对于被继承人而言有着特殊的感情且对被继承人的财产获得作出了特殊贡献，故在以遗产分割时为了保障健在配偶的基本生活条件不变，特别是在被继承人还留有未成年的子女时，对于健在配偶生前居住的属于夫妻双方共同所有或被继承人个人所有的房屋应允许其对该房屋以其继承份额优先取得所有权或在不能取得所有权时允许其对房屋享有居住权。又如，对于属于性质上结合为一体的物，因其本身为不可分物，故只能由继承人一人取得，由取得该物的继承人对其他继承人给予补偿。而对家庭有纪念意义的物或祖传物，除其本身具备财产价值外，还包含着继承人对于该物所具有的不可替代的深厚感情，故如继承人中一人有异议时，不得分离或变卖，只能由继承人中的一人取得或维持共有，如继承人对于如何分割无法达成一致协议，则由法院进行裁判。第二，建立一种在平等分配的基础上兼顾其他衡量标准的公式。此种分配方式既能保证每个人的基本需求，又可兼顾个人的需求。此种分配方式要求在各共同继承人之间平等地分配遗产。平等地分配遗产，不仅包括各共同继承人的应继份应基本相同，而且包括组成应继份的遗产的性质、数量、种类等应基本相同。此外，应考虑各继承人的特殊情况，是否属于老弱病残、无劳动能力并且无生活来源，对于此类继承人在应继份的分配上应给予特殊照顾，或者在应继份上给予倾斜，或者额外给予扶养费以保障其基本生活需求。第三，在各种矛盾或者标准冲突难以协调时，由法院予以裁量，对各方利益进行衡平。如前所述，被继承人有通过遗嘱指示第三人指定遗产分配份额和方法的权利，但是如果第三人指定的遗产分配份额和方法显失公平的，继承人可以请求法院进行裁判。

矫正的公平所体现的是在个人自愿或非自愿的情况下，当事人一方得，另一方失，而一方失是由另一方得所引起的。在此种情况下得到的一方应对另一方做出赔偿。在遗产分割时，矫正的公平主要体现在遗产分割后继承人应承担对遗产的瑕疵担保责任。遗产分割后，会发生继承人分得的遗产被抵押或分得的债权根本不存在等遗产存在瑕疵的情形，也可能会发生分得的遗产的所有权本身属于第三人而被第三人进行追夺的情形，在这种情况下由分得遗产的人自行承担这个损失显失公平，故应规定在上述情形发生时，应由其他继承人包括受损害的继承人按其应继份的比例共同承担此种损失。①

（四）效率价值

美国学者波斯纳认为，"法本身的规范、程序和制度极大地注重于促进经济效益"。② 如果用"效率"来形容一个社会的话，就是指这个社会的资源配置合理高效，在投入不变的情况下，能产出更多的社会财富。

在继承法领域，法的效率价值主要体现为通过遗产的分配能在最大限度上发挥遗产的效用，促进社会经济的迅猛发展。我国《民法典》第1156条所确立的遗产分割应有利于生产和生活的原则就很好地体现了这一点。例如，分割遗产时，对于不可分物，

① 例如，依据《德国民法典》第758条规定，共同关系终止时，共同标的被分给共有人中的一人的，其他共有人中的任何一人均按其应有部分对权利瑕疵或对物的瑕疵负与出卖人相同的担保责任。

② ［美］理查德·A. 波斯纳：《法律的经济分析》，蒋兆康译，中国大百科全书出版社1997年版，第28页。

可将该物归继承人中的一人或数人所有，再由其对其他继承人给予补偿。如被继承人留有的遗产主要为房屋，且该房屋只有一套，在众多继承人均有意愿取得该房屋但又不能达成一致意见的时候，该如何处理？这时除了考虑各继承人取得该房屋的意愿以外，还应考虑该住房分配给谁，最能发挥遗产的实际需求。此时，将房屋分配给在继承开始时就居住在此房屋中共同生活的继承人，相对而言，可以更好地发挥房屋的价值。因为除了房屋本身，房屋里的家具及日常生活用品在被继承人死亡时，与其共同居住的继承人均与被继承人一起共同生活使用，将房屋及上述生活用品一起分配给该继承人，能最大限度发挥这些物品的效用，同时也能最大限度地满足与被继承人共同生活的继承人的需求。此外，在分割遗产时，还应考虑被继承人的职业与遗产性质的关联性。如遗产中留有钢琴或专业书籍，这些均应分配给能最大限度发挥其价值的继承人。如果继承人不会弹钢琴且其家庭里也无人会弹，这时将钢琴分配给该继承人就无法发挥其效用。如遗产中留有企业或主要表现为企业时，如果这时将企业变卖并在各共同继承人间平均分配变卖价金不仅无法实现企业的传承，且将被继承人的一生心血毁于一旦，违背被继承人的意愿。而如将企业分配给有经营能力和企业管理经验的继承人，并通过现金或分红等方式对其他继承人予以补偿则有利于企业的传承。此外，除考虑继承人的职业、经济状况等个人情况外，还可以考虑继承人配偶及子女的职业、需求等。如上述遗产继承人虽然无法使用或发挥其最大价值，但其配偶和子女本身有此能力，在被继承人生前即在被继承人的企业担任管理人员，则将企业分配给该继承人仍然可以发挥遗产的最大效用。对于企业而言，如继承人可以达成一致意见，也可以继续维持共有，确定对于企业的所有权份额，每年年末按照该份额进行收益分割也能达到将企业的效益最大限度地发挥的目的。

二、遗产分割制度的价值位阶

制度的价值是一个多元、多维、多层次的庞大体系，因此，制度的价值冲突是制度的价值产生以来就不可避免的。[①] 遗产分割制度也不例外，虽然自由、平等、公平、效率价值都是遗产分割制度应遵循的价值取向，但是如果其发生冲突，应哪个优先？即其位阶顺序如何？这是我们在设计该制度时必须思考的问题。笔者认为，上述价值的位阶顺序依据遗产分割方式的不同而有所不同。

（一）被继承人遗嘱指示分割的价值位阶

被继承人生前已通过遗嘱对于遗产如何分割作了明确的指示或委托第三人指示如何分割，按照被继承人的遗嘱进行分割。这里的被继承人遗嘱指示分割指的是被继承人对于遗产全部做了处分，继承人按照被继承人的遗嘱即可以对遗产全部分割完毕的情形。[②] 在此种情形下，应以自由原则为最高价值。其体现了被继承人有处分其生前财产的自由，该自由既包括被继承人可以决定其遗产由谁来继承，其继承的份额是多少，每个具体的遗产由谁取得，组成遗产的动产和不动产的分割方法如何等。而这时公平、平等、效率价值等都应予以退让，但被继承人分割遗产的自由还受到特留份或必留份的限制，如果被继承人未为特留份或必留份权利人保留特有的份额，特留份或必留份权利人享有扣减权。此外，在被继承人以遗嘱指示第三人分割遗产时，如第三人的指示显失公平的，继承人可以向法院请求裁判分割遗产，这是因为遗产被现代法强制性地赋予了很多的社会义务，且人们普遍地认为这是平等和公平的。[③] 这时，公平原则又发挥着调节作用。被继承

---

① 卓泽渊：《法的价值论》（第二版），法律出版社 2006 年版，第 908、935 页。

② 如被继承人只对部分遗产如何进行分割作了指示，则剩余的遗产仍须按照继承人协议分割或法院裁判分割的方式进行。

③ 费安玲：《罗马继承法研究》，中国政法大学出版社 2000 年版，第 183 页。

人通过遗嘱的方式对于遗产分割进行指示时，并不受平等价值和效率价值的约束。因为法律之所以赋予被继承人通过遗嘱分配自己财产的权利，就在于最大限度上满足被继承人的意愿。被继承人既可以在法律允许的限度内根据自己的喜好把遗产全部分配给一个继承人，而无视其他继承人的存在，也可以通过合理的方式把毕生辛苦经营的企业交给并不擅长经营的继承人继承，而对长期在企业担任管理层的继承人置若罔闻。① 这就是财产所有权绝对原则和遗嘱自由赋予被继承人的权利，因此，在被继承人遗嘱指示分割时，效率和平等价值非被继承人必须遵守的价值取向。② 故遗嘱分割时，我们应以自由、公平为其价值取向，自由第一，公平次之。

（二）继承人协议分割时的价值位阶

被继承人生前没有通过遗嘱指示遗产如何分割的，继承开始后，继承人可以随时提出遗产分割的请求，对于遗产分割的具体时间、继承人的应继份以及构成遗产的各种动产、不动产和债权的分割方法，继承人均可以协商确定。即使是被继承人生前有遗嘱指示遗产如何分割的，继承人也可以不受被继承人遗嘱指示的限制，重新确定各自的应继份和具体的分割方法。对于法律关于无遗嘱继承时继承人对于遗产的应继份和方法的指定，也仅是作为继承人分割时的参考，各继承人并不受该规定的限制。此时，以自由价值为最高价值，继承人协议分割遗产主要应尊重继承人的意愿。这是继承人对于继承开始后就转归继承人进行管理和处分的表现。其与被继承人生前有遗嘱处分财产的自由相比，继承人的自由高于被继承人的自由。这是因为被继承人死后，被继承人作为民事主体的资格已经消灭，继承人代替被继承人成为遗产

---

① 当然在这种情况下往往会通过聘用职业经理人来管理和经营企业。

② 相反，也有被继承人基于效率和平等价值，作出与上述决定完全相反的遗产分割指示。因而，平等和效率价值仅可能为部分被继承人所考虑的因素，而不能适用于全部被继承人。

的新的主人，继承人依据其享有的继承权，继承人对于被继承人的遗产自然得以全体协议之方式为任何方式之处分。遗嘱自由原则或公平平等分割原则应予以退让。但当然继承人的自由仍然受到不能违反为胎儿保留应继份等强制性规定，此点和被继承人遗嘱指示分割遗产时应受到的限制相同，理由仍然相同，在于公平原则在发挥调节作用。可见，在继承人协议分割遗产时，自由第一，公平次之。

（三）法院裁判分割时的价值位阶

无论被继承人是否留有遗嘱指示遗产如何分割，如继承人对于如何按照被继承人的遗嘱进行分割有争议或者在无遗嘱继承时，继承人对于如何分割遗产无法达成协议的，继承人可以向法院请求进行裁判分割。法院裁判分割时，首先应依据法律的规定对于被继承人的遗产在继承人间平等分割，此时，平等价值应为法院裁判分割遗产的最高准则，原因在于继承人作为民事主体，其地位相同，故法院对各继承人应一视同仁。其次，自由价值为法院裁判时优先考虑的第二价值。虽然继承人提起裁判分割是因为关于遗产分割的相关事宜无法达成一致，但是不排除在庭审过程中各继承人对于遗产的具体分配方案又达成一致或者对于遗产的部分分配方案达成一致，那么，在此情景下，各继承人的意愿应优先尊重。再次，公平价值应为法院依据法律规定进行裁判的第三原则。公平分割主要体现在确定遗产的范围时应将被继承人的遗产与继承人的固有财产和其他第三人的财产相分离。在对遗产进行评价时，应以遗产分割的时间为计算节点而非以被继承人死亡时间为计算节点，因为继承开始到遗产分割时有一段或长或短的距离，长的多达几十年，故在此期间，遗产的价值已经发生了巨大变化，如果以继承开始时为时间计算节点对各共同继承人不公平。在搭配每个继承人具体的应继份时，应注重每个应继份中由种类、性质或数量相同的动产或不动产构成。从严格意义上讲，公平应表现为现物平等而非价值平等。因为分配给每个继承人性质、种类、质量和数量相同的东西能保证各共同继承人之间的实质公平。这在遗产主要表现为升值空间较大的不动产或企业时，现物平等的意义尤为突出。但是现物平等也存在一定的问题，现物平等原则将导致遗产过度细分，不仅最后无法分割，也将使遗产无法统一利用，而丧失原应有之价值，而有碍经济之发展。故在当今社会，为了更好地发挥遗产的效用，应以价值平等作为公平分割之基准。由最有利于遗产效用发挥之继承人取得遗产，而由该继承人对于其他继承人进行现金补偿的方式对遗产进行分割。这与中世纪西欧奉行长子继承制的原因类似，即家族因权力集中在一个人手中而更强大有力量、长子对一个家或一个社会所有权力的继承，对于整个家族比由诸子平均继承更有利。① 此外，在裁判分割时，法院还应综合考虑遗产的性质和继承人及家人的个人情况及需求，以求遗产分割后能最大限度发挥遗产的效用，故效率价值应位于最后。

---

① 长子继承制中长子继承的并非我们现代意义上的财产所有权的继承，其更侧重于政治权力和义务的概括继承，后来之所以演变为财产所有权的继承，是因为法律上的革命。参见 [英] 梅因：《古代法》，沈景一译，商务印书馆1959年版，第154-155页。

第二章 遗产分割制度的历史演变

    财产继承作为一项法律制度，它是人类社会发展到一定历史阶段的产物。"遗产制度以私有制为前提，而私有制则是随着交换的出现而产生的……无论私有制或遗产，都是单独的小家庭已经形成和交换已在开始发展的那个社会制度的范畴。"① 要深刻地理解一种制度，就必须尽可能地揭示出它的最初起源，虽然这些制度的运作方式已经发生了转变，但是这些变化依然与它们的发端密切相关。② 遗产分割制度作为继承制度中的一个重要组成部分，有其产生、发展和变化的过程。本章通过对古代社会和近现代社会遗产分割制度的演变过程进行考察，了解其变迁历史，追寻其演变规律，归纳其演变特点，从而为现代遗产分割制度之适用完善提供有益参考。

---

    ① 《列宁全集》（第1卷），人民出版社1955年版，第133页。
    ② ［法］爱弥尔·涂尔干：《乱伦禁忌及其起源》，汲喆、付德银、渠东译，上海人民出版社2003年版，第3页。

第一节 外国遗产分割制度的历史演变

一、外国古代社会的遗产分割制度

(一) 罗马法[①]时期的遗产分割制度

我国学者周枏指出，古罗马建国初期，继承并未发生遗产分割的问题，因为当时生产力还很低，消费后并无多少积余，家长死亡，家属仍继续聚居，共同生活。直至《十二表法》时，农村公社的大家庭制度已逐渐解体，故该法才有了遗产分割的规定。[②]共和国末叶，随着罗马奴隶制大庄园经济的长足发展，原来的家长奴隶制经济逐渐被取代，罗马的宗法社会也逐渐进入商业社会。经济关系的深刻变化，促使人们的宗族观念日渐淡薄，虽然此时，继承被继承人的人格以绵延家嗣的传统观念仍然存在，但继承的主要对象已变成被继承人的遗产，至此，身份继承被财产继承取代。[③] 在罗马法中，遗嘱继承和法定继承并存，但是以遗嘱继承为主，法定继承为辅。只要被继承人生前留有遗嘱，就要按遗嘱来分割遗产。只有在被继承人未立遗嘱或遗嘱无效时才按法定继承办理。但是，在《十二表法》时期，被继承人设立遗嘱并非为了分割遗产，而是为绵延家嗣指定继承人。后伴随身份继承向财产继承的转变，遗嘱才成为被继承人处理自己身后财产意思表示的载体。[④] 而法定继承也随着宗族观念的日渐淡薄，发生了由宗亲继承向血亲继承的转变。在优帝一世时，通过第 118 号和第 127 号新

---

① 罗马法泛指罗马国家的法律，它是罗马社会在 1300 多年的历史过程中逐步发展完备的奴隶制社会法律。一般认为，罗马法律史的上限始于公元前 753 年，下限延至公元565 年。参见江平、米健：《罗马法基础》，中国政法大学出版社 2004 年版，第 65 页。

② 周枏：《罗马法原论》(下册)，商务印书馆 2014 年版，第 595 页。

③ 周枏：《罗马法原论》(下册)，商务印书馆 2014 年版，第 488 页。

④ 费安玲：《罗马继承法研究》，中国政法大学出版社 2000 年版，第 105 页。

敕，宗亲继承制度被彻底废止。[①] 罗马法时期，关于遗产分割制度的规定主要体现在《十二表法》、盖尤斯的《法学阶梯》、优士丁尼皇帝指令编纂的《民法大全》以及相关法律、皇帝谕令和裁判官告示中，下面即以此为线索对该时期的遗产分割制度进行分析。

1. 遗产分割的客体

在罗马法时期，法官有职责把债务和债权全部分配给继承人中的每一个人，除债权外，被继承人所有的其他遗产物、已交给死者的由继承人们依时效取得的财物和死者购买的已交给继承人的财物也应被分配。遗产分割之诉具有双重性质，它是针对遗产而进行的分割，故为对物之诉，同时，它又涉及债务的履行，故又是对人之诉。[②] 由此可见，罗马法时期的遗产的范围既包括积极遗产又包括消极遗产，其是被继承人的积极财产和被继承人的债务在各继承人之间统一进行分配的过程。

在罗马法时期，为了平等保护遗产债权人、继承人及其债权人的利益，罗马法创造了遗产分离制度。遗产分离制度将被继承人的遗产与继承人的财产有效区隔开来，从而划定了遗产的基本范围。罗马法时期的遗产分离制度主要体现在以下两个方面：一是被继承人的债权人享有的将被继承人的财产和继承人的财产相分离的"财产分别请求权"。该权利须在继承人接受继承的 5 年内向裁判官提出，并且其提出以继承人无支付能力或支付能力不足以全部清偿被继承人的债权为前提。但如果被继承人的债权人已经接受了继承人的部分清偿且被继承人的财产和继承人的财产已发生混同时，该请求不能提出。被继承人的债权人提出财产分别请求的法律效果是被继承人可以就被继承人的遗产优先受偿。二是继承人的不参与遗产权、财产分别权和限定继承权。大法官法

① 周枏：《罗马法原论》（下册），商务印书馆 2014 年版，第 491-492 页。

② ［意］桑德罗·斯奇巴尼：《民法大全选译·遗产继承》，费安玲译，中国政法大学出版社 1995 年版，第 165-167 页。

为了保护当然继承人和必然继承人的利益，分别赋予其不参与遗产权和财产分别权。即如当然继承人仅愿意在遗产债务的范围内承担清偿责任，其可以在继承开始后不参加处理继承人的遗产，同意由被继承人的债权人自行用被继承人的名义出卖被继承人的财产来偿还其债务，从而避免自己的财产受到损失。而作为任意继承人的奴隶其虽无权在继承开始后拒绝继承或享有不参与遗产权，但他可以自己的名义出卖资不抵债的被继承人的遗产，并仅在所得价款范围内对被继承人承担清偿责任。到公元531年，优帝一世又明确规定继承人有权仅在所继承的范围内偿还被继承人的债务，但是继承人须于继承开始后2个月内造具被继承人的遗产清册。该清册须有罗马官员地方议会秘书在场见证并经继承人签字宣誓没有伪造或隐匿情事。① 罗马法通过上述制度，实现了被继承人财产和继承人财产的有效分离，在平等保护被继承人的债权人和继承人利益的同时，也将遗产的范围限定为被继承人生前的财产。

2. 遗产分割的时间

继承开始后，仅一个继承人即可以要求法官进行遗产分割，即使是其他所有继承人都反对分割。② 可见，继承人可以随时提出遗产分割的请求，继承人提出遗产分割请求的时间不受限制，继承人请求分割遗产的请求也不以他人同意为前提。

3. 遗产分割的依据

在罗马法时期，遗产分割的依据主要为被继承人的遗嘱和法律的规定。在《十二表法》中，确定了被继承人设立遗嘱的基本规则，如被继承人通过设立遗嘱对于遗产的处分有明确指示，应首先尊重被继承人的意愿。但是被继承人立遗嘱的目的主要在于

---

① 周枏：《罗马法原论》（下册），商务印书馆2014年版，第590-594页。

② ［意］桑德罗·斯奇巴尼：《民法大全选译·遗产继承》，费安玲译，中国政法大学出版社1995年版，第165页。

指定继承人而非分割遗产，分割遗产只是指定继承人继承的附带结果。因为，此时立遗嘱的行为不是私法上的行为而仅是公法上的行为，遗嘱的设立主要是为了确保死者地位的延续，而非财产的转移。之后，伴随罗马社会经济的发展，立遗嘱行为才由公法行为转化为私法行为。被继承人设立遗嘱是其处分个人财产的自由意思表示。被继承人指定继承人也不再是为了继承死者的地位，而是确定死者遗产的去向。①

如死者未立遗嘱、所立遗嘱无效或由于被指定继承人拒绝接受遗产，死者的遗产由法律规定的继承人予以继承。如前所述，法律规定的继承人在罗马法不同的时期呈现出不同的特点，继承顺序和继承范围均有所不同。但不论如何，继承开始后，各继承人原则上以各自的应继份成为遗产的所有人、被继承人债权的债权人和被继承人债务的债务人。在分割遗产时，如果遗产是可分物，则由各继承人按其应继份进行分配，如果被继承人的遗产为不可分物，则由各继承人共有，但他们有权随时通过协议、仲裁或裁判分割。②

4. 遗产分割的方法

遗产分割的方法在遗嘱继承和法定继承时有所不同。在遗嘱继承时，遗产分割的方法应遵循被继承人的指示。根据罗马法的相关规定，如果遗嘱人只指定一人继承遗产时，则由该继承人取得被继承人的全部遗产，不存在分割的问题，即使是在被继承人只指定该继承人继承一部分遗产或某一项特定财产时也一样。而在被继承人指定数个继承人继承遗产时，如果其没有指定各继承人的应继份，则由所有被指定的继承人平均分配。如遗嘱指定了各继承人的应继份，指定的应继份总数和遗产总数相等时，按其指定进行分配。在指定的应继份总数少于遗产总数时，先按其指

---

① 费安玲：《罗马继承法研究》，中国政法大学出版社 2000 年版，第 105 页。
② 周枏：《罗马法原论》（下册），商务印书馆 2014 年版，第 595 页。

定进行分配，剩余的遗产按比例或平均分配。在指定的应继份总数大于遗产总数时，先按指定进行分配，不足的部分，再由各继承人平均或按比例在其超出额中扣回。但至共和国末叶帝政时期，认为统一按比例计算更符合遗嘱人的意思。如遗嘱人只为部分继承人指定了应继份，对部分继承人未作任何指定，在指定的应继份总数少于遗产总数时，由被指定的继承人按指定的应继份先继承，剩余的遗产再由未指定的继承人平均分配。在指定的应继份总数大于遗产总数时，将全部遗产的总数 1 阿司根据情形扩大至2、3、4 阿司，在扣除所指定的份额后，然后由未被指定应继份的继承人平均分配，直至所有继承人都能分到遗产为止。在被继承人仅指定继承人中的一人或数人继承某一特定财产时，原则上各继承人的应继份相等，但在遗产的具体分配时，将该财产按被继承人的指示交于被指定的继承人。如该指定的财产价额明显高于其应继份时，视为该财产即为该继承人的应继份，其他继承人仅能就剩余遗产平均分配。但如各继承人都被指定特定财产时，则各继承人均先提取指定财产后，再对剩余财产进行平均分配。[①]

在法定继承时，对于遗产中如各种钱币等不因分割而减少价值的可分物，法官可按各继承人的应继份就原物进行分割。否则，法官应判由单个继承人取得该物的所有权，而对其他继承人予以补偿，或在拍卖该物后将价金按比例分配给所有继承人。[②] 法官在分割遗产时，得就全部遗产进行分割，而不应当遗留下未分割的遗产。[③] 遗产的分割以平均分配为原则，但无法平均时，其可通过为一方设立债权、质权或其他担保的方式来进行。因其性质而应

---

① 周枏：《罗马法原论》（下册），商务印书 2014 年版，第 518–521 页。

② 苏永钦：《民事立法与公司法的接轨》，北京大学出版社 2005 年版，第 294–295 页。

③ ［意］桑德罗·斯奇巴尼：《民法大全选译·遗产继承》，费安玲译，中国政法大学出版社 1995 年版，第 168 页。

保持完整的东西不予分割。① 可见，遗产分割以实物分割为基本方法，不能实物分割的，可采取补偿分割或变价分割的方法，在一定情况下，还可以采用设立债权、质权以及其他担保的方式进行分割，遗产分割的方式具有多样性。

5. 遗产分割的效力

遗产分割后，各共同继承人对于遗产的共有关系得以解除。② 继承人各自取得对于所分得遗产的所有权。

（二）日耳曼法时期的遗产分割制度

在欧洲历史上，公元前后的数百年间是罗马奴隶制国家占统治地位的时期，罗马人把居住在罗马国家东北方的外族部落称为"蛮族"。③ 公元 4 世纪，日耳曼部落在屡遭蒙古游牧民族侵袭，且耕地不足之情形下，大举向西罗马帝国侵入，进行民族大迁移。在日耳曼人大举南侵后，西罗马帝国灭亡，日耳曼部落在此基础上建立了若干王国。④ 例如，法拉克法国、西哥特王国、东哥特王国等。自法律方面而言，罗马法逐渐衰落，日耳曼法逐渐兴盛。关于日耳曼法的存在时代，由嵘认为，正如恩格斯所说："日耳曼的法律，即古代的马尔克法律。"马尔克是日耳曼人氏族制度解体时期形成的农村公社组织，其以地域关系为基础，是西欧向封建制社会过渡时期占主要地位的社会组织形式。随着西欧封建制度的形成而逐渐衰落，但其残余长期存在。故日耳曼法是 5-9 世纪西欧以马尔克制度为主的时期适用于日耳曼人的法律。⑤ 这些法律多体现在日耳曼各王国所制定的法律中，如《西哥特法典》《罗退

---

① ［意］彼德罗·彭梵得：《罗马法教科书》，黄风译，中国政法大学出版社 1992 年版，第 449 页。

② ［意］彼德罗·彭梵得：《罗马法教科书》，黄风译，中国政法大学出版社 1992 年版，第 449 页。

③ 由嵘：《日耳曼法简介》，法律出版社 1987 年版，第 1 页。

④ 李宜琛：《日耳曼法概说》，中国政法大学出版社 2003 年版，第 2 页。

⑤ 由嵘：《日耳曼法简介》，法律出版社 1987 年版，第 8 页。

尔敕令》《利特勃兰德法律》《撒里克法律公约》《加洛林撒里克法典》等。关于遗产分割制度，日耳曼法时期的相关规定如下：

1. 遗产分割的客体

从日耳曼法各王国时期颁布的日耳曼人的法典来看，遗产分割应仅限于积极财产，不包括消极财产。例如，《勃艮第法典》规定，在勃艮第，当父亲在世时，由他一个人控制家庭财产。在其死后，其妻子也死亡的，家庭财产由儿子们平分。又如，《罗退尔敕令》规定，如被继承人死亡，但其无继承人，那么他的财产归国库所有，任何给予被继承人赠与或贷款给他的人，都不能请求返还所赠的物或所贷的款，因为一旦财产已转让给国王，则任何人均不能就此再起诉。[①]

日耳曼法时期，夫妻一方死亡时，应将夫对于妻动产的取得权、妻对于夫财产上的特殊权利分离出来。这是该时期的遗产分离制度。

妻死亡时，夫对于占有的除妻之不动产和嫁妆外的动产享有所有权，应与妻的遗产分离。夫死亡时，妻子享有的新婚之晨的赠与及寡妇收益权等，应与夫的遗产分离。[②] 所谓新婚之晨的赠与，是指在新婚的次日早晨，丈夫送给妻子的某种贵重物品，该物品包括动产和不动产。而寡妇收益权是指在撒克逊地方，夫妻之间以契约设定的妻子对于丈夫先亡而对丈夫的遗产之部分享有的终身收益的权利。其标的物通常为不动产或不动产上的权利，通常以裁判上让与的形式为之，设定期间大都在结婚之时。[③] 此外，结婚时男方支付给女方的身价、妻子出嫁时其父亲或监护人给的陪嫁以及婚姻关系存续期间妻子继承得来的嫁妆或是在父母无儿子时其取得的遗产均为妻子的特有财产。其中身价既可以为

① 李秀清：《日耳曼法研究》，商务印书馆 2005 年版，第 297、301 页。
② 李宜琛：《日耳曼法概说》，中国政法大学出版社 2003 年版，第 209 页。
③ 李宜琛：《日耳曼法概说》，中国政法大学出版社 2003 年版，第 184 页。

动产也可以是不动产，如是不动产，一般不将不动产本身交给妻子，而是将书面证明交付给她，但在丈夫死后，妻子则将身价作为自己的扶养费。① 上述丈夫对于妻子动产的取得权、妻子对于丈夫财产上的上述权利为丈夫和妻子特有，在被继承人死亡后，应先与被继承人的遗产分离之后，才在各继承人之间进行分割。

2. 遗产分割的依据

继承人分割遗产的依据为被继承人的遗嘱和法律的规定。虽然在日耳曼法的早期习俗中无遗嘱继承的规定，多数学者也认为日耳曼法时期无遗嘱继承制度，但据李秀清教授的考证，在《西哥特法典》中明确规定了被继承人在保留特留份的前提下有处分自己遗产的权利。② 但遗嘱继承在日耳曼法时期并不普遍，继承人分割遗产主要还是依据各王国时期所颁布的法典中关于无遗嘱继承的规定。

3. 遗产分割的时间

日耳曼法基于经济及政治上的原因，就财产的处分，设有诸种限制。此等情形，在财产为不动产时尤为明显。③ 虽然按日耳曼法，妻子和子女均处于丈夫和父亲的家长的权力支配之下，但是丈夫和父亲的财产处分权均受到一定的限制。丈夫未得妻子的同意，不能处分妻子的个人不动产，即便该不动产是丈夫所给的身价或新婚之晨的赠予，也不例外。若妻子对丈夫的不动产享有留置权，则未经妻子的同意，丈夫不能任意处分该不动产。而父亲仅可以任意处理儿子的动产，不动产的处理仍需要经过儿子的同意。④ 以上限制实为维持不动产共有之状态，但被继承人死亡之后，继承人都有分割遗产的权利，故为了调解维持不动产与共同继承二者间的矛盾，继承人并不分割遗产，仍居于原有家宅，共

① 由嵘：《日耳曼法简介》，法律出版社 1987 年版，第 69—70 页。
② 李秀清：《日耳曼法研究》，商务印书馆 2005 年版，第 317 页。
③ 李宜琛：《日耳曼法概说》，中国政法大学出版社 2003 年版，第 210 页。
④ 由嵘：《日耳曼法简介》，法律出版社 1987 年版，第 70—71 页。

同生活，对遗产共同共有。继承人对于遗产之共同共有关系自部族法时代以来一直得以维持。① 可见，继承开始后，各继承人之间对遗产保持共有关系，一般并不分割遗产。

4. 遗产分割的方法

在遗产分割为必要时，一般依照"年长者分之，年幼者择之"的原则进行，即年长者制订具体的分割方案，确定每个继承人应分得的遗产构成及份额，再由年幼者从具体的分配份额中优先进行选择。② 该原则能保证确定具体分配份额的年长继承人公平地进行遗产分配，因为其不具有优先选择继承份额的权利，其就会尽可能使每个继承人分得的遗产在具体构成和价值上基本相当。这既体现了公平原则，也有利于平衡各共同继承人之间的利益。

日耳曼法时期，基于团体主义思想的影响，在遗产分割时注重对配偶继承人利益的保护，并对特殊遗产指定了特殊的分割方法。

第一，关于健在配偶对于遗产的特殊权利。被继承人死亡后30日内，健在配偶可占有遗产，维持其生活，家里若有奴婢仆人，也仍旧应归其使用。不论何种情形，继承人不能要求健在配偶离开其家。③ 可见，健在配偶在被继承人死亡后30日内，享有占有全部遗产，且维持基本生活不变的权利。

依据《西哥特法典》之规定，如母亲死亡，父亲并未再婚，子女的财产由父亲持有和以妥善的方式进行管理，对于其收益由父亲和子女共享，但父亲不能以任何方式出卖、损坏或处分该财产。但如父亲再婚，其对于子女的财产仍然有控制权，但是其应在法官和已故妻子亲属的面前制作一份关于子女财产的清单，并保证保护该财产，且不让子女的财产遭受损失。如子女结婚，子

---

① 李宜琛：《日耳曼法概说》，中国政法大学出版社2003年版，第210页。
② 李宜琛：《日耳曼法概说》，中国政法大学出版社2003年版，第210页。
③ 李宜琛：《日耳曼法概说》，中国政法大学出版社2003年版，第208页。

女就可马上得到除父亲依法为自己保留的 1/3 份额外的全部母亲财产。如父亲死亡，母亲没有再婚，母亲可与子女一起分享父亲的财产，其对属于自己的那份财产只有使用权而无处分权，但其对财产的收益可以进行处分。在其死后，其从丈夫处得到的所有财产在她的子女中平分。如母亲再婚，子女们从她再婚时起，就可以要求获得他们从已故的父亲处得到的财产。①《西哥特法典》规定了母亲或父亲死后，其健在配偶所享有的不同权利。从上述规定来看，健在配偶为丈夫时，其享有的权利更大，这是日耳曼法时期的家庭已经进入父权制时期，家长制家庭关系占主导地位的体现。但从父亲享有的权利来看，其实际上享有对于去世配偶所遗留的全部财产的用益权。唯一区分的是如其再婚，其对子女应分得的财产制作清单，而子女仅在其结婚时才可以请求从父亲处取得其应继承的母亲的财产份额。而如果健在配偶为母亲时，母亲享有的权利就远远小于父亲，其仅对属于自己的财产份额享有使用权而非处分权，且在其再婚时，子女就可以请求分割父亲所遗留的财产。

第二，关于特殊遗产的分割方法。死者的武器作为其生前的日常用品，应予殉葬，是为日耳曼法之"死者分制度"之体现，但后来武器被作为死者的特别财产，由死者之子或男系之男性亲继承。而构成妇女嫁妆的各个动产，开始时也作为"死者份"，应与妇女一同殉葬。后与武器相同，为妇女的特别财产，应由被继承人之女或女系之女性亲继承。对于武器和嫁妆的特殊遗产分割方法，通行于中世纪撒克逊等地，直至近世，才归于消灭。②

对于不动产，初期由各个家庭占有的份地自家长死后只能由儿子继承，无子则交回马尔克公社。但到 6 世纪下半叶，随着土地由公有向私有过渡，法兰克国王希尔伯里克颁布敕令规定，如果

---

① 李秀清：《日耳曼法研究》，商务印书馆 2005 年版，第 295-296 页。
② 李宜琛：《日耳曼法概说》，中国政法大学出版社 2003 年版，第 202、204 页。

死者没有儿子，份地可由其女儿或兄弟姐妹继承。① 对于不动产的分割，体现了女子继承权从无到有限继承的发展变化历程。

5. 遗产分割的效力

遗产分割后，各共同继承人对于遗产的共有关系消灭，各继承人取得所分得遗产的所有权。

二、外国近现代社会的遗产分割制度

（一）大陆法系国家的遗产分割制度

在世界历史上，1640 年英国资产阶级革命的爆发拉开了世界近代史的序幕，1917 年俄国十月社会主义革命开启了世界现代史的进程，世界近现代史是指从 1640 年英国资产阶级革命迄今为止近 400 年的发展历程。这 400 年，是封建主义向资本主义转型，自由资本主义向垄断资本主义发展，社会主义萌芽及社会主义国家陆续建立的漫长过程。随着各国经济的快速发展，科学技术水平不断提高，哲学文化日益繁荣。为了更好地服务于上层建筑统治社会的需要，各国纷纷制定民法典。1756 年，为了统一巴伐利亚境内的法律，《巴伐利亚马克希米里安民法典》颁布，这是欧洲在启蒙时期最早的一部民法典，开启了近代民法之先河。②

1789 年法国大革命爆发，为了巩固资产阶级革命胜利的成果，1804 年法国颁布了民法典。《法国民法典》分为"人法""物法""取得所有权的各种方法"三编。这三编主要体现了自由和平等、所有权、契约自治三个原则。《法国民法典》对后世诸多国家产生了广泛的影响。比利时和卢森堡现在仍然把它作为自己的法典。《德国民法典》起草时，曾仔细参考了该法典。1907 年的《瑞士民法典》也受到了该法典的影响。而 1838 年的《丹麦民法典》、

① 由嵘：《日耳曼法简介》，法律出版社 1987 年版，第 72 页；李宜琛：《日耳曼法概说》，中国政法大学出版社 2003 年版，第 202 页。
② 谢怀栻：《大陆法国家民法典研究》，中国法制出版社 2004 年版，第 26 页。

1865 年的《意大利民法典》、1946 年的《希腊民法典》，基本上是依据《法国民法典》所编纂而成的。此外，该法典对拉美各国民法典也有一定的影响，按其受影响程度，依次为 1855 年的《智利民法典》、1869 年的《阿根廷民法典》、1916 年的《巴西民法典》。

1814 年，在《法国民法典》所取得的成就的鼓舞之下，海德堡大学法学教授蒂鲍特呼吁在德国尽快制定统一的法典。1874 年 2 月，联邦议会指定以德国商事法院院长帕普为首的五人委员会，为民法典的起草拟定纲要。1874 年 7 月，开始了《德国民法典》的正式编纂。1896 年 1 月，民法典第三草案经多次讨论修改后提交议会审议，最终获多数票通过，并定于 1900 年开始生效。《德国民法典》的体例由总则、债务关系、物权、亲属和继承五编组成。其以自由和平等为基本原则，平等原则体现为公民在私法上人人平等。而自由原则具体体现为契约自由、所有权自由以及遗嘱自由。《德国民法典》的编纂，打破了《法国民法典》的垄断地位，二者并列成为民法法系的代表。[1]

《德国民法典》和《法国民法典》是大陆法系最具代表性的两部民法典。《法国民法典》制定于自由资本主义上升时期，而《德国民法典》制定于自由资本主义进入垄断资本主义的阶段。鉴于两部法典的典型代表意义，关于大陆法系近代遗产分割制度的研究主要以这两部法典为对象。

1804 年的《法国民法典》[2] 详尽规定了遗产分割的方方面面，其主要包括以下内容：（1）遗产分割的客体。第一，遗产的范围。该法典第 724 条规定："法定继承人，在负担清偿一切遗产债务的条件下，依法当然占有死亡者的遗产、权利与诉权。"第 870 条规定："共同继承人各按其分得遗产的比率分担清偿遗产的债务和负

---

① 何勤华主编：《德国法律发达史》，法律出版社 1999 年版，第 237-243 页。

② 《拿破仑法典》，李浩培、吴传颐、孙鸣岗译，商务印书馆 1979 年版，第 109-119 页。

担。"可见，各继承人分得的遗产仅为积极遗产，不包括消极遗产。第二，遗产的分离。遗产的债权人有权请求将继承人的财产和被继承人的遗产相分离。关于动产，请求分离的权利须在 3 年内行使。关于不动产，只要该不动产在继承人的手中，均可以行使请求权。然而，继承人的债权人无此权利，但其有权以自己的费用参与遗产分割且对于不经其到场而进行的分割提起异议。（2）遗产分割的时间。各共同继承人有随时请求分割遗产的自由，除非继承人以协议禁止，但该期间不得超过 5 年，但期满可以更新。（3）遗产分割的依据。分割遗产依据被继承人的遗嘱、继承人的协议或法院的裁判进行。（4）遗产分割的方法。第一，一般方法。对于动产和不动产，一般以实物分割为原则。但如遗产债权人对动产申请扣押或提出异议、为清偿遗产债务过半数的继承人认为有必要出卖动产或不动产不宜分割时，应对上述动产或不动产进行拍卖。第二，确定共同继承人应继份的方法。应继份的组成，应尽可能不对不动产予以细分和影响经营，并将同一数量的动产和不动产或同一性质和价值的权利划入每一个应继份。在无法均等地分配现物时，多得现物的人应以年金或现金的方式补偿少得者。应继份的划分，由所有继承人协商确定某一继承人担任或在无法协议时由审判员指定的鉴定人来完成。随后，继承人通过抽签的方式决定各应继份的归属。如继承人将其应继份出让给继承人以外的第三人，其他继承人可通过支付该受让价额而排除该第三人参加遗产分割。第三，对特定继承人的保护。如共同继承人有尚未成年或被宣告禁治产，根据继承人和检察官的请求或审判员依职权应对遗产予以封印。如共同继承人中有缺席者、不问解除亲权与否的未成年人或禁治产人时，分割应通过法院进行。如数个未成年人在分割中存在利益抵触，法院应为每个未成年人各任命一名特别监护人。如遗产只有通过拍卖才能进行分割，也必须通过法院裁判的方式。（5）遗产分割的效力。每一共同继承人视为从继承开始时就单独享有因遗产分割而分配的财产，且视为对遗产中的其他财产自始不享有所有权。共同继承人之间对由遗产分割前的原因而发生的纠纷和追夺相互负担保责任，遗产分割因胁迫或欺诈而取消。如某一继承人证明其应继份比其应得比例减少四分之一时，遗产分割也可以被取消。遗产的估价按遗产分割时的价值确定。但如遗漏了遗产中的某物时，不能取消遗产分割，仅可以请求补充分割。遗产分割的取消可以通过用实物或价值补充该缺漏而被阻止。

　　对中国人而言，德国民法典与我们的关系，远较法国民法典更为密切。从民国初期直到现在，中国的民法一直受德国民法典的影响。①1896年《德国民法典》②兼具罗马法与日耳曼法的因素，③其关于遗产分割制度的规定主要体现在第五编"继承编"的第四节"共同继承"中。其主要包括以下内容：（1）遗产分割的客体。第一，遗产的范围。遗产分割仅限于积极遗产，不包括消极遗产。属于遗产的权利，作为对遗产标的的毁坏、损坏或侵夺的补偿或与遗产有关的法律行为而取得的一切，均属于遗产。第二，遗产的分离。继承人可以向遗产法院申请发布遗产管理的命令。在继承人的行为或财产状况有危及遗产债权人的债权受清偿时，在继承人接受遗产的2年内，其可向遗产法院申请遗产管理。（2）遗产分割的时间。继承人可以随时请求分割遗产。但如继承人中有尚未出生的胎儿或是因为关于收养关系或者被继承人所设立的财团的权利能力为确定的情形时，在确定性被除去时为止，不得分割。继承人之间约定永久或暂时不分割的，也可以不分割。但该约定在有重大原因或者约定的共同关系人之一死亡时失去效

---

　　① 谢怀栻：《大陆法国家民法典研究》，中国法制出版社2004年版，第23页。

　　② 1896 年《德 国 民 法 典》，载 http：//www. koeblergerhard. de/Fontes/BGB/ BGB1896_ RGBl_ S. 195. htm，最后访问日期：2024年2月3日。

　　③ Frangois du Toit. "The Limits Imposed upon Freedom of Testation by the Boni Mores： Lessons from Common Law and Civil Law （Continental）Legal Systems." 11 *Stellenbosch L. Rev.* 358 2000，p. 380.

力，且该约定不能抵抗对共同继承人之一人的应有部分已实施扣押的债权人。如被继承人遗嘱禁止分割的，该期间不能超过30年。（3）遗产分割的依据。各共同继承人分割遗产的依据为被继承人的遗嘱、继承人的协议和法院的裁判。（4）遗产分割的方法。遗产分割前必须先清偿遗产债务，遗产债务未到期或有争议的，应留置必要的清偿数额。被继承人可以遗嘱指示遗产如何分割，且可以指示分割应依第三人的公平裁量进行。第三人的裁量显失公平的，应由法院裁判。被继承人指示继承人之一接受农场的，农场按收益价额估价。

（二）英美法系国家的遗产分割制度

从16世纪起，英国由封建社会向资本主义社会过渡，商品经济取代自然经济，资产阶级领导资产阶级革命取得胜利，从而推翻了封建专制、建立了君主立宪、确立了法律至上和司法独立制度。伴随英国工业革命的开始和完成，19世纪30年代，英国率先进入现代资本主义工业社会。工业社会对于继承制度带来了变革性的影响。英国为区分动产和不动产两种不同的财产设定了不同的继承规则，遗产中的动产可由被继承人以遗嘱在一定的范围内进行处分，但对于不动产只能适用普通法的继承规则，即不动产由长子继承，并且在有儿子时，女儿无权继承。[1] 而随着生产力的高度发展，人们的财富种类和数量不断增多，土地不再是最主要的财产，动产日益丰富，仅仅适用不动产继承的中世纪的长子继承制显然无法适应社会的需求，而不动产主要由长子继承也因其违反了"父母对于所有子女的爱是平等的"这一原则而遭到人们的强烈批判和反对。[2] 即使是作为被继承人的人们也这样认为，正

---

[1]　陈志坚：《英国中世纪及近代早期的家产分配方案》，载《世界历史》2007年第5期，第70页。

[2]　Martin Schpflin. "Economic Aspects of the Right to a Compulsory Portion in the (French and German) Law of Succession." *German Working papers in Law and Economics*, 2006, p. 5.

如萨瓦耶埃尔侯爵所述："请我的每个子女务必相信，对他们所有的人，我都一样疼爱……但我必须选择一个继承人才能维系……"①到 1925 年，伴随着《遗产管理法》的颁布，英国彻底废除了长子继承制并对无遗嘱财产的分配办法进行规定，在法定继承中凸显了健在配偶对于被继承人遗产的特殊地位。如其规定在没有后代和其他亲属时，配偶可继承全部财产；如有后代时，配偶可得个人动产的所有权，1000 美元的纯收入和二分之一地产的终身收益。若没有健在配偶和后代的情况下，父母可以平分其财产。② 至此，在法定继承时，不动产只能由长子继承的方式逐步被子女间平均继承代替，男女继承逐渐从不平等转化为平等。

此外，伴随自由、平等思想的深入人心以及民法意思自治的确立，遗嘱继承逐渐成为财产继承的主要方式，被继承人以遗嘱处分财产的范围也日益广泛，从最初只能处分有限的动产，到后来可以自由处分动产和不动产，在 1724 年绝对遗嘱自由原则被法律确认后，被继承人取得了完全的遗嘱自由。③ 但被继承人通过遗嘱进行财产分配完全根据个人的喜好进行，这将导致家庭成员之间因此发生矛盾，从而影响家庭的和谐稳定。④ 有学者提出，被继承人不能随便剥夺家庭成员应有的继承权。⑤ 故法律开始考虑对此种自由予以限制。1938 年《英国继承法（家庭和被扶养人条

---

① Joan Perkin. *Women and Marriage in Nneteenth – Century England.* London：Routledge，1989.

② 王灵：《英国婚姻家庭继承法现代化简析》，山东师范大学 2004 年硕士学位论文，第 30 页。

③ R. D. Oughton. *Tyler's Family Provision* (2nd ed)．Oxford：Professional Books Limited，1984，p. 5.

④ Jens Beckert. "Discourses and institutional Development in France, Germany, and the United States." *Archives of European Sociology*，2007，pp. 21-22.

⑤ J. Thomas Oldham. "What Dose the U. S. System Regarding Inheritance Rights of Children Reveal about American Families." 33 *Fam. L. Q.* 265 (1999-2000)，p. 275.

款）》①的颁布则确立了对被继承人遗嘱自由予以限制的规则，其通过赋予健在配偶、未成年子女等人可以提出家庭供养的需求而实现。可见，英国的遗嘱继承体现了被继承人享有完全的遗嘱自由到相对的遗嘱自由的转变。

现代以来，英美法系国家以判例法为主，实行的是以遗产管理为核心的间接继承制度。在继承开始后，遗产不是归继承人所有，而是先由遗产管理人进行遗产清算，在清算后有剩余财产的，有遗嘱的按遗嘱指定的方法分割，无遗嘱的依照法律确定的方法进行分割。比如，依英国《继承法（家庭和被扶养人条款）》第1、2条的规定，被继承人可以通过遗嘱对其遗产分割作出指示，被继承人无遗嘱或遗嘱无效的，遗产按法律有关无遗嘱遗产的规定处理。在取得被继承人的遗产、支付管理费及清偿遗产债务后，遗产代理人应按照遗嘱或无遗嘱继承法在各受益人或者代理受益人的受托人之间分配剩余的遗产。②依美国《统一遗嘱检验法典》的规定，继承开始后，由遗产代理人根据被继承人的遗嘱分割遗产。③被继承人无遗嘱或遗嘱无效的，遗产按法律有关无遗嘱遗产的规定处理。继承人有权通过书面协议改变其根据遗嘱和无遗嘱继承法应取得的利益、股份等遗产。遗产代理人在其为债权人的利益管理遗产、支付税费和管理成本、履行有利于任何继承人利益职责的范围内受协议的约束。法院也有权根据遗产受益人的请求依法判决遗产的分割。④可见，遗产分割实际上为英美法系国家遗产管理中的一个有机组成部分，其与大陆法系国家的遗产分割制度有较大的区别。故据此，有学者认为在英美法系国家，继承开始后，数个继承人之间既不存在共同继承关系，也不对遗产形

① The Inheritance（Family Provision）Act.
② ［英］安德鲁·伊沃比：《继承法基础》（英文版，第二版），武汉大学出版社2004年版，第223页。
③ Uniform Probate Code, ss3-901, 3-912.
④ Uniform Probate Code, s3-105.

成共有，因而不存在遗产分割问题。①

三、外国遗产分割制度历史演变的评析

在罗马法时期，随着社会经济的发展变化，遗产分割制度就已经有了比较完善的规定。遗产分割的客体不仅包括积极遗产还包括消极遗产。为了保持遗产与继承人个人财产的独立性，创立了遗产分离制度，从而保障遗产债权人针对遗产的优先受偿权。继承开始后，继承人可以随时提出遗产分割的请求或诉讼，遗产分割的依据也主要为被继承人的遗嘱和法律的规定。遗产分割要遵循尊重被继承人的意愿、平均分配和发挥遗产的效用的原则，遗产分割的方法多元化，以实物分割为原则，以补偿、折价分割或设立质权等作为补充。可见，在罗马法时期，现代遗产分割制度所应具备的各项内容已具备雏形，对于遗产分割的客体、依据、时间、方法和效力均有了较为全面细致的规定，当今各国特别是大陆法系国家正是在汲取罗马法精华、尊重本国传统习惯以及风俗文化的基础上构建起了符合各国国情的遗产分割制度。

日耳曼法时期通行的为大家族制，在父母一方死亡时，特别是遗产中有不动产时，所有继承人对于遗产为共同共有，在继承人之间并不马上分割遗产。只有在特定情形发生时，继承人才可以请求分割遗产，并且继承人在分割遗产时，应将丈夫对于妻子动产的取得权、妻子对于丈夫财产上的特殊权利分离出来。各共同继承人分割遗产的依据主要是各王国的法律规定，虽然在一些王国，被继承人在不违反特留份的前提下，也可以处分遗产，但其处分遗产的份额有限。继承人分割遗产时采用"年长者分之，年幼者择之"的原则进行，注重遗产在继承人之间的公平分配，并且在具体分割时注重对健在配偶利益的保护。对于被继承人遗产中的特殊财产，规定只能由特定继承人取得，注重遗产效用的

---

① 谢怀栻：《外国民商法精要》（增补版），法律出版社 2006 年版，第 236 页。

发挥。与罗马法相比，日耳曼法关于遗产分割制度的相关规定无论是在体系上还是具体规定上均较为简单、粗陋。从根本上而言，是因为日耳曼人建国后，虽然由原来游牧民族的生产、生活方式改为农耕式的生产、生活方式，但整体的社会生产力水平仍然较低、商品经济也不发达。在土地所有制问题上，采取的仍然是土地集体所有制而非土地私有制，这不仅阻碍了民商事活动的顺利发展，而且导致以调整商品交易关系为主要内容的法律难以形成。而罗马法建立在发达的奴隶制商品经济基础上，不仅经济实力雄厚，而且国内外贸易高度发达，土地私有化程度较高。这不仅促进了商品生产和经济的快速发展，而且使得自由、平等的思想得以萌芽，为法律的制定提供了广阔的空间。

近现代以来，资本主义思潮风起云涌，所有权绝对、契约自由以及过错责任三大原则逐步确立，公平、民主、平等、自由等思想更加深入人心，各国在吸收罗马法及日耳曼法精华的基础上，对于遗产分割制度的规定更加完善。在遗产分割制度的相关规定中，不仅注重遗产在继承人之间的公平分配，更加重视继承人、遗产债权人以及继承人债权人等第三人利益的平等保护，也更加重视尊重被继承人和继承人的意愿。这主要体现在：第一，设立遗产分割后的瑕疵担保责任，保证了继承人在所分得的遗产或权利有瑕疵时，可以请求其他继承人负与出卖人相同的瑕疵担保责任，与其一起承担该损失。第二，设立遗产分离制度赋予遗产债权人在担忧不能以被继承人的遗产优先受偿时可以请求将被继承人的遗产和继承人的固有财产相分离的权利。第三，明确遗产分割时，如果被继承人有指示，应首先尊重被继承人的意愿。被继承人无指示的，则由继承人协议，继承人的意愿为遗产分割的重要依据。

第二节 我国遗产分割制度的历史演变

一、我国古代社会的遗产分割制度

我国古代社会从严格意义上来讲，并不存在现代意义上的遗产分割制度。依我国旧律，关于继承的规定，有宗祧继承和财产继承两种，但均不以被继承人死亡为其开始的原因。① 财产也非属于个人所有，而是属于家庭成员共同所有，因此，即便是作为户主的家长也不享有任意处分家产的自由。所以，不论是生前分家析产还是死后分家析产，其均是对于家庭共同所有的财产的分割，是一种广义的继承，与前述罗马法和日耳曼法所论述的遗产分割截然不同。实际上，在中国古代，继承所获得的是要将其再往下传递的一种对于家族和社会的责任，而不限于财产，其是对身份和财产的综合继承。而且在《大清民律草案》之前，"继承"一词虽然曾使用，但并非常用词汇，在家产传承领域，常用词汇是"分析""析分""承""继""承受"等。② 故本书主要对实现家产传承的分家析产制度进行研究。

我国自周代时起确立了嫡长子继承制，嫡长子为宗祧继承人，"有子立长，无子立嗣"成为历代遵循的法例。次子、庶子不能承袭权位，只能分得部分土地和财物。到了春秋战国时期，随着宗法制度的松弛，家庭向小型化的趋势发展，家以一对壮年夫妇为中心的三代小家庭为主。在秦朝时，商鞅更是通过发布一系列法令政策而将大家庭拆分为小家庭。"父子兄弟同室内息者为禁""更制其教，而为其男女之别""民有二男以上不分异者，倍其赋"

---

① 史尚宽：《继承法论》，中国政法大学出版社 2000 年版，第 17 页。
② 俞江：《继承领域内冲突格局的形成——近代中国的分家习惯与继承法移植》，载《中国社会科学》2005 年第 5 期，第 119–130 页。

"四境之内,丈夫女子皆有名于上,生者著,死者削"。上述政策使父子兄弟分居的同时,也确立了每个儿子从父家庭独立时陆续带走家产,即诸子析产的方式,每个儿子单立户头后,其负担及血缘关系相同,故每个儿子分走的家产也应大致相同,至此,诸子平均析产的方式在秦朝得以确立。① 到了汉代,这种习惯仍然存在。张家山汉简《二年律令·户律》:"民大父母、父母、子、孙、同产、同产子,欲相分予奴婢、马牛羊、它财物者,皆许之,辄为定籍。""诸后欲分父母、子、同产、主母、叚(假)母,及主母、叚(假)母欲分孽子、叚(假)子田以为户者,皆许之。"② 汉代中期之后,儒家思想逐渐占据了主要地位,将父祖生前分家视为陋习,到曹魏时期,"除异子之科,使父子无异财。"③ 到了唐朝,仍然不许父祖生前析产,但父祖"另异财"法律是允许的。《唐律·户婚》:"诸祖父母、父母在而子孙别籍异财者,徒三年。"《唐律疏议》之《户婚》"子孙别籍异财"条规定:"若祖父母、父母令别籍,徒二年。"疏议解释:"但云别籍,不云令其异财,令异财者,明其无罪。"④ 宋代继续沿用唐代的制度。明清时期,沿用元代的分家制,对父祖生前分家的限制逐步放宽。《大清律例》之《户律·户役》"别籍异财"条律文下条例规定:"祖父母、父母在者,子孙不许分财异居。其父母许令分析者,听。"其中的"许令"比起唐宋律的"令异财"而言,因子孙可以主动请求分析家产。这表明元明清的分家制没有唐宋时期严格。

可见,自秦汉至明清,从商鞅变法到秦朝鼓励诸子在祖父母、父母在世前就平分家产,而从汉代以来,受儒家孝道思想的影响,累世同居共财的大家庭受到推崇,因而各朝各代的法律均严禁诸

---

① 邢铁:《家产继承史论》,云南大学出版社 2012 年版,第 5 页。
② 张家山二四七号汉墓竹简整理小组:《张家山汉墓竹简(二四七号墓)》,文物出版社 2001 年版,第 178-179 页。
③ 《晋书·刑法志》。
④ 钱大群:《唐律疏义新注》,南京大学出版社 2007 年版,第 400 页。

子在祖父母、父母在世时分家析产的行为，但诸子在父母去世后分家析产的，则不在法律禁止之列。但事实上，由于生活中经济或人际关系等各方面的原因，儿子们因长大成婚而需要在父母在世时就分家析产或父母为了避免自己去世后儿子们相互争家产而主动提出分家等。因此，在律令允许生前分家析产的秦朝，分家多采取多次性析分的方式，即有一个儿子成婚即分一次家。而在律令严禁生前分家的汉朝以后，则多采取父母去世后一次性析分家产的方式。① 上述方式是我国古代分家的两种主要模式，亦是我国传统家产继承的主要方式。但是古代的分家析产和我们现在所说的"继承"还是有质的区别的，总结历朝历代的分家情况，我国古代的分家呈现出以下特点：（1）分家的参与人广泛，有主持人、承受人和其他参加人。主持人多为父母或族中长辈，承受人为儿子，女儿无此权利，其他参加人为亲属、朋友、见证人和代书人等。（2）分家的原因多样，但主要是儿子成婚、父母年老无力经营或父母死亡。（3）析分家产的范围既包括财产也包括债务，还包括分家后需要承担的赡养父母的义务。（4）分家的程序包括家长同意、邀请中介人；搭配、分割家产、拈阄和订立分书；析分剩余财产。其中拈阄和订立分书非必备程序。（5）分家的原则是诸子均分，即在兄弟间平均搭配和分割家产。（6）分家可以补充分割，即在分家后，又出现新的财产或债务，可对增加的财产或债务重新分割。（7）分家在符合特定条件时，可以被宣布无效或撤销。② 分家习惯作为中国传统社会中家产传承领域的主要行为模式，其行为原则、当事人、参与人、效力、财产范围等内容及分家程序等对于今天的遗产分割制度均有重要的参考意义。如遗

---

① 一次性析产的方式除父母死后一次性析分的方式外，还有在父母生前，特别是晚年进行一次性析分的方式。参见邢铁：《家产继承史论》，云南大学出版社 2012 年版，第 31 页。

② 俞江：《继承领域内冲突格局的形成——近代中国的分家习惯与继承法移植》，载《中国社会科学》2005 年第 5 期，第 120–123 页。

产如何分割在各共同继承人无法协商一致的情形下，可邀请全体继承人均信任的长辈亲属担任遗产分割的主持人，将遗产划分为价值和组成基本相同的应继份。在各继承人对于具体由谁取得何种应继份的问题上优先尊重各继承人的意愿，按其达成的一致意见对遗产份额进行分配。但在继承人间无法协商时，则可采取分家析产时所采用的拈阄方式，从而解决矛盾并保障遗产分配的公平。

二、我国近现代社会的遗产分割制度

中国近现代史从 1840 年鸦片战争爆发开始，[①] 历经清王朝、中华民国临时政府、北洋军阀和南京国民政府时期，到中华人民共和国成立，再到如今的现代化建设。这是我国半殖民地半封建社会逐步形成到瓦解，中华民族反对帝国主义、封建主义，为实现现代化而斗争的历史阶段。这一阶段，中国的政治制度、经济关系、阶级结构以及国际地位都发生了巨变。

1902 年，清政府派沈家本、伍廷芳着手对现行律法进行修订，最终在 1911 年完成了中国民法史上第一部民法典——《大清民律草案》，史称"第一次民草"。[②]《大清民律草案》采用"继承"概念开始，分家制开始淡出国家法领域。[③] 继承概念正式确立，与西方继承制的含义一致，即继承为被继人死亡后财产之移转，别无他意。关于遗产分割，该草案作了如下规定：（1）遗产分割的客体。第一，关于遗产的范围。继承人须自继承开始时起，继承被继承人财产上之一切权利义务。第二，遗产的分离。继承债权人或受遗赠人在继承开始后 3 个月内，得申请审判衙门将继承财产与

---

① 有关"近代""现代"的用法，参见中国社会科学院语言研究所词典编辑室：《现代汉语词典》（第 6 版），商务印书馆 2012 年版，第 678、1415 页。

② 杨立新主编：《中国百年民法典汇编》，中国法制出版社 2011 年版，第 208 页。

③ 俞江：《继承领域内冲突格局的形成——近代中国的分家习惯与继承法移植》，载《中国社会科学》2005 年第 5 期，第 125 页。

继承人固有财产分离，以充清偿之用。审判衙门若同意该申请，须选任继承人或第三人担任遗产管理人。遗产分离后，继承债权人或受遗赠人对于遗产较继承人之债权人有先受清偿之权利。如受清偿后其数不足，而继承人情愿认偿者，仍得对继承人固有财产请求偿还。但继承人之债权人有先受偿还之权。继承人也可以其固有财产偿还或提供担保而免除分离，但继承人之债权人因认为对其有损害而反对的除外。① （2）遗产分割的时间。继承人可以随时请求遗产分割，但有母亲在时，若各继承人欲分财产，须经母亲的允许，但被继承人遗嘱另有指示的除外。遗嘱可以禁止继承人分割遗产，但时间以 5 年为限，若逾此年限，其所逾年数为无效。② （3）遗产分割的依据。遗产分割依被继人之遗嘱或法律规定为之。如被继人之遗嘱定有各继承人应继之分、分产之法或托他人代定者，须从其遗嘱。如无遗嘱，继承人有数人时，不论嫡子、庶子，均按人数平分。私生子依子量与半分。私生子外别无子，立应继之人为嗣，其遗产，私生子与嗣子均分。无应继之人，方许私生子承继全分。③ （4）遗产分割的方法。如继承人中有失踪者，应酌留遗产之一部分后进行分割。如继承人中有胎儿者，应为其保留应继份后再予分割。胎儿分割遗产的事宜由其母亲作为代理人。遗产中有债权者，其债权得暂不分割。④ （5）遗产分割的效力。继承人中有分得债权者，若到期不能收回，各继承人应按其所得之分，公行摊还。继承人中有应负赔还责任者，若有无资力者，则有资力之人及请求摊还之人，应按其所得之分，共同摊还。⑤

《大清民律草案》制定后，并未得到适用，当时全国最高的司

---

① 《大清民律草案》第 1470、1562-1569 条。
② 《大清民律草案》第 1482、1463、1481 条。
③ 《大清民律草案》第 1474-1477 条。
④ 《大清民律草案》第 1481、1843 条。
⑤ 《大清民律草案》第 1486、1487 条。

法审判机构大理院继续援用的仍然是《大清现行刑律》中的民事有效部分，原因在于民国参议院认为"民律草案，前清时并未宣布，无从援用"。① 直至南京国民政府于1927年成立，大理院被更名为最高法院。截止到民法继承编实施前，最高法院原则上延续了大理院的立场。但大理院在审判案件时又不断地对上告案件作出违反这些法律的判决。这表明虽然《大清民律草案》未获采用，但其所体现的近代西方民法原则和理念已经深入人心。北洋政府执政后，认为《大清民律草案》以个人利益为重无法满足当时社会形势之需求，于是于1925年至1926年起草完成了《民国民律草案》，史称为中国"第二次民草"。

《民国民律草案》对遗产分割的规定基本延续了《大清民律草案》，其又有如下不同：（1）明确赋予亲女在继承开始后对于遗产的酌情请求权。继承开始时，被继承人的亲女，无论出嫁与否，得请求酌给遗产归其继承。② 这赋予了亲女以酌分请求人的身份参与遗产分配的权利，比前一次民草仅确定其为第五顺序遗产承受人有了明显进步。（2）明确遗产分割前，必须先清偿遗产债务，如债务未至清偿期，或在诉讼中时，必须保留相当金额以备偿还。遗嘱禁止分割的，以10年为限。③ 确立了先清偿债务再分割遗产的原则，并且将遗嘱禁止分割的期限从5年延长至10年，其赋予了被继承人更多的遗嘱自由。而原来对于分割遗产前须经过母亲的允许以及继承人中有失踪者或者是胎儿尚未出生者的，应为其保留应继份的规定不变。（3）增加了对特殊遗产的分割方法的规定。不能分割之物、因分割而其价格显有损失之物、性质上结合为一体之物（有继承人反对分割）应分归一遗产继承人承受。如归何人承受意见不一致者，应将原物出售后分配。原物之变价得

① 罗志渊：《近代中国法制演变研究》，台北正中书局1976年版，第252页。
② 《民国民律草案》第1340条。
③ 《民国民律草案》第1383、1378条。

履行拍卖程序，但拍卖仅在继承人间按法定程序行之。家谱及其他家之特别记录，或为其家特别纪念的祖先遗传，继承人中有异议者，应分归一遗产承受人承受，不得出售。如继承人间意见不一致，应呈请法院，按照地方习惯或参酌各遗产继承人之个人关系予以裁判。遗产继承人中有分得庄地者，其估价以出产价格为准。出产价格，依该庄地向来之耕作方法，与通常经营得以接续收得之纯利定之。① 这是有别于《大清民律草案》的亮点之处，其对于不适合原物分割且各继承人间无法达成归属协议的，规定在继承人之间拍卖遗产可以保证遗产最终归继承人所有而非第三人取得，确保了继承人的利益。(4) 增加了遗产扣还的规定。遗产继承人中，如对被继承人负有债务，其债务应从该继承人之应继份中扣还。② (5) 遗产分割的效力规定更为充实。遗产分割后，除有遗漏未分之部分，或被隐匿之财产，继承人可请求重分或自愿重分外，遗产不得重分。各继承人对于遗产，按其所得之分，互负担保责任，与卖主同。对于分得债权者，也按其所得之分，就遗产分割时债务人之资力，互负担保之责。应付担保责任的遗产继承人中，如有无资力者，其不能偿还部分，应由求偿人及有资力人，按其所得之分，共同摊还。但求偿人有过失的除外。③ (6) 扩大了可以请求进行遗产分离的主体范围。除了规定继承债权人和受遗赠人有上述权利之外，继承人的债权人也有此权利。这有利于平衡被继承人的债权人和继承人的债权人之间的利益。从上述规定看，《民国民律草案》比《大清民律草案》更为全面和细致，体现了公平和正义的先进民法观念。该草案虽没有正式实施，但在1926年后曾作为条例被各级审判机关援用，并对南京国民政府民法典的起草产生了深远的影响，具有重要的历史价值。

① 《民国民律草案》第 1384–1387 条。
② 《民国民律草案》第 1384–1387 条。
③ 《民国民律草案》第 1389–1392 条。

随着中国社会发展，北洋政府被推翻，南京国民政府成立后，1928 年成立了立法院，开始了民法的起草工作。1930 年公布了《中华民国民法》继承编，于 1931 年 5 月 5 日起施行。该继承编关于遗产分割的规定在《民国民律草案》的基础上，变更或增补了如下内容：（1）确立了女儿与儿子平等的继承权。遗产继承人，除配偶外，首先由直系血亲卑亲属继承。直系血亲卑亲属既包括女儿，又包括儿子。① （2）遗嘱禁止分割的期限从 10 年延长到 20 年，实际上赋予被继承人更大的遗嘱自由。② （3）明确遗产分割后的效力采溯及主义，即遗产分割溯及继承开始时发生效力。增加了免除继承人连带责任期限的规定。继承人的连带责任，自遗产分割时起，如债权清偿期在遗产分割后者，自清偿期届满时起，经过 5 年而免除。③ （4）废除了遗产分离制度。该"继承编"中并未见前述两个草案中的有关遗产分离的规定。（5）废除了继承人若要分割遗产，须经过母亲允许的规定。

1949 年中华人民共和国成立后，废除了民国时期的一切法律，包括前述"民法继承编"，但该法在我国台湾地区仍然被适用。在我国内地，1985 年《继承法》规定了遗产分割制度，其主要包括以下内容：（1）遗产分割的客体。遗产的范围仅限于积极遗产。分割遗产时，应从夫妻共有财产和家庭共有财产中将被继承人的财产分离出来。夫妻在婚姻存续期间所得的共有财产，除另有约定外，分割遗产时，应先将共有财产的一半分出为配偶所有，剩余的一半才为被继承人的遗产。遗产在家庭共有财产之中的，分割遗产时，应先分出他人的财产。（2）遗产分割的时间。继承开始后，继承人应协商分割遗产的时间，协商不成的，可以请求人民调解委员会调解或人民法院裁判。（3）遗产分割的依据。继承

---

① 《中华民国民法》第 1138 条。
② 《中华民国民法》第 1165 条。
③ 《中华民国民法》第 1167-1171 条。

人分割遗产应依据被继承人的意愿、继承人的协议或法院的裁判。被继承人可以设立遗嘱处分自己的财产并指定遗嘱执行人。对于遗嘱未处分的遗产，按照法定继承办理。各共同继承人可以协商确定遗产分割的时间、办法和份额，协商不成时，可以请求人民法院依法裁判。（4）遗产分割的方法。遗产分割以原物分割为原则，不宜进行原物分割的，可采取折价、补偿或者保持共有等方法分割。①

三、我国遗产分割制度历史演变的评析

从我国古代到近现代遗产分割制度的演变历史来看，在我国古代，财产传承主要是通过儿子对于家庭财产分割的方式进行，严格意义上不存在我们现代继承法上继承人对于被继承人个人财产的继承。因为同居共财作为传统中国家族生活的常态，其具有以下特征：首先，每一个家族成员的劳动所得归整个家族所有，这是同居共财的核心；其次，每一个家族成员在生活中产生的全部必要消费由家族供给；最后，家族消费后的剩余财产累积起来，构成家族财产。② 中国大部分学者认为，中国传统的"同居共财"就是一种共有制。而滋贺秀三认为，共财和共有不同，共财是经济机能上的共同关系，共有则是法律归属上的关系。家族共有以下属的小家庭为单独组成部分，构成共有的基本单位，而非按人数平均分配。女儿在出嫁前和父母兄弟也是同居共财关系，但是，女儿出嫁不能带走家产，也不能提出分家的要求。这说明了共财不等于共有。③ 可见，家族财产共有制的观点站不住脚，因为如是按份共有，按份共有人有权自由处分其享有的共有物的份额，如

---

① 我国《继承法》第 13、15、16、26—29 条。

② 郝洪斌：《民国时期继承制度的演进（1912—1949）》，中国政法大学出版社 2014 年版，第 25 页。

③ ［日］滋贺秀三：《中国家族法原理》，张建国、李力译，法律出版社 2003 年版，第 123-152 页。

是共同共有，共同共有人处分共有物应征得全体共有人的一致同意。而在家族同居共财中，家长作为家产的管理人，家长才有处分权，其他家族成员无权染指。正如有的学者所说，同居共财的家族应视为一个社团法人，"它享有家族财产所有权，其基本功能是维持家族生计，以祭祀祖先、传宗接代、延续家族血统。通常父亲是家族的法定代表人，是家族事务的经营管理者。他深信父祖正在殷切地注视着他，他有义务将一个兴旺的家族传给子孙。他肩负的责任远大于他享有的权利"。① 因而，在同居共财的家族生活模式下不存在遗产分割的问题。其所存在的不是家长死亡后由长子或兄弟代替其继续管理家产的累世同居的大家庭模式，就是因儿子成婚或父母死亡而产生的诸子平均析产的"分家"模式。

遗产分割制度正式确立于1911年《大清民律草案》的颁布，其确立了个人财产制，规定了个人对于动产及不动产的所有权，个人对于自己所有的物有占有、使用、收益和处分的权能。明确了继承从被继承人死亡时开始，确定了继承开始后各继承人之间的共有遗产。这些均奠定了有数个继承人存在时，继承人可以请求分割遗产的基础。故从该草案开始至后续的《民国民律草案》及《中华民国民法》均对遗产分割制度作了较为详细而明确的规定，初步凸显了现代民法所倡导的民主、自由、公平和正义。最明显的例子为财产分割主体的转变，在我国古代社会，从秦汉至明清，分家的主体原则上仅限于儿子，不包括女儿，女儿一般仅能通过获取嫁妆的方式从娘家取得少量的财产。而1911年《大清民律草案》颁布后，被继承人的亲女在无直系卑亲属时可作为第五顺序遗产承受人。1926年《民国民律草案》完成后，被继承人的亲女，无论出嫁与否，可于继承开始时，可以请求酌给遗产归其继承。而1930年《中华民国民法》继承编公布后，被继承人的

---

① 郝洪斌：《民国时期继承制度的演进（1912—1949）》，中国政法大学出版社2014年版，第28页。

亲女获得了与儿子作为第一顺序继承人的平等继承权。这表明伴随西方的平等、人权思想的传播，国民的男女平等意识萌发，女子的财产继承权逐步被确立。

从我国《继承法》关于遗产分割制度所规定的内容来看，受当时"宜粗不宜细"的立法指导思想的影响，与上述三部民法典的继承编相比，我国《继承法》规定得较为粗略。其主要原因在于中华人民共和国成立之后，因意识形态和经济政治的原因，我国民法主要继受的是苏联民法。而前述三部民法典不仅吸纳了苏俄的立法经验，还吸纳了德、瑞、法、日等欧亚多国的经验，可谓是博采众家之长。其先进的立法理念和关于遗产分割制度的一些详尽的规定对于我国《民法典》继承编的适用完善具有重要的借鉴意义。如其对于继承人和遗产债权人均予以平等保护的理念。例如，前述法典中不仅确立了遗产分割前应先清偿债务的原则，而且通过遗产分离制度赋予继承债权人和受遗赠人以及继承人的债权人请求将被继承人的遗产和继承人的固有财产请求分离的权利，从而有力地保护了与继承相关的利害第三方的合法权利。又如，对性质上结合之一体之物、祖传物、田地等特殊遗产确立了在各继承人之间进行拍卖或者法官依据地方习惯以及考虑各继承人各自情况的具体的分割方法，这对于完善我国遗产分割方法的立法亦具有巨大的启示意义。

第三章　遗产分割客体制度

遗产分割制度主要包括遗产分割的客体、时间、依据、方法和效力五个方面的内容。本章主要阐述遗产分割的客体制度。如前所述，遗产分割的客体制度主要包括遗产的范围、遗产的分离两个方面。本章在考察我国遗产分割客体制度立法现状基础上，分析我国司法实践现状所面临的问题；在考察我国民众分割遗产范围的习惯和借鉴国外立法例的基础上，提出解决完善我国遗产分割客体制度的立法建议。

第一节　我国立法现状的考察与评析

本节对我国遗产分割客体制度的立法现状进行考察与评析。

一、我国立法现状的考察

我国《民法典》关于遗产分割客体制度的规定主要包括遗产的范围和遗产的分离两个方面的内容。

根据我国《民法典》第1122条的规定，我国遗产的范围限定在被继承人死亡时遗留的个人合法财产。但依照法律规定或根据其性质不得继承的遗产除外。这表明我国遗产分割的范围仅限于积极财产，不包括消极财产。

根据我国《民法典》第1153条的规定，在进行遗产分割时，夫妻无额外约定的，应将夫妻共同所有财产的一半先分离出来归配偶所有，其余的才能作为被继承人的遗产。如遗产属于家庭共有财产，也应将他人的财产先分离出来。这表明我国的遗产分离制度仅限于将被继承人的财产从与配偶和家庭成员共有的财产中分离出来。

二、我国立法现状的评析

从上述规定看，我国《民法典》关于遗产分割客体制度的规定还有以下不足。

（一）缺乏遗产分割范围的详细规定

我国《民法典》关于遗产范围的规定，仅限定为被继承人死亡时遗留的合法财产。对于合法财产的种类并未列明，其和《继承法》相比，摒弃了《继承法》列举式的立法模式，采取了概括性立法。而且遗产范围仅限于积极财产，不包括消极财产。从司法实践的实际情况来看，在被继承人负有债务的情况下，法院会将该债务扣除后再在继承人之间进行分配。可见，继承人分割遗产的范围仅限于积极财产，不包括消极财产。虽然，关于遗产范围的界定，学术界有广义说和狭义说[①]之争。但笔者认为，现有遗产范围仅限于积极财产的规定符合我国民众几十年来的认知，而且与我国《民法典》其他编相协调，故暂不宜变动。

关于遗产分割范围的规定，笔者认为应进一步细化。因我国民众有父母一方去世，另一方在世时不分割遗产的习惯。因此，继承人分割遗产时往往距离被继承人的死亡时间较长，可能短则

---

① 对于我国遗产范围的立法，我国学者有不同的观点：有些学者主张，遗产应当包括被继承人死亡时遗留的个人财产和不完全遗产（包括待归扣的不完全遗产和待扣减的不完全遗产），参见陈苇、魏小军：《论我国遗产范围立法的完善》，载陈苇主编：《中国继承法修改热点难点问题研究》，群众出版社 2013 年版，第 345-361 页；有的学者主张，遗产应当包括被继承人遗留的个人财产和个人债务，参见麻昌华：《遗产范围的界定及其立法模式选择》，载《法学》2012 年第 8 期。此外，我国还有学者主张，遗产范围的立法模式应"根据继承法的立法体例、继承法与其他法律部门之间的衔接，从体系化视角加以解读"。参见任江：《论我国〈继承法〉遗产范围的重构》，载《河南财经政法大学学报》2013 年第 5 期，第 171-172 页。

几个月，长则数十年。那么，随着时间的变化，在现实生活中，遗产的形态和数量往往会发生变化。如房屋被拆迁、土地被征收、房屋被拆除后重新修建、房屋被出租、存款产生利息或通过理财等获得了收益，对于上述遗产的替代物、转化物以及遗产的孳息是否属于遗产，法律未有明文规定。故对于上述问题，可通过我国《民法典》继承编的相关司法解释予以明确。

（二）缺乏保持被继承人遗产独立的制度

目前，我国《民法典》虽然规定了被继承人的遗产从夫妻共同财产和家庭共有财产中分离的办法，但其主要是针对被继承人从共有财产中的分离，而缺少继承开始后保持被继承人的遗产与继承人的固有财产相独立的制度。继承开始后，如果与被继承人共同生活的部分继承人占有了遗产中的部分财产，其他继承人的利益难以得到保护。

此外，我国《民法典》第 1161 条虽然规定继承人在继承遗产的价值范围内对被继承人的遗产债务承担有限清偿责任。但是，继承开始后，继承人一般是与被继承人关系最为亲密之亲属，其最有可能优先占有遗产，并将被继承人的遗产与自己的固有财产相混同，在此情形下，被继承人的债权人的利益难以得到保护，因为其根本无法得知被继承人到底留有哪些遗产和遗产的具体价值是多少。[1] 司法实践中的实际情况也表明，被继承人的债权人不仅作为原告要承担举证责任，而且即便是获得胜诉判决，也会因为法院没有查明遗产的范围而导致执行难。同时，如继承人有债权人，继承人将自己的固有财产与被继承人的遗产混同后，谎称该财产是遗产，则继承人的债权人也无法就继承人的固有财产优先受偿。

---

[1] 徐文文：《被继承人债务清偿纠纷审判实务若干问题探讨——兼论遗产债务清偿制度的完善》，载《东方法学》2013 年第 4 期，第 145 页。

第二节　我国司法实践案例的考察与评析

本节对司法实践中涉遗产分割客体制度的典型案例进行考察与评析。涉及遗产分割范围的司法现状主要考察了遗产分割的范围是否仅限于积极财产、是否包含遗产的替代物及所生的孳息三个方面。涉及遗产范围确定的司法现状主要考察了因遗产分离制度的缺乏导致继承人利益被侵害、被继承人债权无法得到清偿的问题。

一、我国遗产分割范围的司法实践考察与评析

（一）遗产分割的范围仅限于积极财产

1. 主要案情简介①

王某与李某于 2012 年 10 月登记结婚。李某曾于 2010 年 4 月 21 日与张某签订房屋买卖合同购买 A 房屋一套，约定房屋价款为 20 万元。2010 年 4 月 20 日，王某向李某银行卡内汇入 20 万元，李某于当日将上述 20 万元汇入张某账户。该房屋购买后一直由王某与李某居住，后李某于 2014 年 1 月去世，该房屋由王某居住。该房屋经鉴定现价为 38 万元。李某去世之后，李某母亲李大某、李某与前妻婚生女李小某向王某要求分割房屋，王某拒绝，二人遂起诉至法院。

法院经审理后认为，关于王某向李某汇款 20 万元系王某对李某的借款，即王某对李某享有 20 万元的债权。继承人继承遗产应当清偿被继承人依法应当缴纳的税款和债务，清偿税款和债务后，对剩余财产进行分割。配偶、父母、子女同为第一顺序继承人，继承遗产的份额，一般应当均等。本案中原、被告均系第一顺序

---

① 杨森彪、杜鸿、吴俊鸣：《一方出资另一方签订合同的婚前购置房产如何继承》，载《人民司法·案例》2017 年第 23 期，第 80—81 页。

继承人，对其三人均分遗产为宜。该涉案房屋总价值为 38 万元，扣除李某向王某的借款 20 万元，则三人可分得的遗产数额均为 6 万元。鉴于该房屋一直由王某居住，且王某可共得房款总额为 26 万元，该房屋判令归王某所有，王某分别给付李小某、李大某人民币 6 万元。

2. 适用法律评析

这是一起法定继承纠纷，双方的争议焦点主要在于该房屋是否属于李某的遗产、李某向王某转账的 20 万元的性质如何界定以及各继承人对于该房屋所享有的份额如何确定三个方面的问题。在本案中，该购房合同系李某婚前以个人名义签订，虽然王某曾转账给李某 20 万元用于购房，但基于合同的相对性原则，该房屋应认定为李某的个人财产。因此，该房屋属于李某的遗产。关于该 20 万元，系王某婚前转账给李某，双方为恋人关系而非夫妻关系，王某没有为李某购房出资的义务，故该 20 万元应视为王某向李某的借款。现李某已经去世，故该 20 万元应为李某的债务，在李某去世后，应由各继承人在继承李某遗产的范围内予以清偿。故最终法院判决先从遗产价值 38 万元中减去 20 万元，剩余的 18 万元在各继承人中进行平均分配，每人分得 6 万元。从上述判决不难看出，在本案中，法院对于遗产分割的范围采狭义说，即遗产分割的范围仅限于积极财产，该观点为司法实践中法院普遍所采纳。[1]

（二）遗产分割的范围包含遗产的替代物

1. 主要案情简介[2]

刘某与杨某系夫妻关系，于 2011 年先后去世，二人共生育七

---

[1]　最高人民法院认为，无论出于民众对遗产内涵的理解和认识需要，还是出于司法实务的统一和执法需要，将遗产限定为积极财产避免了很多理解和适用上的混乱，是适宜的。参见最高人民法院民法典贯彻实施工作领导小组主编：《中华人民共和国民法典婚姻家庭编继承编理解与适用》，人民法院出版社 2020 年版，第 495 页。

[2]　山东省海阳市人民法院（2021）鲁 0687 民初 2105 号民事判决书。

个子女，分别是长子刘某3、次子刘某4、三子石某、四子刘某5、长女刘某1、次女刘某6、三女刘某2，其中次女刘某6于1988年去世。刘某6生育一女由某，后作出放弃代位继承刘某与杨某全部遗产的声明。刘某生前有平房两处，南边房屋面积约为135.5平方米，北边房屋面积约为143平方米；其中南边房屋现由被告刘某3居住，北边房屋已被拆除，于2016年11月由被告刘某5作为乙方与村委会作为甲方、某管委会作为见证方签订《补偿协议》，协议中约定乙方选择的异地安置房由乙方自主选择，并给予乙方一系列的搬家费、各项奖励措施等。房屋拆除后被告刘某5于2016年12月获得E区50栋1102室房屋两处，并领取异地安置住房奖励资金。原告刘某1、刘某2向法院提出诉讼请求：请求判令依法继承遗产，两原告每人分得63409元，二人合计126818元。

法院经审理后认为，对于南边房屋，按分家协议属于被告刘某3所有，故该房屋不属于遗产。北边已被拆迁的房屋属于遗产。现该房已拆迁，并由被告刘某5将其置换的两套房产以274600元的价格出卖，且领取了补偿奖励金105853.6元。故本案诉争的遗产范围为置换房产价值及补偿奖励金合计380453.6元。在本案中，合法的继承人范围是原、被告双方6人，根据《继承法》的规定，同一顺序继承人继承遗产的份额，一般应当均等。按照以上原则，每一继承人应分得的遗产份额为每人63409元，故二原告诉请被告刘某5应给付其应当分得的遗产份额合计126818元于法有据，法院予以支持。

2. 适用法律评析

在本案中，原、被告双方的争议焦点为遗产的范围。被继承人死亡后，其遗留的房屋被拆迁置换为两套房屋后，被继承人之一变卖。其变卖的款项以及房屋因拆迁安置而获得的补偿款，法院认为属于遗产，并对该款项依法在各继承人中进行分配。上述房屋变卖款以及拆迁补偿款，实际上属于遗产的替代物，是遗产在被继承人死亡后形态发生转化而产生的新的财产。关于上述财产是否属于遗产，我国法律未有明文规定，但从上述案例可以得知，法院认为遗产替代物也属于遗产的范围。在司法实践中，上述观点为多数法院所认可。类似案例如董某等诉于某法定继承纠纷案，在该案中，遗产的形式由房票转化为房屋，在遗产分割时，法院按照房屋的实际价值对于该房屋进行了分割。[1] 又如，上诉人张某 1 与被上诉人张某 2 等法定继承纠纷一案，遗产由安置房优惠购房指标转化为对应的指标利益，人民法院对该指标利益对应的现金价值进行分割。[2] 再如，上诉人闫某 1 与被上诉人闫某 2 等法定继承纠纷一案，遗产由原 1 号房屋转化为拆迁安置后的房屋以及拆迁安置补偿款，法院对该拆迁安置房以及补偿款进行了分割。[3]

（三）遗产分割的范围包含遗产所产生的孳息

1. 主要案情简介[4]

原告王甲与被继承人吕某婚后生育两个子女，长女王乙，次女王丙。吕某、王丙均作为某村村民持有某公司的股份。2002 年 11 月 9 日吕某去世。庭审中，原告王甲出示 2002 年 11 月 30 日由被告书写，原告王甲和被告王丙签字确认的申请一份，上载："各位股东代表，你们好。由于我母亲吕某去世了，我特此提出此申请，继承我母亲在公司的股份，只因我父亲和姐姐都是居民户口，不能享有继承权。我们全家商量，以我的名义继承我母亲的股份，但我会将原股金和每年股金返现给予我父亲王甲。"后该申请被公司批准。2002 年到 2008 年，被告将吕某的股金分红全部给付原告，2009 年的股金分红被告拒绝向原告支付。原告认为，被告应按协议履行。被告辩称，原告主张的钱是孳息，取得时间在被继

---

[1]　朱宗游、林春凤：《遗产形式发生转化时的价值确定及划分标准》，载《人民司法·案例》2010 年第 22 期，第 72 页。

[2]　北京市第二中级人民法院（2022）京 02 民终 3143 号民事判决书。

[3]　北京市第一中级人民法院（2022）京 01 民终 2228 号民事判决书。

[4]　王甲诉王丙法定继承纠纷案，案例来源：北大法宝，【法宝引证码】CLI. C. 379561。

承人死亡后，因而不是遗产。

　　法院经审理后认为：遗产可以随着时间和外界情况的变化而出现贬值、增值或产生孳息等情形，但该增值和孳息部分亦应视为被继承人的遗产。吕某去世后，原、被告双方签字确认的申请书系吕某的继承人就吕某的遗产达成的一致意见，双方当事人均应遵照履行，故被告应按照申请书中的承诺，将原股金和每年股金返现给予王甲。故判决被告王丙给付原告王甲被继承人吕某2009年的股金分红人民币4239.69元。

　　2. 适用法律评析

　　在本案中，原、被告双方所争议的焦点为被继承人死亡后的股份分红是否属于遗产。原告认为该分红属于遗产，而被告认为该分红是孳息，不属于遗产。关于孳息是否属于遗产的范围，我国法律未有明文规定。在本案中，法院认为对于遗产随时间变化而产生的增值和孳息也属于遗产的范围，在分配时也应一并予以分割。司法实践中，多数法院也持相同观点。类似案例如孔某1等诉孔某2等继承案，继承人在被继承人去世后收了的房屋租金636.54元，法院认为是被继承人遗留的房屋的孳息，属于遗产。[1]又如，张某1与张某2法定继承纠纷一案，关于一审判决后被继承人遗留的基金产生的两笔分红8695.02元，法院认为该分红为法定孳息，属于遗产，在二审中一并进行了分割。[2] 再如，于某1等与于某2法定继承纠纷一案，法院认为被继承人去世后，其名下建行存款62537.81元（含孳息）的一半属于遗产。[3] 还如，陆某1等与苏某某等法定继承纠纷一案，关于二层房屋违章建筑所产生的租金收益，法院认为属于遗产。[4]

---

① 上海市卢湾区人民法院（1991）民字第1117号民事判决书。

② 北京市第一中级人民法院（2022）京01民终3965号民事判决书。

③ 辽宁省大连市中级人民法院（2022）辽02民终11526号民事判决书。

④ 上海市浦东新区人民法院（2018）沪0115民初36723号民事判决书。

二、我国遗产范围确定的司法实践考察与评析

（一）遗产分离制度缺乏导致继承人利益无法得到保障

1. 主要案情简介①

杨小的母亲贺某与父亲杨大离婚后，杨小随母亲贺某生活。2018 年 10 月，贺某意外死亡。贺某死亡后不久，贺某的胞弟贺甲在杨小不知情的情况下，从贺某家中拿走了贺某的重要财产凭证及银行卡。因贺某与杨大在离婚时有一份夫妻财产分割协议，其中约定："现有存款女方分得 200 万元整，其余归男方所有。"贺某死亡后，其父母认为杨大没有在贺某生前支付该款项，二老遂以继承人的身份起诉杨大，要求支付。杨小亦作为继承人参加诉讼，并以继承人的身份公证查询了贺某银行卡的存款情况。一查才发现，贺某银行卡中的绝大部分钱款已经被舅舅贺甲转移到了自己名下。贺父、贺母认可贺甲的行为系两人授意而为。之后，贺父、贺母又起诉杨小，请求依法分割贺某的遗产。诉讼过程中查明，贺某银行卡的存款共计 326 万余元，贺父、贺母已从中支取共计 224 万余元。杨小认为贺父、贺母的行为已经构成隐匿、侵吞遗产，故要求多分。

一审法院经审理后认为，贺父、贺母及杨小作为继承人，其继承份额应当均等。判决杨小应得遗产款 123 万余元。一审宣判后，杨小不服，提起上诉。

二审法院经审理后认为，贺父、贺母在未与杨小协商的情况下，擅自将贺某银行卡中的存款取出，其行为已经构成故意隐匿、侵吞遗产，并据此予以改判。二审改判杨小应分得的遗产金额为 143 万余元，贺父、贺母各自应分得的遗产金额为 113 万元。

---

① 重庆市高级人民法院：《300 万遗产起风波 祖孙对簿公堂》，载 https://mp.weixin.qq.com/s/9C9Ic-A0dBZHwmKKacBYoA，最后访问日期：2024 年 2 月 3 日。

2. 适用法律评析

本案中，双方争议的焦点为贺父、贺母擅自取款的行为是否构成隐匿和侵吞遗产。一审法院审理后，并未因贺父、贺母擅自取款的行为而酌定减少其份额。而二审法院审理后认为，贺父、贺母擅自取款的行为，有违诚信和协商处理遗产的原则，构成故意隐匿、侵吞遗产的情形，故二审法院予以改判。从结果上来看，杨小实际比贺父、贺母多分得30万元。杨小在法院的公正审判下，自己的权益得到了保障。但同时本案也反映出了一些问题，如果杨小没有通过公证查询贺某的银行卡，杨小是按照对方提交的银行存款的最终余额来分割遗产，则杨小可以分割的遗产将大大减少，其权益将受到侵害。这表明在继承开始后设计一个能保证遗产不被侵害、遗产种类和数量不因继承人的行为而减少的制度尤其重要。

我国《民法典》颁布后，我国设立了遗产管理制度。继承开始后，对于法定继承而言，应由数个继承人共同推选继承人，继承人没有推选的，由继承人共同担任遗产管理人。继承人作为遗产管理人应当清理遗产并制作遗产清册。该制度为遗产的妥善保管以及遗产范围的确定提供了很好的保障。但问题在于上述规定，应理解为倡导性规定而非强制性规定。继承开始后继承人是否选任继承人作为遗产管理人应由继承人自行决定，法律并不能强制。[1] 故本案的问题，在现有我国《民法典》规定了遗产管理人制度后，仍不能得到妥善解决。现有的制度仍然欠缺一种继承人可以掌握主动权的机制，即继承人为了避免此种情形的出现，其可以在继承开始后通过某种制度强行启动遗产清册程序。这样，就

---

① 福建省高级人民法院（2021）闽民终1616号民事裁定书。该裁定书认为"'应当推选遗产管理人'属倡导性规范，目的在于维护遗产完整性及高效处理、分割遗产之需要而作出的规定，也就是说，是否成立遗产管理人并非分割遗产的前置条件"。

可保证遗产不被其他继承人隐匿、转移或侵吞。[1]

（二）遗产分离制度缺乏导致被继承人债务不能得到清偿

1. 主要案情简介[2]

被告宋某2、于某系夫妻关系，二人婚后生育儿子宋某4（宋某4于2019年9月病逝），被告陆某与宋某4系夫妻关系，二人婚后生育女儿宋某3。原告宋某1出示欠条一份，内容载明；"今欠二彬2万元整月息1分。宋某4 2016年2月27日。"原告出具村委会证明一份，证明宋某1与二彬系同一人。被告宋某2、于某对其儿子宋某4是否借款不知情，认可宋某1与二彬是同一人。原告宋某1称2016年2月27日宋某4欠原告2万元整。宋某4未偿还本金，利息从2016年2月27日还至2018年，按照月息1分偿还。还称宋某4有遗产，有一个润滑油门市、有一套住房、有一辆皮卡、有一辆QQ，在宋某4名下还有一辆货车，原告对上述财产未提供证据证实。被告宋某2、于某称，没有继承宋某4的遗产，货车不是宋某4的，不在宋某4名下。

宋某1向法院提出诉讼请求：依法判令被告偿还原告借款2万元；诉讼费等费用由被告负担。法院经审理后认为，本案中原告虽然提交欠条一份，但未提供证据证明死者宋某4有何遗产，其遗产是否为四被告所继承等证据证明本案存在被告应当偿还债务的事实。原告主张由四被告偿还宋某4借款的请求，事实不清、证据不足，不予支持。故法院最终驳回了原告宋某1的诉讼请求。

---

[1] 在司法实践中，对于某些动产，如金戒指、金耳环等，因继承人往往不能证明其为遗产而导致无法对其进行分割。参见天津市滨海新区人民法院（2018）津0116民初62605号民事判决书。

[2] 河北省博野县人民法院（2019）冀0637民初1257号民事判决书。

2. 适用法律评析

在本案中，因借款人宋某 4 死亡，出借人宋某 1 将宋某 4 的父母、配偶和女儿均告上法庭，要求四被告承担偿还欠款的义务。在庭审中，原告宋某 1 出示了借条证明了其债权的真实性和合法性，但无证据证明被继承人宋某 4 遗产的范围。最终法院依据"谁主张，谁举证"的原则驳回了原告宋某 1 的诉讼请求，该案例发生在我国《民法典》颁布前，是现实生活中被继承人的债权人经常面临的困境。此外，有的法院还以无证据证明遗产由继承人继承，而驳回其诉讼请求。① 即便是法院支持了债权人的诉讼请求，但往往判决继承人在遗产的范围内负责清偿。但对于遗产的具体情况并不予以查明和确认，这同时也导致了执行难，即被继承人的债权人拿到了胜诉判决，但是因被继承人的遗产范围不清而导致无法执行。② 有律师曾对福建省 2017—2019 年被继承人债务清偿纠纷的 363 份判决书做了统计分析，统计结果表明，未查明被继承人是否留有遗产，即判决继承人须在继承遗产范围内承担偿还责任的案件占比约为 43.8%，其中有 18 份判决书中因债权人未证明继承人实际取得遗产而被驳回全部诉讼请求。③ 在上海，该部分比例更高，在 185 起案例中，法官判决继承人应在遗产范围内清偿被继承人债务的为 149 件，占比 80.5%。④

综上，被继承人的债权人面临举证难、清偿难等问题。我国《民法典》颁布后，上述问题是否能得到很好的解决呢? 根据我国《民法典》第 1145 条和第 1147 条之规定，继承开始后，数个继承

① 内蒙古自治区扎兰屯市人民法院（2019）内 0783 民初 1259 号民事判决书。
② 徐文文：《被继承人债务清偿纠纷审判实务若干问题探讨——兼论遗产债务清偿制度的完善》，载《东方法学》2013 年第 4 期，第 142 页。
③ 贾明军、袁芳主编：《继承案件裁判要旨总梳理》，法律出版社 2022 年版，第 217 页。
④ 贾明军、袁芳主编：《继承案件裁判要旨总梳理》，法律出版社 2022 年版，第 193 页。

人应推选继承人，未推选的，继承人应共同担任遗产管理人，遗产管理人应清理遗产并制作遗产清单。但如前所述，该规定非强制性规定，被继承人死亡后继承人不及时选继承人也不制作遗产清单的，继承人也无须承担任何责任。因此，我国《民法典》颁布后，被继承人的债权人虽然从理论途径上可以得到法律的救济，但如继承人不配合的话，被继承人的债权人的利益也无法得到保障。

第三节　我国被调查民众分割遗产范围的习惯统计与分析

在古代汉语中，习惯是指在长时期里逐渐养成的、一时不易改变的行为、倾向或社会风尚，现在泛指一地的风俗、社会习俗和道德传统等。中世纪的西方思想家认为法律本质上是传统和习惯，而不是不断进行的立法创新。[①] 而继承制度作为最古老的制度之一，具有显著的民族性特征，其发展和完善理应与本国的政治、经济、文化和民族习惯相适应。[②] 因此，为完善我国的遗产分割制度，我们有必要考察我国民众的遗产分割习惯。2017 年 7 月 12 日至 8 月 30 日，笔者利用学生暑期"三下乡"开展社会实践的需要，根据陈苇教授负责主持的 2016 年司法部部级科研项目"我国遗产处理制度系统化构建研究"（编号：16SFB2036）课题组于2016 年 11 月至 12 月设计制作的《当代中国民众财产继承观念与

---

① 高其才主编：《当代中国分家析产习惯法》，中国政法大学出版社 2014 年版，第 1-2 页。

② 麻昌华：《论法的民族性与我国继承法的修改》，载《法学评论》2015 年第 1 期。

遗产处理习惯实证调查》之调查问卷①，在其基础上笔者修改补充部分内容制作了"当代民众继承观念与遗产分割习惯"的调研问卷，问卷分为遗产范围的确定、遗产分割的时间、遗产分割的依据、遗产分割的办法和遗产分割的效力五个部分。笔者组织学生们在开展社会实践活动时对当地的民众进行调研，调研的具体情况如下：

---

① 关于陈苇教授负责主持的 2016 年司法部部级科研项目"我国遗产处理制度系统化构建研究"（编号：16SFB2036）课题组于 2016 年 11 月至 12 月设计制作的《当代中国民众财产继承观念与遗产处理习惯实证调查》问卷和 2017 年 1 月至 2 月寒假期间组织学生调查员对我国十省（市）被调查民众开展实证调查的实施情况，为笔者组织学生进行我国西南地区三省（市）"当代民众继承观念与遗产分割习惯"的调查提供了宝贵的问卷参考资料和实施方法。现将该司法部项目社会调查的情况简要说明如下：第一，关于当代中国民众财产继承观念与遗产处理习惯实证调查的实施概况，包括以下三个部分：一、实证调查的主要内容，其中涉及遗产分割制度的调查问卷内容主要有：遗产范围的界定、继承开始的通知与公告、遗产管理、法定继承时配偶对遗产中家庭住房的先取权和终身使用权、遗产债务清偿责任的类型、遗产分割的自由与限制、遗产分割瑕疵的担保责任。二、实证调查的情况简介，被调查地区的选取与调查组组长的确定、调查问卷的设计和学生调查员的召集与培训、实地社会调查的方式以及调查问卷的录入、统计汇总、复核与写作提纲的撰写；三、实证调查报告的撰写方法。载陈苇主编：《当代中国民众财产继承观念与遗产处理习惯调查实证研究（上卷）》，中国人民公安大学出版社 2019 年版，第 5—11 页。第二，关于向参与《当代中国民众财产继承观念与遗产处理习惯实证调查》全体师生的鸣谢，载陈苇主编：《当代中国民众财产继承观念与遗产处理习惯调查实证研究（上卷）》，中国人民公安大学出版社 2019 年版，"鸣谢"专页。第三，关于遗产分割制度我国被调查民众的观念和处理习惯之实证调查与分析，其内容有两部分：（一）涉及遗产分割的我国民众观念和处理习惯实证调查的统计情况，包括：1. 遗产分割标的之确定的遗产归扣制度的调查统计情况；2. 遗产分割的自由与限制的调查统计情况；3. 健在配偶对遗产中家庭住房居住权的调查统计情况；4. 被继承人遗嘱对遗产分割时间进行限制的调查统计情况；5. 共同继承人间瑕疵担保责任的调查统计情况。（二）涉及遗产分割制度的我国民众观念和处理习惯的分析，载陈苇主编：《中国遗产处理制度系统化构建研究》，中国人民公安大学出版社 2019 年版，第 428—441 页。

一、基本情况

本次调研通过"三下乡"暑期社会实践的小分队的队员在开展社会实践的地点对当地民众进行个人访谈和发放调研问卷的方式完成。参与本次调研的小分队共计 9 队，每队成员 7~12 人不等，共计 84 人，每人需完成调研问卷 10~15 份。参与调研的 9 支小分队分别奔赴贵州省遵义市和黄平县，四川省的江油市、绵竹市、广汉市和绵阳市，重庆市的江津区、永川区和开县开展调研。调研对象以当地民众为准，但因客观条件限制，无法完成调研任务的，可将调研问卷带回调查者本人的籍贯所在地进行。本次调研共发放问卷 1040 份，收回有效问卷 997 份，问卷有效率为 95.87%。

（一）被调查地区的基本情况

根据暑期"三下乡"各社会实践小分队开展的社会实践地点的分布情况，我们确定本次调研以贵州省、四川省和重庆市三省（市）为主要被调查的地区。从地域分布情况来看，这些省（市）主要位于我国的西南地区。从经济发达程度来看，贵州省、四川省和重庆市在 2017 年 GDP 总量排名中分别位列第 6、19 和 25。[①]可见，高、中、低经济发达程度的省（市）均有代表。因此，本课题组抽样调查的这三个省（市）地区能在一定程度上反映我国西南地区民众遗产分割习惯的概况。

（二）被调查者的基本情况

本次调查采取入户发放调查问卷，主要以调查员填写调查问卷或被调查者本人亲自填写调查问卷的方式开展。每一位参加问卷调查的被调查者，首先需要填写自身的基本情况。以下是我们对被调查者的地域、性别、年龄、文化程度和职业进行的统计：

---

① 《2017 年中国各省（市）生产总值排行榜一览》，载 https：//www.sohu.com/a/232465727_119746，最后访问日期：2024 年 2 月 3 日。

1. 被调查者的地域

本次调查发放问卷主要在贵州省、四川省和重庆市三省（市）进行，但由于各种客观情况的限制，开展调研的小分队成员有的未能在上述三省（市）完成每人10~15份的调研任务，故被调研者除上述三省（市）外，还涉及山西、山东、陕西、河南、河北、广东、江苏、江西、云南和安徽省。具体问卷回收情况如表3-1所示：

表3-1　被调查者所属地域的情况统计

	四川	重庆	贵州	其他省	总数
回收量（份）	353	324	185	135	997
比例（%）	35.41	32.50	18.56	13.54	100

从被调查者所属地域的统计数据看，在回收的997份问卷调查中，其中属于四川省的有353份，占比35.41%；属于重庆市的有324份，占比32.50%；属于贵州省的有185份，占比18.56%；其他省的有135份，占比13.54%。可见，近九成的被调查者属于贵州省、四川省和重庆市三省（市）。

2. 被调查者的性别

在997名被调查者中，男性有502人，占比50.35%；女性有480人，占比48.14%。可见，总体而言，男女比例几乎各占一半（见表3-2）。因此，被抽样调查地区的被调查者基本上可以均衡反映不同性别关于遗产分割的观念和习惯。

表3-2　被调查者的性别情况统计

名称	男性	女性	未填写	总数
人数（人）	502	480	15	997
比例（%）	50.35	48.14	1.5	100

3. 被调查者的年龄

被调查者的各个年龄层的分布情况如下：18~30岁的人数为409人，占比41.02%；31~40岁的人数为125人，占比12.54%；41~50岁的人数为202人，占比20.26%；51~60岁的人数为109人，占比10.93%；61~70岁的人数为90人，占比9.03%；71岁以上的人数为46人，占比4.61%（见表3-3）。可见，41~50岁、51~60岁、61~70岁、71岁以上四个年龄段的中老年合计占比44.83%，18~30岁、31~40岁两个年龄段的青年合计占比53.56%。[①]这说明被调查者中青年人数略比中老年人人数多，但二者基本相当。因此，本次调研可以同时体现青年和中老年人关于遗产分割的观念和习惯。

表3-3　被调查者的年龄情况统计

年龄	人数（人）	比例（%）
18~30岁	409	41.02
31~40岁	125	12.54
41~50岁	202	20.26
51~60岁	109	10.93
61~70岁	90	9.03
71岁以上	46	4.61
未填写	16	1.60
合计	997	100

---

①　不同的组织对年龄段的划分标准不同，现并没有达成共识。参见：《联合国严正声明：15~24岁才叫青年 世卫组织：44岁以下都算青年》，载 http://www.sohu.com/a/73442834_362124，最后访问日期：2024年2月3日。

4. 被调查者的文化程度

被调查者的文化程度分布情况如下：小学及以下文化程度的人数为 149 人，占比 14.94%；初中文化程度的人数为 147 人，占比 14.74%；高中或中专文化程度的人数为 159 人，占比 15.95%；大学本专科文化程度的人数为 461 人，占比 46.24%；研究生文化程度的人数为 55 人，占比 5.52%（见表 3-4）。可见，大学本专科和研究生两种文化程度的被调查者合计占比 51.76%，说明高学历被调查者占比最高；小学及以下、初中两种文化程度的被调查者合计占比 29.68%，说明低学历被调查者位列第二；而高中或中专文化程度的被调查者占比 15.95%，位列第三。这表明，随着我国社会经济的迅猛发展，我国民众对教育越发重视，民众中拥有大学本科以上学历文凭的人也日益增多。本次调研中，大学本专科和研究生学历以上的人占了半数。因此，本次调研结果也可以在一定程度上显示出高学历人群关于遗产分割的观念和习惯。

表 3-4　被调查者的文化程度情况统计

学历	人数（人）	比例（%）
小学及以下	149	14.94
初中	147	14.74
高中或中专	159	15.95
大学本专科	461	46.24
研究生	55	5.52
未填写	26	2.61
合计	997	100

5. 被调查者的职业

被调查者的职业分布情况如下：被调查者职业为农民的人数为 220 人，占比 22.07%；职业为工人的人数为 75 人，占比 7.52%；职业为经商和公务员的人数均为 67 人，各占比 6.72%；职业为企事业单位职工的人数为 142 人，占比 14.24%，职业为其他的人数为 397 人，占比 39.82%（见表 3-5）。可见，被调查者的职业分布范围较广，各行各业均有一定比例的代表。

表 3-5 被调查者的职业情况统计

职业	人数（人）	比例（%）
农民	220	22.07
工人	75	7.52
经商	67	6.72
公务员	67	6.72
企事业单位职工	142	14.24
其他	397	39.82
未填写	29	2.91
合计	997	100

二、我国被调查民众请求设立遗产管理制度的情况统计与分析

（一）被调查民众设立遗产管理人制作遗产清单的意愿的情况统计与分析

问题：老王死亡时留有一套房屋（价值 50 万元）、存款 20 万元以及小汽车一辆（价值 10 万元）。老王去世时，其共有父母、配偶、儿子和女儿五个继承人。老王生前还经营着一家淘宝网店，为经营需要，曾向其大哥和二哥分别借款8万元和10万元，请问：老王死亡时，你认为有无必要确定遗产管理人，制作详细的遗产清单？（　）［多选］

A. 有必要，制作清单能将老王的遗产清点清楚，有利于后续遗产的分配

B. 有必要，制作清单能将老王的遗产清点清楚，有利于其大哥和二哥的债务尽快得到清偿

C. 无必要，制作清单有伤感情，显得斤斤计较

D. 其他（及理由）：_____

从表3-6关于被继承人死亡后是否有必要制作遗产清单的情况统计数据来看，我国西南三省（市）被调查民众中，分别有751人（占比75.33%）和746人（占比74.82%）认为有必要通过遗产管理人制作遗产清单，制作遗产清单的好处在于既可以顺利地在五个继承人之间公平分配遗产，又有利于被继承人大哥和二哥的债务顺利清偿。可见，我国西南三省（市）被调查民众中近八成的人赞成通过继承开始后制作遗产清单的方式来明确遗产的范围。

表3-6　被继承人死亡后是否有必要制作遗产清单的情况统计

选项	人数（人）	比例（%）
A	751	75.33
B	746	74.82
C	122	12.24
D	19	1.91

（二）被调查民众关于提出制作遗产清单的权利主体情况的统计与分析

问题：如你认为有必要制作遗产清单，那么有权提出该请求

的主体包括？（   ）［多选］

    A. 上述五个继承人中的任何一个人

    B. 老王的大哥

    C. 老王的二哥

    D. 其他（及理由）：＿＿＿＿＿＿

    从表3-7被调查民众关于提出制作遗产清单的权利主体情况的统计数据来看，我国西南三省（市）被调查民众中，认为有权利提出确定遗产管理人并制作遗产清单的权利主体主要包括两类人：一是继承人，被调查民众中有730人（占比73.22%）持此观点；二是被继承人的债权人，被调查民众中分别有546人（占比54.76%）和507人（占比50.85%）认为老王的大哥和二哥有权提出制作遗产清单，而二者均为被继承人老王的债权人。可见，我国西南三省（市）被调查民众中分别有七成和五成的人认为有权提出制作遗产清单的主体为继承人和遗产债权人。

表3-7 被调查民众关于提出制作遗产清单的权利主体情况的统计

选项	人数（人）	比例（%）
A	730	73.22
B	546	54.76
C	507	50.85
D	58	5.82

    综上，在我国西南三省（市）被调查民众中，近八成的人认为为了保障遗产债权人的利益和各继承人之间公平分配遗产，建议通过遗产管理人的确立来制作遗产清单，从而明确遗产的范围，将被继承人的遗产和继承人的财产区分开来；关于请求制作遗产清单的权利主体，七成的人认为为继承人，五成的人认为为遗产的债权人。

第四节　国外立法现状的考察与评析

本节针对前述我国遗产分割客体制度立法现状之不足以及司法实践中所反映的问题，对国外遗产分割客体制度予以考察并进行评析。

一、遗产分割范围的国外立法考察与评析

（一）遗产分割范围的国外立法考察

1. 法国立法例

《法国民法典》未对遗产的范围作明确的界定，但从其"第三卷 取得财产的各种方法"的第一编第八章"遗产的分割"的规定来看，遗产应既包括积极遗产又包括消极遗产。该法典第八章"遗产的分割"分为五节，分别是"分割活动""无偿处分财产的返还""债务的清偿""分割的效果与分配份的担保"和"分割无效之诉或者请求补足分配份额之诉"。其中，第一节"分割活动"针对的是各共同继承人对于积极遗产的分割。积极遗产是指继承开始时被继承人所遗留的财产、财产的替代物以及相关的孳息、向遗产返还或应扣减的价值以及共同分割人对死者或共有财产的债务。第三节"债务的清偿"对消极遗产如何处理进行了规定。该节明确各共同继承人对遗产的债务和负担各自按照从被继承人的遗产中受领的财产数额比例进行分担。①

2. 德国立法例

依据《德国民法典》第 1922 条规定，在被继承人死亡时，其财产作为总体转移给一个或两个以上的继承人。关于该财产是否包括消极财产，该条文并未言明。但从其第 1967 条之规定可知遗

---

① 《法国民法典》第 825、870 条。

产既包括财产又包括债务。① 关于遗产分割的具体规定，体现在
《德国民法典》第五编"继承法"第二章"继承人的法律地位"
的第四节"多个继承人"中。其中第一目为"继承人相互间的法
律关系"，其明确规定继承开始后，继承人可随时请求分割遗产，
该遗产包括被继承人遗留的财产、根据遗产的权利所取得的财产、
因遗产标的灭失、毁损或被侵夺而获得的损害赔偿以及因与遗产
有关的法律行为而取得的一切财产。并同时规定在遗产分割前，
继承人应首先对遗产债务进行清偿，只有在清偿遗产债务后有剩
余时，才按各继承人应继份的比例在他们中间进行分割。② 可见，
遗产分割的范围仅限于积极遗产，不包括消极遗产。关于消极遗
产的处理，该节第二目"继承人和遗产债权人之间的法律关系"
中进行了明确规定。各继承人对共同的遗产债务负连带责任。③

3. 瑞士立法例

依《瑞士民法典》第 560 条之规定，继承人从继承开始时起
依法取得全部遗产。遗产既包括被继承人的债权、股份、所有权、
其他物权和占有物，又包括被继承人的债务。可见，瑞士民法规
定的遗产的范围既包括积极遗产，又包括消极遗产。关于遗产的
分割，《瑞士民法典》第三编"继承法"第二分编"继承"的第
十七章"遗产的分割"分四节对分割前的继承人团体、分割的方
法、财产合算以及分割的效力作出了明确规定。从各节的具体规
定来看，继承人分割遗产的范围仅限于积极遗产。该章第二节
"遗产分割的方法"中规定各共同继承人对遗产中的财产享有平等
的请求权、对因分割而可能造成财产价值降低的应采用由继承人
之一取得该财产或对拍卖后的价金进行分割的方法。此外，还规

---

① [德] 雷纳·弗兰克（Rainer Frank）、[德] 托比亚斯·海尔姆斯（Tobias Helms）:《德国继承法》（第六版），王葆莳、林佳业译，中国政法大学出版社 2015 年版，第 3 页。
② 《德国民法典》第 2041、2046-2047 条。
③ 《德国民法典》第 2058 条。

定健在配偶对于属于遗产的双方居住过的房屋、公寓或使用过的家具享有以其应继份优先取得所有权的权利，这些规定均表明各共同继承人分割的是财产而非债务。但对消极遗产即被继承人的债务各共同继承人在遗产分割前承担连带责任，在遗产分割后则从分割终结时起 5 年或到期时起 5 年负连带责任。①

4. 日本立法例

依《日本民法典》第 896 条之规定，继承人从继承开始时继承被继承人财产的所有权利义务。可见，遗产的范围既包括积极遗产，又包括消极遗产。但遗产分割的范围仅限于积极遗产。因为《日本民法典》第 906 条明确规定，遗产分割须考虑属于遗产的物或权利的种类和性质，而物和权利均为积极遗产，而非消极遗产。而对于消极遗产，则由各共同继承人按其继承份额负清偿责任。②

5. 意大利立法例

依《意大利民法典》第 490 条第 1 款之规定，继承人在限定接受继承时，继承人享有被继承人所有的一切权利和义务，且仅在接受的财物价额范围内对被继承人的债务承担清偿责任。由此可见，遗产的范围既包括积极遗产，又包括消极遗产。但遗产分割的范围仅限为积极遗产。对于消极遗产的处理，《意大利民法典》第 719 条规定，为清偿遗产债务或其他遗产负担，拥有半数以上遗产的继承人认为有必要出售遗产的，应当首先拍卖动产，必要时，拍卖那些最少损害共同分割人利益的不动产。可见，清偿遗产债务为继承人之义务而非继承人分割遗产之对象。

6. 俄罗斯立法例

依《俄罗斯联邦民法典》第 1112 条之规定，遗产包括继承开始之日属于被继承人的物和其他财产，包括财产权利和义务。可

---

① 《瑞士民法典》第 603、639 条。
② 《日本民法典》第 899 条。

见，遗产的范围既包括积极遗产，又包括消极遗产。继承开始后，继承人对于遗产成立按份共有关系，而按份共有的对象，依据该民法典的规定只能是遗产中的财产。而针对该按份共有财产，在继承开始之日起 3 年内，按照该法典第五编"继承法"中关于遗产分割的规则进行，3 年后，则主要按照按份共有的规则进行，同时考虑遗产分割的规则。① 因此，继承人分割的遗产范围仅限于积极遗产，不包括消极遗产。而对于消极遗产，由接受遗产的各继承人承担连带责任。但每个继承人对被继承人的债务以转移给他的遗产价值为限。②

（二）遗产分割范围的国外立法评析

上述六个国家关于遗产的范围，虽然有的国家未有明文规定，但实质都采广义说，即遗产不仅包括财产和权利，而且包括义务。遗产采"广义说"，符合继承的本质。因为，继承不仅是对被继承人财产和权利的继承，而且须对被继承人生前的债务负清偿责任。因此，韩国、日本以及我国台湾和澳门地区将继承的概念界定为"继承开始后，除专属于被继承人的人身权利和义务外，继承人对被继承人财产、权利和义务的概括承受"。这表明，被继承人死亡，被继承人的法律地位由继承人接替，其生前的全部财产法律关系也由继承人继承，而这些财产法律关系既包括权利也包括义务。在被继承人留有数个继承人时，各继承人通过遗产分割而取得各自应继份的所有权，通过对遗产债务承担连带或按份责任来负担财产义务。因此，虽然上述各国遗产范围既包括积极遗产，又包括消极遗产，但各继承人请求分割的遗产范围仅限为遗产中的财产和权利。这与我国司法实践中法院的惯常处理是一致的。此外，前述对于积极遗产范围的规定，法国和德国不仅规定了积极遗产包括财产和权利，其还明确遗产本身的替代物、产生的孳

① 《俄罗斯联邦民法典》第 1164 条。
② 《俄罗斯联邦民法典》第 1175 条。

息、补偿金或者是与遗产有关的法律行为而取得的任何标的也属于遗产，该规定有利于解决继承开始后遗产分割前遗产形态发生变化或产生孳息时的财产归属问题，故值得我国立法借鉴。

二、遗产范围确定的国外立法考察与评析

为了确定遗产的范围，国外主要采取的方式是"遗产的分离"，其主要是为了保持被继承人的遗产和继承人固有的财产不混同。"遗产的分离"在法国被称为遗产清册和优先权制度，在德国被称为遗产管理和遗产破产制度，在瑞士被称为官方清算制度，在日本和意大利被称为财产分离制度，俄罗斯立法未有明文规定。

（一）遗产分离的国外立法考察

1. 法国立法例

法国的遗产分离包括继承人以遗产清单利益接受继承和遗产债权人、继承人的债权人提出优先权两个方面的内容。继承人通过向法官提交遗产清册的方式可以享受在继承的遗产范围内清偿遗产债务的权利。遗产债权人和继承人的债权人可分别对被继承人的遗产、继承人的财产进行优先权登录而分别就被继承人的遗产或继承人的财产优先受偿。

提出遗产清册和优先权的方式。继承人可以通过向继承开始地所在辖区的大审法院提出以净资产为限接受继承的声明，并提交忠实而确切的遗产清册而达到将其个人财产与遗产相分离的效果。继承人以净资产为限取得遗产必须向辖区法院提出，并登记和公示。在提交声明的同时，应提交遗产清册，清册由司法拍卖评估人、执达员或公证人按职业所适用的规章制作。该清册应在提出声明后2个月内交给法院，但有正当理由可向法官申请延期。遗产清册应公示，债权人和钱款的受遗赠人可以凭文书查阅清册并取得复印件。遗产债权人应向继承人报明债权，期限为提出以净资产为限接受继承的声明公示起15个月，未在上述期限内报明的，对遗产不享有担保的债权即告消灭。未在规定期限内报明债

权的债权人仅能向已得到满足的受遗赠人提出求偿。在公示和 15 个月债权申报期限内，停止对遗产进行任何执行和担保措施。只要有 1 名以上继承人提出以净资产为限接受继承，则对全体继承人发生效力。继承人可以通过声明保存遗产的一项或数项，也可以转让，但应对上述财产按其价值对遗产负债。转让或保存的声明应在 15 日内向法院提出，由法院保障其公示。遗产债权人可以在 3 个月内对保存财产的价值提出异议，或对协商转让的财产价值提出异议。如异议成立，继承人应用本人财产填补差价或将保存的财产返还至遗产。继承人应在保留声明财产或转让财产所得可以支配之日起 2 个月内向债权人进行清偿。遗产债务的清偿按照有担保的债权、报明的债权和遗赠的顺序依次进行。如对清偿有争议，则可支配的款项应予寄存。继承人负责管理其受领的遗产，继承人对该财产进行的管理、清偿的债权、用受领的财产承担义务等，均应制作账目。对管理中的严重过错承担责任。继承人可以通过无条件接受继承而撤销以净资产为限接受继承。效力追溯继承开始时，但在表示以净资产为限接受继承后不能放弃继承。①

死者的债权人和受遗赠人可以请求就被继承人的遗产优先于继承人的债权人受偿。继承人本人的债权人得请求就继承人不是以继承的名义受领的财产优先于死者的任何债权人受偿。债权人向竞合受偿的其他债权人表明其就某项确定的财产优先受偿的任何行为，即可行使此种优先权。作为请求人的债权人放弃优先权时，不得行使这项优先受偿权。该优先权须由财产所在地的抵押权登录处进行登录，抵押权登录员在登录时应明确具体的数额和不动产所在的市镇行政区。② 对于动产，此项优先权的时效期间为 2 年，自继承开始时计算。对于不动产，只要该不动产仍在继承人

---

① 《法国民法典》第 791-800 条。
② 《法国民法典》第 878-880、2426、2428 条。

之手，均得行使优先权。[①]

遗产清册效力的丧失。如继承人在作出以净资产接受继承为限的声明后 2 个月没有向法院提交遗产清册、继承人恶意将属于遗产的某些资产或负债项目不计入遗产清册，或不将所保留或转让的财产价值或价金用于清偿遗产的债权人的债权，即丧失按净资产接受继承的权利。[②]

2. 德国立法例

德国的遗产分离制度包括遗产管理和遗产破产程序的启动两个方面。

遗产管理的启动。继承人和遗产债权人均可以向遗产法院申请命令管理遗产。但如继承人提出申请，该命令必须由遗产法院发布。遗产债权人只有在继承人的行为或财产状况危及其从遗产中受偿时才可以提出，并且该申请必须在继承人接受遗产的 2 年内提出。但如遗产管理的费用可能大于遗产价值，则遗产管理不能启动。[③]

遗产管理的效力。遗产法院在指定的报纸上公告了遗产管理的命令后，继承人的个人财产与被继承人的遗产相分离，继承人对于遗产债务的责任仅限于遗产。继承人丧失管理和处分遗产的权利，该权利由遗产管理人代为行使。因遗产而发生的诉讼也由遗产管理人来承担。遗产管理人对遗产管理向遗产债权人负责，并从遗产中清偿遗产所负担的债务。遗产管理启动后，若不是清偿遗产债务，他人就不能强制执行或扣押遗产。继承人的债权人以自己的债权抵销遗产中的债权的，不论继承人是否同意抵销，该抵销都归于消灭。在所有债务得到清偿后，遗产管理人将剩余

---

① 《法国民法典》第 881 条。
② 《法国民法典》第 790、800 条。
③ 《德国民法典》第 1981、1982 条。

的遗产转交给继承人。[1]

遗产破产的启动。依据《德国破产法》的相关规定，继承人、遗产管理人、遗产保佐人和管理型遗嘱执行人均有权在遗产已经过度负债或支付不能时启动遗产破产程序。遗产债权人同样可以行使该权利，但前提是必须在继承人接受继承后的两年内提出。此外，启动遗产破产，必须还有一笔足够的财产以支付破产可能产生的费用。继承人或遗产管理人在遗产过度负债的情形下未能及时提出申请且有过失的，其应向债权人赔偿因此而产生的损失。[2]

遗产破产的效力。遗产破产的效力与遗产管理的效力基本相同，唯一的区别是因被继承人的遗产不足以清偿遗产债务，对于遗产债务，依据《德国破产法》的相关规定，必须遵守一定的清偿顺序，一般而言，清偿遗产债务应首先考虑取回权和别除权，然后是丧葬费、遗嘱开启费和继承人的花费，最后才是特留份、遗赠和负担等。[3]

3. 瑞士立法例

官方清算的提出。继承人和被继承人的债权人均可以提出官方清算的请求。继承人可以不选择抛弃继承或通过提交财产清单承认继承而径行请求官方清算。但是，只要共同继承人中有一人已无条件接受继承，则该请求不能受理。在官方清算时，继承人不对遗产债务负责任。[4] 被继承人的债权人在被继承人死亡后 3 个

---

① 《德国民法典》第 1975、1983-1986、1977 条。

② ［德］雷纳·弗兰克（Rainer Frank）、［德］托比亚斯·海尔姆斯（Tobias Helms）：《德国继承法》（第六版），王葆莳、林佳业译，中国政法大学出版社 2015 年版，第 181-182 页。

③ ［德］雷纳·弗兰克（Rainer Frank）、［德］托比亚斯·海尔姆斯（Tobias Helms）：《德国继承法》（第六版），王葆莳、林佳业译，中国政法大学出版社 2015 年版，第 182 页。

④ 《瑞士民法典》第 593 条。

月或遗嘱开启后3个月内有理由担心其债权不能被清偿，且在其提出请求清偿后，既未得到清偿也未得到担保时，其可以请求官方清算。受遗赠人在遇到相同的情况时也可以提出该请求。①

官方清算的程序。一是普通清算。主管政府部门可自行管理遗产，或委任遗产管理人进行管理。官方清算，从遗产管理人制作财产清单并公开催告时开始。主管政府部门可以对遗产管理人进行监督，继承人对遗产管理人将要或已经实施的处分可以提出异议。遗产管理人对遗产予以清算，收取债权、清偿债务，对遗产进行必要的处分和管理。出售被继承人的不动产应采用公开拍卖的方式，未经所有继承人同意，禁止以自由协商的方式进行转让。遗产中的全部或部分物品或金钱，并非必须清算的，继承人可以请求在清算期间移交给他们。二是破产官方清算。如被继承人的债务超过其遗产时，则根据破产规则进行清算。②

4. 日本立法例

日本的遗产分离制度包括继承人提出以遗产清单限定接受继承和被继承人的债权人、继承人的债权人提出的将被继承人的遗产和继承人的财产相分离两个方面。

遗产分离的提出。继承人可以在继承开始之时起3个月内表示仅在继承的遗产的范围内清偿被继承人的债务为条件承认继承。继承人作限定承认时，应制作出财产目录提交给家庭法院，并就限定承认作出陈述。继承人作出限定承认可以达到将被继承人的遗产和继承人的财产相分离的效果。被继承人的债权人或受遗赠人，自继承开始时3个月内或在此期间届满后但被继承人的遗产与继承人的固有财产未混合前，向家庭法院提出将被继承人的遗产从继承人的财产中分离的请求，继承人的债权人也享有上述

---

① 《瑞士民法典》第594条。
② 《瑞士民法典》第595-597条。

权利。[①]

遗产分离的程序。在遗产清册范围内接受继承的继承人应在作出限定接受继承后 5 日内、继承财产管理人应在被选任后 10 日内，对所有继承债权人和受遗赠人作出限定继承和要求他们申报债权的公告，公告期间不少于 2 个月；应继承债权人或受遗赠人提出财产分离的请求，家庭法院发出财产分离的命令后，该请求人应在 5 日内，对财产分离的命令和要求其他遗产债权人和受遗赠人在一定期间内申报参加遗产分配等内容发布公告，公告期间不应少于 2 个月。[②]

遗产分离的效力。限定继承人在公告期满后，对于继承债权人的债务，在其继承财产的范围内分别按照债权额的比例负责清偿。而对于被继承人的债权人或受遗赠人所请求的财产分离，该请求权人对于遗产可优先受偿。在财产分离公告期满后，继承人对请求财产分离或申请参加分配的遗产债权人或受遗赠人，按各自的比例进行清偿。但不能因此而损害有优先权的债权人的利益。请求分离财产和申请参加分配的人，在不能就遗产得到全部清偿时，可以请求继承人以其固有财产进行清偿。但就此，继承人的债权人享有优先受偿的权利。[③]

遗产分离的防止。如继承人处分继承财产的全部或部分，继承人未在继承开始之日起 3 个月内作出限定承认或放弃继承声明，或继承人作出限定承认或放弃继承声明后，隐匿继承财产的全部或部分，私自消费或恶意不将其记载于继承财产目录时，则继承人丧失在遗产范围内清偿遗产债务的权利，继承人须对遗产债务承担无限责任。在遗产债权人或受遗赠人提出遗产分离的请求时，继承人可以通过用其固有财产向遗产债权人、受遗赠人清偿或向

---

① 《日本民法典》第 915、922、924、941、950 条。
② 《日本民法典》第 927、941 条。
③ 《日本民法典》第 929、942、947、948 条。

其提供担保而阻止其提出分离财产的请求。如遗产债权人或受遗赠人已提出该请求，也可以使其效力归于消灭。但继承人的债权人，证明其将因此而受到损害并提出异议时，不在此限。①

5. 意大利立法例

意大利的遗产分离制度包括继承人提出以遗产清单限定接受继承和被继承人的债权人、继承人的债权人提出的将被继承人的遗产和继承人的财产相分离两个方面。

遗产分离的提出。继承人可以在公证人面前或者在继承开始地的初审法院书记员面前作出按遗产清单接受继承的声明。提出该声明的继承人应在声明前或声明后制作遗产清单。遗产清单的制作时间一般为3个月，在有重大事由时，可以请求延缓不超过3个月。该清单的效力在于将继承人的财产与被继承人的遗产相分离，被继承人的债权人、受遗赠人优先于继承人的债权人就遗产优先受偿。继承人放弃继承或丧失遗产清单利益的，如果被继承人的债权人仍然希望享有对于遗产的优先受偿权，其可以在遗产继承开始后的3个月内申请财产分离。对被继承人的财产享有其他担保权的债权人和受遗赠人，也享有财产分离的权利。该权利应当在继承开始后3个月内行使。②

遗产分离的程序。接受继承人以遗产清单继承声明的公证人或法院书记员，应将该声明记载在该法院保管的继承登记簿中，并在记载后的1个月内，将该申报在继承开始地的不动产登记所进行转记。而遗产债权人和受遗赠人提出的财产分离请求应当以诉讼的方式向继承开始地的初审法院法官提出。对于已经被继承人转让的动产，请求人只对尚未收取的价款享有分离权；对于不动产以及允许设定抵押权的财产，应当以在每一项财产上登记债权或遗赠的方式提出分离请求。债权或遗赠登记应当按照登记抵押

---

① 《日本民法典》第921、949条。
② 《意大利民法典》第484、485、490、512、513、516条。

权的方式进行，并指出被继承人的姓名。若知道继承人的姓名，还应当指出继承人的姓名并且声明这一登记行为是为了取得分离财产申请人的资格。[①]

遗产分离的效力。继承人提出以遗产清单接受继承的效力在于继承人仅在遗产范围内对遗产债务负清偿责任。而被继承人的债权人和受遗赠人提出财产分离的效力在于被继承人的债权人和受遗赠人优先于继承人的债权人受偿；未进行分离的遗产部分能满足清偿未提出分离请求的债权人和受遗赠人的，提出分离请求的债权人和受遗赠人对分离出来的遗产享有优先受偿权，除上述情况外，未提出分离请求的债权人和受遗赠人可以与提出分离请求的债权人和受遗赠人一同请求用分离出的遗产接受清偿，如有一部分遗产未分离，则应当将未进行分离的遗产价值与进行了分离的遗产价值合并在一起计算以便确定每名债权人和受遗赠人应当享有的份额，但是，应认为未进行分离的遗产部分属于未提出分离请求的债权人和受遗赠人；债权人和受遗赠人共同提出分离请求的，债权人优先于受遗赠人受偿，未提出分离请求权的债权人优先于提出分离请求的受遗赠人受偿。[②]

遗产分离的防止。如继承人擅自处分继承财产或者制作不忠实的财产目录，则继承人丧失遗产清单接受继承的权利，继承人须以自己固有的财产对遗产债务承担无限责任。继承人可以用清偿债权人及受遗赠人，为附条件、附期限或其权利有争议的债权人和受遗赠人提供担保的方式阻止对财产进行分离或者终止分离。[③]

---

① 《意大利民法典》第 484、517、518 条。
② 《意大利民法典》第 490、514 条。
③ 《意大利民法典》第 493、494、515 条。

（二）遗产分离的国外立法评析

1. 立法之相同点

从上述国家的规定来看，设立遗产分离制度的主要目的在于保障被继承人的债权人优先于继承人的债权人对于遗产能优先受偿以及继承人的债权人可以就继承人的固有财产优先受偿两个方面。但实质上，各国还赋予继承人通过在法定期间提交忠实可靠的遗产清册或提出遗产管理或官方清算而享受在继承的遗产范围内承担清偿责任的限定继承的权利，通过该制度，事实上也达到了继承开始后将被继承人的遗产和继承人的固有财产相分离的效果。因此，我们认为，遗产分离制度应采广义说，即遗产分离并不限于被继承人的债权人和继承人的债权人所单独享有的权利，继承人为了将自己对于遗产债务的责任限制在遗产范围内而提出的以遗产清单接受继承的限定继承制度、① 遗产管理和遗产破产制度、官方清算制度等均应包括在内。

2. 立法之不同点

上述国家关于遗产分离的立法不同点主要在于：

第一，关于分离的请求权人。前述各国均规定被继承人的债权人可以提出将遗产与继承人的固有财产相分离的请求。此外，继承人也可以通过提出忠实的遗产清单或申请遗产管理和官方清算，达到遗产分离的效果。不同之处在于：法国和日本还规定继承人的债权人也可以提出此类请求。

---

① 除法国、日本和意大利外，德国和瑞士也有继承人提交遗产清册的制度。但是，继承人提交遗产清册并不能将自己对遗产债务的责任限定在所继承的遗产范围内。因为《瑞士民法典》第589条明确规定，对于遗产清单中的债务，继承人不仅要以其取得的遗产承担清偿义务，而且还要以本人的财产承担清偿义务。而德国的遗产清册制度，是遗产债权人攻击继承人的一种手段，因为依据《德国民法典》第2005条规定，如继承人提交不忠实的遗产清册，继承人须对遗产债务负无限清偿责任。继承人提交遗产清册的法律后果，仅表明全部遗产标的限于遗产清册所记载的范围（《德国民法典》第2009条）。

　　笔者认为，因为我国已经构建了较为完善的遗产管理制度，[1]故不宜再另起炉灶单独规定遗产分离制度，而只需在现有制度上明确哪些主体可以主动申请遗产管理，启动遗产的清算程序即可。这类似于前述瑞士的官方清算和德国的遗产管理。在遗产分割过程中，如被继承人的遗产与继承人的财产相混合，继承人可能不得不以自己的固有财产对遗产债务承担无限清偿的责任，被继承人的债权人可能因此无法就被继承人的遗产优先受偿，而继承人的债权人可能无法就继承人的固有财产优先受偿。因此赋予继承人、被继承人的债权人及继承人的债权人三者均享有此类请求权才是公平的。即继承人在继承开始后，如果其仅想在遗产范围内承担清偿遗产债务的责任，遗产债权人在继承人请求清偿债务或提供担保未受清偿时，继承人的债权人担忧继承人会将自己的固有财产用来清偿遗产债权人的债务时，均可以提出遗产管理的请求。

　　第二，关于分离的程序。前述各国对财产分离程序规定的不同之处有：一是受理请求的机构不同。法国、德国、日本和意大利均规定财产分离的请求应向法院提出，而瑞士是向主管政府部门提出。二是提出请求的时间期限不同。在继承人通过提交遗产清册请求遗产分离时，法国和意大利未有强制规定，但最长时效为 10 年，日本为继承开始之日起 3 个月。而被继承人的债权人或继承人的债权人的财产分离请求权，法国区分动产和不动产而有所不同。动产为自继承开始时 2 年，不动产只要在继承人手中就可行使。德国为自继承人接受遗产 2 年，瑞士、日本和意大利为自继承开始时 3 个月。但日本同时规定 3 个月期限届满后继承财产与继承人的固有财产未混合之前也可提出。三是是否需要发布公告不同。上述各国均规定请求人须将继承人意欲限定接受继承的事实或者请求将被继承人的财产和继承人的财产相分离的请求予以公

---

　　[1]　我国《民法典》第 1145-1149 条。

告，并且要求相关债权债务人在一定期间内申报债权债务。四是分离是否需要进行登记不同。意大利规定对于不动产及允许设定抵押权的财产，应在每一项财产上按照登记抵押权的方式进行分离请求的登记，而法国要求无论是动产还是不动产均应在抵押权登录处进行登录。

笔者认为，关于请求机构，在我国以向人民法院提出此项请求为妥。目前我国《民法典》虽规定了遗产管理制度，但遗产管理制度并非继承开始后必须启动的程序。在现实生活中，继承的情形千差万别，对于被继承人遗留的遗产范围清楚明了，且并无债权债务或债权债务比较简单的情形，如无人提出主张和异议，就根本没必要启动遗产管理程序。① 在继承人之间没有特别大的矛盾时，继承人通过协商，就可以把财产分配了，并非一定要经历"清理遗产制作遗产清单、向继承人报告遗产情况、采取措施防止遗产毁损、分配债权债务"等过程。如每个继承都必须进入遗产管理程序，则不仅会增加遗产完成分配的时间，而且势必会增加当事人的成本。② 另外，继承开始后即使有遗产债务，在采用限定继承模式的我国，遗产债务人起诉继承人清偿遗产债务即可，也无必要让继承人推选遗产管理人或全体都成为遗产管理人。③ 故在继承人、遗产债权人和继承人的债权人认为有需要时才主动启动遗产管理程序。

关于提出请求的时间期限，提出遗产管理的请求时间不宜作出明确规定。其主要原因在于我国民众有在父母去世后不分割遗产的习惯，如果强行规定时间限制，不论是几个月还是几年，都

---

① 付翠英：《遗产管理制度的设立基础和体系架构》，载《法学》2012 年第 8 期，第 34 页。

② 祝双夏、孙怡薇：《民法典继承编编纂视野下遗产管理的反思与制度重构》，载《家事法实务》（2019 年卷），法律出版社 2020 年版，第 222 页。

③ 赵莉：《实体与程序并驾驱动遗产管理人制度》，载《法治现代化研究》2023 年第 3 期，第 118 页。

无法满足实际的现实生活需要。而对于遗产债权人或继承人的债权人，只要请求清偿债权的权利无法得到保障，其随时都可以提起，因为，关于被继承人死亡的事实，债权人得知的时间并不统一，故也不宜强行规定时间限制。

关于遗产管理的请求，应发布公告。对于被继承人死亡或继承人故意隐匿遗产的事实，对于全体债权人或遗赠人而言，可能有的知道，有的却毫不知情。因此，为了平等保护被继承人、继承人的债权人或受遗赠人，通过发布公告的程序让其知道遗产管理请求的事实并在一定期间内申报参加分配是必要的。关于意大利和法国规定的不动产及允许设定抵押权的财产，要在每一项财产上按照登记抵押权的方式进行管理请求的登记，这样操作既有利于保障债权人的利益，又有助于继承关系以外的第三人明确不动产的特殊状况，从而有利于维护交易安全，故值得我国借鉴。

第三，关于分离的效力。前述各国均规定在继承人提出以遗产清单接受继承时，继承人仅在继承遗产范围内对遗产债务负清偿责任。而因被继承人的债权人或继承人的债权人请求而导致的财产分离，继承人的债权人有权就遗产优先继承人的债权人受清偿，继承人的债权人有权就继承人的固有财产优先被继承人的债权人受清偿。但关于被继承人的债权人的财产分离请求权仍有以下不同之处，即是否可以在不能以继承财产受到全部清偿时，以继承人的固有财产清偿。日本规定请求分离财产和申报参加分配的人未能以继承财产受到全部清偿时，可以就继承人的固有财产行使权利，但前提是继承人的债权人优先其受偿，而其他国家无此规定。笔者认为，被继承人的债权人和受遗赠人在不能以继承财产受到全部清偿时，即便是以优先清偿继承人的债权人债务为前提，仍然不能以继承人的固有财产受偿，但如继承人有制作不真实的遗产清单或隐藏、转移遗产的行为而导致强制承担无限清偿责任的除外。在有限清偿责任下，被继承人的债权人和受遗赠人只有以遗产为限得到清偿的权利，而无针对继承人固有财产享受清偿的权利。遗产分离制度设立的目的，就在于保持被继承人和继承人财产的独立而保障被继承人和继承人的债权人分别针对遗产和继承人的财产受偿。因此，日本的上述规定违背了遗产分离制度设立的初衷，是不合理的。

第四，关于分离的防止。法国、日本、意大利均规定继承人未提交忠实的遗产清册或对遗产进行不当处分的，继承人丧失在遗产范围内对遗产债务承担有限责任的权利。不同之处在于日本还规定继承人未在继承开始之日起 3 个月内作出限定承认或放弃继承声明的，继承人视为单纯接受继承。而法国和意大利赋予继承人承认继承的时效长达 10 年，故对于继承人接受或放弃继承的时间期限未作严格限制。笔者认为，法国、日本和意大利的规定值得我国借鉴。继承人在继承开始后提交遗产清册的目的在于将对被继承人债务清偿的责任范围限定在遗产范围内。既然法律已经赋予了继承人通过遗产分离从而保障自己的个人财产和遗产不混同的权利，继承人就不能滥用此种权利。虽然根据我国《民法典》第 1161 条的规定，我国立法采用无条件的限定继承原则，但因继承开始后，被继承人的财产权利义务已一并概括转移给继承人，故被继承人财产和继承人财产发生混同的情况极为常见。因此，为了避免继承人的固有财产被遗产债权人追偿的风险，应赋予继承人申请启动遗产管理的权利。如前所述，鉴于我国的实际情况，继承人应向人民法院申请启动遗产管理，如继承人滥用此权利，则会造成司法资源的浪费。故若继承人启动了该程序，继承人又未提交忠实的遗产清册或对遗产进行不当处分的，继承人则应以自己的固有财产对遗产债务承担无限责任。但上述情况限于继承人于继承开始后担任遗产管理人的情形。因为如果继承人启动该程序后，法院选任其他主体担任遗产管理人的，继承人无须制作遗产清册，故继承人也无须对遗产清册是否属实负责。关于继承人接受或放弃继承是否需要设定时间限制，鉴于我国民众分割遗产的习惯，不宜作强制限制。关于接受继承的方式，是否需要明确以遗产清单利益为条件限定接受继承①，笔者认为在我国已经统一规定遗产管理制度的前提下，不宜再重复立法。此时，继承人通过提出遗产管理的请求即可。

此外，日本和意大利还规定继承人可以通过用其固有财产向被继承人的债权人或受遗赠人清偿或提供担保的方式阻止或终止财产的分离，其不同之处在于：继承人的债权人是否可以因自己利益受损而提出异议反对此种终止。笔者认为，继承人的债权人可能会因继承人用自己的财产向被继承人的债权人或受遗赠人清偿或担保而导致自己对继承人的债权无法全部、部分清偿或自己得到的财产被设定抵押等负担而受到损害。因此，在继承人的债权人有足够证据证明继承人的此种清偿或担保行为对自己有害时，可以通过提出异议反对继承人用上述方式终止财产的分离。

第五节　我国遗产分割客体制度的完善建议

针对我国立法的现状和司法实践的情况，在对我国民众分割遗产范围的习惯以及国外立法现状进行考察评析的基础上，提出完善我国遗产分割客体制度的立法建议。

一、明确遗产分割的范围

关于遗产的范围，从我国民众的继承习惯和司法实践中法院的观点来看，目前我国《民法典》将遗产分割的范围仅限于被继承人死亡时遗留的积极财产的规定是较为符合我国国情的。对于

---

① 我国不少学者对我国继承法建立有条件的限定继承方式持"肯定说"，参见张玉敏：《继承法律制度研究》，法律出版社 1999 年版，第 312-313 页；杨立新：《中华人民共和国继承法（修正草案建议稿）》，载《河南财经政法大学学报》2012 年第 5 期，第 24 页；陈苇：《〈中华人民共和国继承法〉修正案建议稿》，载易继明主编：《私法》2013 年第 10 辑第 2 卷，华中科技大学出版社 2013 年版，第 4 页；吴国平：《遗产继承中债权人利益保护问题探究》，载《政法论丛》2013 年第 2 期。

继承开始后遗产分割前遗产所产生的替代物、孳息、补偿金和赔偿金等，司法实践中法院均将其纳入遗产分割的范畴，故借鉴法国、德国立法例，建议对我国《民法典》第 1122 条作扩张性解释，在第 1122 条基础上规定："遗产本身的替代物、产生的孳息、补偿金或者是与遗产有关的法律行为而取得的任何标的也属于遗产。"

二、完善遗产分离制度

我国遗产分离制度的完善应从两个方面入手：一方面是完善我国现有的将被继承人的遗产从其他共有财产中分离出来的制度，另一方面是为了保持继承人的固有财产与被继承人的遗产相互独立，同时保障继承人及其债权人、被继承人的债权人的利益，我国应设立官方的遗产管理制度。

第一，我国《民法典》第 1153 条仅规定在认定遗产时，需要注意与夫妻共同财产与家庭共有财产相区分，但此两种情形无法涵盖现实生活中的所有情况，如被继承人与其他人非婚同居的，在遗产分割时，需要把属于被继承人与同居人共有的财产分离出来。因此，我们应增设一个兜底条款，即如被继承人的财产与他人的任何财产发生混合的，在遗产分割时均须予以分离。① 具体建议如下：

遗产与他人的财产相混合的，遗产分割时，应当先分离出他人的财产。

第二，构建官方的遗产管理制度，明确我国《民法典》第 1146 条指定遗产管理人的具体条件。

我国《民法典》仅规定遗产管理人应制作遗产清册，但对于制作遗产清册的时间、内容和效力等都付之阙如，故为保障被继承人的债权人的利益，有必要借鉴法国、日本和意大利的立法例，

---

① 徐国栋主编：《绿色民法典草案》，社会科学文献出版社 2004 年版，第 280 页。

通过赋予被继承人的债权人或继承人的债权人请求分离遗产或进行遗产清算的制度。我国有些学者主张，在被继承人或继承人的债权人认为继承人的行为将损害自己的利益时，其可以向人民法院提出遗产分离的请求。①

此外，法国、日本和意大利还规定继承人可于继承开始后限定时间内通过提交遗产清册而限定接受继承，从而达到遗产分离的目的。笔者认为，在我国《民法典》已经规定了遗产管理制度的前提下，不宜再另行规定限定接受继承制度。主要理由如下：一是从我国民众的继承习惯看，父母一方去世，一方在世时，继承人之间往往不分割遗产。限定接受继承的时间一般为继承开始后几个月内，这不符合我国民众的继承习惯。二是依据我国《民法典》第1161条，在继承遗产时继承人仅以遗产的实际价值为限承担清偿被继承人的债务和税款。该条表明我国实行的是无条件的限定继承，如司法解释作出有条件的限定继承的规定，则下位法违背了上位法。三是遗产管理制度如能真正实行，实际上能起到遗产分离的作用，无须在此制度外另行设立其他制度。故现在急需解决的问题是，赋予继承人或遗产债权人、继承人的债权人都有在必要时可以启动遗产管理程序的权利。此时的遗产管理，笔者称之为"官方的遗产管理"，其和法定的遗产管理的区别在于，一旦该程序启动，则遗产管理人由法院选任，遗产管理人受法院监督。继承人丧失管理、处分遗产的权利，继承人要最终取得遗产，必须在遗产管理人清偿完债务后才能取得。但如法院认为有必要仍然可以指定继承人为遗产管理人，此时继承人对于遗产清单的准确制作负责任。如继承人故意提供不实的遗产清册，

---

① 张玉敏主编：《中国继承法建议稿及立法理由》，人民出版社2006年版，第7页；陈苇：《〈中华人民共和国继承法〉修正案建议稿》，载易继明主编：《私法》2013年第10辑第2卷，第18页。

应当用自己的固有财产承担无限责任。①

关于继承人和遗产债权人、继承人的债权人启动遗产管理的条件，借鉴前述国外立法例，笔者认为，继承开始后，继承人为避免财产的混同想仅在继承的遗产价值的范围内承担遗产债务的清偿责任、被继承人的债权人担忧自己的债务不能就被继承人的遗产优先受偿或继承人的债权人担忧其不能就继承人的固有财产优先受偿的，其均可以提出遗产管理的请求。这样无论是继承人、被继承人的债权人还是继承人的债权人的利益均可以得到全面的保护。结合前述司法实践中继承开始后继承人的利益可能因其他继承人转移、隐匿遗产而遭受损害，继承人如有此担心的，也可以提起官方遗产管理的请求。考虑到我国的实际情况，我国目前以人民法院作为受理此种请求的机关为妥。

关于提出请求的时间，结合我国民众的继承习惯，不应作强制性规定。人民法院受理该请求后，应确定遗产管理人，由其负责编制遗产清册，并将遗产管理的情况予以公告且依公示催告程序，催告被继承人的债权人于一定期限内申报债权。人民法院发布公示催告通知的，根据《最高人民法院关于人民法院发布公示催告程序中公告有关问题的通知》（法〔2016〕109 号），该公示催告应在《人民法院报》上发布。公告的期限参照我国《民事诉讼法》（2012 年修正）第 219 条的规定，应不少于 60 日，但具体期限可由人民法院决定。遗产管理的请求被受理及发布公告后，参加申报债权的遗产债权人就被继承人的遗产优先受偿，未参加债权申报的债权人仅就清偿前述债权之后的剩余遗产享有请求权。② 为了保障第三人的利益和交易安全，遗产管理的情况应在不

---

① 陈苇、刘宇娇：《中国民法典继承编之遗产清单制度系统化构建研究》，载《现代法学》2019 年第 5 期，第 73 页。

② 陈苇、刘宇娇：《我国〈民法典〉遗产债务申报通知与公告制度立法完善研究》，载《学术论坛》2021 年第 6 期，第 88-89 页。

动产登记机关备案。遗产管理程序启动后，遗产管理人享有管理和处分遗产的权利，负责收取债权、清偿债务，有剩余遗产的，负责分配给各共同继承人。遗产管理被申请的，继承人享有仅在遗产价值范围内清偿遗产债务的权利，被继承人的债权人享有就被继承人的遗产优先受偿的权利，继承人的债权人享有就继承人的固有财产优先受偿的权利。但继承人用自己的固有财产向被继承人的债权人清偿或提供担保的，遗产管理的请求可以被防止，但如继承人的债权人有异议时除外，因为继承人的固有财产应首先用来清偿其所欠的债务。具体的建议如下：

继承人意欲仅在遗产价值的范围内承担清偿遗产债务的责任或继承人有理由担心自己的利益被其他继承人所侵害以及被继承人的债权人、继承人的债权人有正当理由担心继承人可能有损害其利益的行为的，其均可以向法院提出进行官方遗产管理的请求。

人民法院针对上述人所提出的请求，应对其他遗产债权人和继承人的债权人，就遗产管理及一定期间内要求债权人申报参加债权分配等内容进行公告，公告期为 60 日。在公告期限内申报债权的被继承人的债权人就被继承人的遗产优先受偿，未参加债权申报的债权人仅就清偿前述债权之后的剩余遗产享有请求权。

人民法院应同时指定遗产管理人，由其负责编制遗产清册、管理遗产。

遗产管理被申请的，继承人享有仅在遗产价值范围内清偿遗产债务的权利，被继承人的债权人就被继承人的遗产享有优先受偿的权利，继承人的债权人就继承人的固有财产享有优先受偿的权利。[①] 继承人被指定为遗产管理人，但其故意提供不实的遗产清册的，则应对遗产债务承担无限清偿责任。

继承人用自己的固有财产向被继承人的债权人清偿或提供担

① 陈苇：《〈中华人民共和国继承法〉修正案建议稿》，载易继明主编：《私法》2013 年第 10 辑第 2 卷，华中科技大学出版社 2013 年版，第 18-19 页。

保的，被继承人的债权人所提出的管理遗产的请求可以被驳回，但继承人的债权人有异议的除外。前述主体请求管理遗产的权利不能对抗有优先权的债权人。如遗产为不动产的，非经登记，管理不能对抗第三人。

第四章　遗产分割时间制度

遗产分割时间制度包括遗产分割自由以及限制两部分内容。本章在考察我国遗产分割时间制度立法现状的基础上分析我国司法实践所面临的问题，在考察我国民众分割遗产时间的习惯和借鉴国外立法例的基础上提出完善我国遗产分割时间制度的立法建议。

第一节　我国立法现状的考察与评析

本节对我国遗产分割时间制度的立法现状进行考察与评析。

一、我国立法现状的考察

我国《民法典》关于遗产分割时间的相关规定如下：

第 1132 条规定："继承人应当本着互谅互让、和睦团结的精神，协商处理继承问题。遗产分割的时间、办法和份额，由继承人协商确定；协商不成的，可以由人民调解委员会调解或者向人民法院提起诉讼。"该规定表明，继承开始后，关于遗产分割的时间可由继承人之间先协商，协商不成时再通过调解或诉讼解决。

第 1133 条第 1~2 款规定："自然人可以依照本法规定立遗嘱处分个人财产，并可以指定遗嘱执行人。自然人可以立遗嘱将个人财产指定由法定继承人中的一人或者数人继承。"该规定明确了被继承人处分遗产的自由，但对于被继承人是否可以禁止继承人分割遗产未有明文规定。

二、我国立法现状的评析

通过前述考察我国的立法现状，发现存在如下问题：

一是未明确继承开始后，继承人享有随时请求分割遗产的权利。根据我国《民法典》第1132条规定，在法定继承时，有数个继承人的，继承人应对于遗产分割的时间进行协商，协商不成的，再由人民调解委员会调解或人民法院起诉。可见，我国并没有确定继承开始后继承人有随时提出遗产分割请求的权利。从共同继承人对于遗产的关系来看，各共同继承人以遗产分割为目的，而非维持共有。从继承人所追求的目的来看，我国应明确规定继承人有随时请求分割遗产的自由。

二是未明确被继承人是否有权利禁止一定期限内分割遗产。根据我国《民法典》第1133条规定，被继承人可以按照自己的意愿处分自己的财产。但对于被继承人是否可以设立一定期限不分割遗产未予明确。因被继承人对生前的财产享有绝对的所有权，故既然被继承人可以决定遗产分配的具体方案，则被继承人在一定期限内禁止分割遗产应无不可。但该期限是否可因继承人协商或法院裁判突破，则仍有疑问。为应对日益复杂的继承情形以及我国民众设立遗嘱时有先配偶继承后子女继承的习惯，未来应对上述问题予以回应。

三是未明确继承人是否可以协议禁止分割遗产以及禁止分割的时间期限。根据我国《民法典》第1132条规定，基于继承人之间所具有的特殊亲属身份，遗产分割的时间、办法和份额由继承人协商处理是最好的方式，其不仅有利于提高遗产处理的效率，而且有利于家庭的和谐和社会的稳定。故如全体继承人一致同意不分割遗产，应为法律所允许。而关于继承人之间协议长时间不分割遗产的，可能会影响遗产使用的效率，故是否应为法律所干涉，也应进一步予以明确。

四是未明确在存在特定情形时法院是否有权力禁止分割遗产。在遗产范围权属不明、继承人身份不明等情形存在时，法院是否有权力禁止分割遗产法律未有明文规定。在有遗产债务时，继承人是否必须先清偿债务才能分割遗产，也需要进一步予以明确。

第二节 我国司法实践案例的考察与评析

本节通过梳理司法实践中遗产分割时间的相关案例，对其存在的问题进行剖析。

一、我国继承人请求分割遗产时间的司法实践考察与评析

（一）主要案情简介①

仲某与前妻生育两女仲某 1、仲某 2。原告杨某与仲某登记结婚后，与仲某及其两女一起生活，未生育子女。原告与两被告系继母女关系。仲某系某校教职工，1995 年，原告与仲某共同购买了宿舍楼 104 室，房屋登记的所有权人为仲某。仲某于 2016 年 11 月去世。因仲某名下的房屋分割问题，双方发生争议，原告起诉至法院，要求明确原、被告在上述房屋中各自的份额，判决房屋归原告所有。

另查，仲某去世后，原告杨某独自一人居住在 104 室。2016 年 11 月 4 日，原、被告达成协议，约定：原告与逝者生前共同居住的住房，由原告继续居住使用。原告未经被告同意不得让他人（保姆除外）居住使用，被告未经原告同意不得居住使用。审理中，被告同意将房屋确认份额，但不同意房屋归原告一人所有。

法院经审理后认为：首先，协议的第一项仅是双方就居住使用方面的约定，并未约定不得分割房屋，现原告主张确认房屋所

---

① 江苏省如皋市人民法院（2018）苏 0682 民初 4056 号民事判决书、江苏省南通市中级人民法院（2019）苏 06 民终 148 号民事判决书。

有权并进行分割，并未违反协议的约定。其次，案涉房屋属于由原、被告按份共有，份额明确，根据《物权法》第 99 条的规定，按份共有人可以随时请求分割。综上，对原告杨某要求分割房屋的请求法院予以支持。另外，原告对案涉房屋享有 2/3 的份额，两被告各享有 1/6 的份额，原告独自居住使用该房屋，原告主张对该房屋享有所有权，并愿意折价补偿两被告。法院认为，根据现有的居住情况以及原、被告各自享有的份额，可以认定房屋归原告一人所有，原告按照房屋评估价格分别补偿两被告各 122554.8 元。一审判决后，被告不服提起上诉，二审法院维持了原判。

（二）适用法律评析

该案件为遗产继承、析产纠纷。原、被告双方争议的焦点为被继承人去世后双方签订的协议是否禁止分割遗产。在本案中，原、被告双方在被继承人去世后就被继承人遗留的房屋如何分割达成了协议。根据该协议约定原告对于该房屋享有居住权。据此，被告认为该协议禁止对被继承人遗留的房屋进行分割，而原告认为该协议对此未有明文规定，故其有权分割。法院审理后认为原、被告双方按份共有遗产，故原告有权随时请求分割遗产。

笔者认为，法院的判决结果是合理的，但适用的法律有待商榷。关于被继承人死亡后，继承人对于遗产的关系，有继承权说和所有权说两种观点。[①] 关于所有权说，又有共同共有说和按份共有说。目前，法律对于各继承人对于遗产的关系未有明文规定，[②] 故法院在此基础上直接援引《物权法》关于按份共有关系的相关规定，并不妥当。但分析该判决背后的原因，就在于《继承法》中未明确继承开始后继承人享有遗产分割的自由所致。根据我国《继承法》第 15 条的规定"……遗产分割的时间、办法和份额，

---

① 参见杜志红：《继承权的迷失与回归》，载《法治论坛》2021 年第 4 辑，第 132 页。

② 参见李国强：《论共同继承遗产的分割规则——以〈物权法〉的解释和〈继承法〉的修改为视角》，载《法学论坛》2013 年第 2 期，第 58 页。

由继承人协商确定。协商不成的，可以由人民调解委员会调解或者向人民法院提起诉讼。"这表明继承人关于何时分割遗产应先由继承人协商，在协商不成时，才由人民调解委员会调解或人民法院裁决。现我国《民法典》第1132条延续了前述规定，仍未明确继承人于继承开始后有随时请求分割遗产的权利。司法实践中，因法律的不明确，而导致继承人因何时分割遗产的纠纷不断。类似案例如上诉人汪某1、汪某2与被上诉人汪某3、汪某4继承纠纷一案，上诉人汪某1、汪某2作为被继承人的子女，认为一审法院不应将被继承人和汪某3共有的房屋分割而提起上诉。① 又如，原告张某1、张某2、张某3、张某4与被告张某5法定继承纠纷一案，原、被告的父母生前在某村建设房屋北屋五间、东屋二间及院墙等。现被告张某5主张其独占拥有该处宅基及房屋，拒不分割。四原告不服，提起诉讼。② 再如，原告刘某1、刘某2、刘某3、刘某4与被告刘某5法定继承纠纷一案，原告刘某1系被告父亲，原告刘某2等与被告系同胞兄弟姐妹。付某1系原告刘某1配偶，于2010年去世。某号房屋系付某1与原告刘某1的夫妻共同财产，登记在原告刘某1名下。现原告起诉要求分割该房产，但被告拒不同意。③

① 辽宁省辽阳市中级人民法院（2021）辽10民终1581号民事判决书。
② 山东省聊城市东昌府区人民法院（2022）鲁1502民初3508号民事判决书。
③ 北京市石景山区人民法院（2021）京0107民初15318号民事判决书。实践中类似案例还有很多，如广东省佛山市南海区人民法院（2021）粤0605民初13076号民事判决书、江苏省徐州市中级人民法院（2020）苏03民终4292号民事判决书。

二、我国被继承人设立遗嘱禁止分割遗产的司法实践考察与评析

（一）主要案情简介[①]

被继承人李 A、王 B 系夫妻，生前共育有二子李甲、李乙。被继承人李 A、王 B 分别于 2012 年和 2014 年死亡。系争房屋权利人为李乙和王 B 共同共有。2011 年 1 月 2 日，被继承人立协议书一份，主要内容为"李 A 与王 B 若两人一个先逝时，将其俩财产全归对方，财产不分割，不作遗产分给子女，须等两老人均去世，再将其财产分给子女。房屋：由于与小儿李乙合售合住，死后，产权归李乙"。李乙据此诉至法院，请求依法分割被继承人遗产，系争房屋由其继承。

法院审理后认为，被继承人夫妻生前留有协议书，是其对财产进行处分的真实意思表示，可按自书遗嘱对待。系争房屋登记在李乙和被继承人王 B 名下，为共有财产，因双方对此无特别约定，故认定各享有二分之一的产权份额，该二分之一的产权份额为被继承人夫妻的遗产，按协议书依法分割，最终法院判决房屋归李乙所有。李甲不服一审判决提起上诉，法院审理后维持了一审判决。

（二）适用法律评析

本案为遗嘱继承纠纷，双方争议的焦点为被继承人所留协议书的性质是否为遗嘱。法院审理后认为，该协议书是双方真实的意思表示，从遗嘱类型来看属于自书遗嘱。据此，法院最终判决房屋归李乙所有。在该协议中，夫妻双方约定在一方去世时，对其遗产先不予分割，等到双方均去世时再将遗产分配给子女，且对于遗产的归属作了明确的约定。可见，该遗嘱实际上对于遗产

---

① 上海市第一中级人民法院（2014）沪一中民一（民）终字第 3348 号民事判决书。

分割的时间作了限制，是夫妻双方的真实意思表示。在本案中，被继承人李 A、王 B 分别于 2012 年和 2014 年死亡。其继承人李乙遵守了上述约定，在双方均去世后才提起遗产分割之诉。可见，被继承人的意愿得到了当事人的尊重。[①] 2023 年 3 月 21 日，中华遗嘱库发布了《中华遗嘱库白皮书（2022 年度）》，其统计数据显示，2013—2022 年，遗嘱中所涉及的继承人多为配偶或子女，"子女直接继承"和"配偶先继承，子女后继承"是被继承人遗产的主要分配方案。其中，遗嘱中表明"配偶先继承，子女后继承"的占 31.04%。[②] 可见，无论是司法实践中还是社会实际生活中，考虑到健在配偶的生活保障，有不少被继承人通过遗嘱的方式推迟了遗产分割的时间，上述事实表明继承人何时分割遗产要受到被继承人遗嘱的限制。

三、我国继承人协议禁止分割遗产的司法实践考察与评析

（一）主要案情简介[③]

原、被告系兄弟，双方父母均已去世。2013 年 3 月，经（2013）通民初字第 4357 号民事调解书调解，原、被告父母遗留的 343 号房屋由双方共同继承所有，原告占 40%，被告占 60%，原、被告维持房屋共有状态至房屋被拆迁结束。房屋归被告居住使用，自 2013 年 1 月起支付原告 720 元/月的使用费，2015 年 1 月后的租金标准，按照当时市场行情由双方协商，每两年调整一次，房屋使用费半年一付，于每半年期满前 15 日给付。开始被告尚能正常履行，但一直没有做任何租金标准的调整。自 2020 年 6 月起被告开始拒付。原告认为，被告已违反了协议的约定，故向法院起诉请求分割该

---

① 类似案例如成都高新技术产业开发区人民法院（2014）高新民初字第 17 号民事判决书、上海市闵行区人民法院（2018）沪 0112 民初 14969 号民事判决书。

② 中华遗嘱库管理委员会：《中华遗嘱库白皮书（2022 年度）》，载 https://www.will.org.cn/details/1724.html，最后访问日期：2024 年 2 月 3 日。

③ 北京市通州区人民法院（2021）京 0112 民初 16488 号民事判决书。

房屋。

法院审理后认为，民事调解书生效后，343 号房屋所有权已变更为原、被告按份共有，双方明确约定在 343 号房屋被拆迁结束前双方不得对其进行分割。根据我国《民法典》第 303 条规定，即使按份共有人订立了禁止分割的约定，也并非绝对不能请求分割，但在此情形下主张分割的共有人须有重大理由。共有物分割的重大理由通常是指分割共有物是为了生活中的教育、医疗等急需支出的需要。对于原告诉称的被告不支付、也不协商调整房屋使用费，尚不能构成重大理由，故原告主张的依据不足，因此法院依法驳回其诉讼请求。

（二）适用法律评析

该案件为法定继承纠纷，原、被告双方的争议焦点为涉案房屋是否可以分割。在本案中，原、被告曾在法院的主持下，签订了调解协议。该协议明确约定该房屋维持共有，在其被拆迁前不得分割，但未获法院支持。这表明，在被继承人去世后，继承人之间关于遗产分割的时间达成一致意见并形成协议的，继承人应遵守该协议。可见，继承人分割遗产的时间受继承人之间协议的限制。

四、我国法院裁判禁止分割遗产的司法实践考察与评析

（一）遗产权属不明时暂不分割

1. 主要案情简介[①]

原告张某 1、张某 2 与被告张某 3 系亲姊妹。1992 年，原、被告的父亲张某去世。1994 年 8 月，在律师主持下，母亲吴某与原、被告达成了《调解协议》。该协议约定：张某与吴某的夫妻共有财产为存款 48140 元，楼房 5 间、平房 3 间。存款中的一半由 4 人共

---

① 江苏省徐州市鼓楼区人民法院（2020）苏 0302 民初 1001 号–1 民事裁定书、江苏省徐州市中级人民法院（2021）苏 03 民终 2054 号民事裁定书。

同平均继承，房屋 8 间，暂不分割，待吴某过世后，由继承人依法继承。吴某于 2010 年离世。因听说房屋迟早都要拆迁，二原告当时没有立即要求分割上述房产。2020 年，原告张某 1 得知房屋被列入征迁范围，二原告找到被告商量拆迁事宜，却被告知，上述房产已被被告自行登记在其名下。二原告遂诉至法院。

法院审理后查明，2020 年 3 月，某区住房和城乡建设局与张某 3、第三人张某 4（张某 3 的儿子）签订《房屋征收补偿协议》，涉案房屋已经被拆迁，相应的产权置换房屋，即×单元 802 室（99.92m²）、×单元 802 室（99.94m²）和×单元 701 室（109.99m²）、801 室（109.99m²）均未办理上房手续；涉案协议中明确约定"本协议安置房以平面户型图签订，房屋面积和结构最终以市房管和建设部门实测为准"。

法院最终因暂无法确认涉案遗产范围及相对应的产权置换房屋的位置、结构、面积等实际情况，依法驳回原告的起诉，原告不服提起上诉，二审法院维持原判。

2. 适用法律评析

该案为法定继承纠纷，双方争议的焦点为遗产范围是否明确。原告认为在吴某去世后，该 8 间房屋已全部转化成遗产，虽然该房屋被被告自行登记在被告名下，但该房屋已被拆迁，根据拆迁政策，该房屋已被置换为 4 套房屋。故 4 套房屋属于遗产，应依法予以分割。而一、二审法院审理后均认为，原告（上诉人）请求确认分割的上述房屋仅是列在拆迁协议之中的拟拆迁安置房产，目前均未办理产权手续，因此无法确认具体的房产面积、位置等具体情况，尚不具备分割条件，故一审法院裁定驳回起诉，二审法院予以维持。该案件表明虽然该房屋的位置坐落都是比较明确的，但因还没有办理产权证，故具体的房产面积、位置等均不准确。因此，在权属不明确的情况下，不能分割。可见，在司法实践中，遗产权属不明确的，法院有权通过裁判的方式禁止分割。①

（二）继承人涉胎儿时的遗产分割

1. 主要案情简介②

被继承人张某因意外身亡，生前未立有遗嘱。被继承人张某的继承人有被告配偶周某某，原告父亲张某某、母亲时某某。被继承人婚前个人财产合计 170110.90 元，婚后被继承人夫妻共同财产合计 36067 元。法院认为，在分割出被告周某某应先分配的夫妻财产的一半即 18033.5 元后，被继承人张某的遗产合计为 188144.40 元。被继承人去世时，周某某已怀孕，在庭审时，胎儿已 7 个月。法院在分配遗产时为该胎儿预留了份额，将遗产按 4 份平分，最终周某某分得 65069.60 元，二原告及周某某腹中的胎儿各分得 47036.10 元。胎儿预留的份额由被告周某某保管。

2. 适用法律评析

本案为法定继承纠纷，其特殊之处在于继承人中有一个未出生的胎儿，在庭审时胎儿已 7 个月大，法院最终为其预留了四分之一的遗产份额，该份额由其法定代理人周某某保管。可见，法院在分割遗产时，按照原《继承法》第 28 条的规定为胎儿保留了应继份。因上述规定，故为胎儿保留应继份为司法实践的惯常操作。类似案例如原告尹某 2、宋某诉被告李某、尹某 1 法定继承纠纷一案，尹某 1 最终分得全部遗产的四分之一。③ 又如，原告王某 2、王某 1 诉被告房某、邵某法定继承纠纷一案，法院在审理后为王某 1 保留了 25% 的房产份额。④

---

① 司法实践中还有一种情况是在遗产涉及第三人权益的情况下，如遗产的范围无法厘清，一般也暂时不分割该财产。参见上海市浦东新区人民法院（2023）沪 0115 民初 55685 号民事裁定书。

② 宁夏回族自治区固原市原州区人民法院（2018）宁 0402 民初 5820 号民事判决书。

③ 湖南省江永县人民法院（2020）湘 1125 民初 912 号民事判决书。

④ 山东省博兴县人民法院（2020）鲁 1625 民初 937 号民事判决书。

上述处理虽符合法律规定，但实践中也可能会出现胎儿实际未出生的情形，故这将导致遗产的二次分割。如遗产本身范围比较广泛，分割起来就比较复杂和麻烦，这将徒增遗产分割的时间和成本，影响遗产分割的效率。如后续继承人无法达成一致，还将导致其向法院起诉，造成讼累。比如，原告杜某某与被告崔某某、贾某某法定继承纠纷一案，被继承人崔某工亡后遗留的财产原、被告双方已协商分配完毕，但为胎儿保留的 12 万元因原告杜某某不慎流产，该 12 万元最终法院判决由原、被告 3 人平均分配，即每人 4 万元。① 故如法律能明确规定胎儿未出生前禁止分割遗产，可以很好地解决上述问题。②

（三）被继承人涉债务时的遗产分割

1. 主要案情简介③

张某于 2021 年死亡。其遗产继承人有其母吴某、其妻付某、其子张某 1。2017 年 7 月，张某与付某购买房屋一处，支付首付款 159620 元，首付款中 149620 元是由付某之母贺某通过其银行卡转账支付开发商，并贷款 638000 元。2017 年至 2021 年，张某与付某共偿还贷款 214499.75 元。原告吴某主张遗产范围是房屋首付款及已经偿还的贷款部分，被告付某主张不应包含首付款中的债务部分。

法院经审理后认为，因首付款中 149620 元是贺某通过其银行卡转账支付开发商，该款项所涉及的当事人张某去世，在付某与贺某均主张系借款的情况下，原告否认系借款未能提供反驳证据，故该款项应认定为借款。最终，法院认定本案房屋遗产数额为 112249.88 元（首付款中 10000 元加张某与付某偿还贷款

---

① 河南省西平县人民法院（2015）西民初字第 01939 号民事判决书。

② 如法律明确胎儿未出生前不得分割遗产，就可减少实践中遗产分割时未考虑胎儿的份额，等胎儿出生后又向法院起诉要求重新分割遗产案件的发生。参见重庆市开县人民法院（2015）开法民初字第 03241 号民事判决书。

③ 山东省新泰市人民法院（2022）鲁 0982 民初 6389 号民事判决书。

214499.75 元的一半），并判决原告分得 37416.62 元。

2. 适用法律评析

本案为法定继承纠纷，双方争议的焦点为涉案首付款中149620 元是否属于借款。法院在审理后认定该笔款项为借款，并在计算遗产的价值时将该借款先予扣除。这实际上采取的是先偿债后分割遗产的方式。在司法实践中，有不少法院采用上述观点。比如，原告孙某 1 与被告杨某 1、杨某 2 法定继承纠纷一案，法院认为原、被告继承孙某 3 的遗产，应对房屋贷款 539005 元承担共同清偿责任。原、被告协商房屋价值为 727325 元，偿还贷款后剩余 188320 元，其中 94160 元应作为遗产在继承人间平均分割。[①]又如，原告葛某 1、葛某 2、宋某 2 与被告宋某 1 法定继承纠纷一案，被继承人遗留的遗产为房屋一套，该房屋经评估价值为510789.6 元，未归还的房屋贷款为 138118.58 元。故法院在扣除应还房屋贷款后，将 372671.02 元的一半 186335.51 元在四个继承人中进行分配。[②]

对于现实生活中在被继承人去世后需要继承人继续偿还房贷的情况，法院往往是判决房产归谁所有，则房贷由谁承担。比如，上诉人丘某 1、丘某 2 因与被上诉人丘某 3、丘某 4 法定继承纠纷一案，法院判决位于广州市花都区某房由丘某 1 继承，该房尚欠银行贷款本息由丘某 1 承担。[③]

实践中，也有法院对当事人提出继承遗产应清偿遗产债务的请求不予处理。比如，原告余某 1 与被告尹某 1 法定继承纠纷一案，被告要求原告继承的同时，要先清偿余某 2 的银行贷款等债务。但法院认为，被告提出的原告继承遗产的同时要先清偿债务的问题，与本案不属于同一法律关系，在本案中不予处理。[④] 又

[①] 吉林省白城市洮北区人民法院（2023）吉 0802 民初 129 号民事判决书。
[②] 河北省深州市人民法院（2020）冀 1182 民初 1887 号民事判决书。
[③] 广东省广州市中级人民法院（2021）粤 01 民终 9119 号民事判决书。
[④] 云南省梁河县人民法院（2022）云 3122 民初 430 号民事判决书。

如，原告丁某某、杨某甲与被告杨某乙、魏某某法定继承纠纷一案，二被告主张因给杨某丙治病欠外债一笔6万元，被告认为应先清偿债务。法院经审理后认为，关于被继承人的债务问题，由于当事人对上述债务存在争议，且债权人未主张，故法院不予处理。①

此外，实践中，还有一类纠纷是被继承人债务清偿纠纷。在这类案件中，法院并没有明确清偿遗产债务和遗产分割的先后顺序，只是在判决中表明继承人须在继承遗产的范围内清偿债务。比如，原告崔某与被告卢某、高某被继承人债务清偿纠纷一案，法院经审理后认为，被告卢某、高某应在继承被继承人遗产范围内清偿原告崔某借款本金50000元及利息。② 又如，原告刘某与被告肖某被继承人债务清偿纠纷一案，法院判决被告肖某在实际继承谢某遗产价值范围内向原告刘某偿还借款本金50000元及利息16000元。③

可见，在我国司法实践中，法院在处理继承纠纷时，关于分割遗产是否必须先清偿债务，法院的认识不一。

（四）继承人身份不明时的遗产分割

1. 主要案情简介④

被继承人文丙与被告文某杰的母亲文某芳于1985年登记结婚，于1988年办理了协议离婚手续，于1993年办理复婚登记手续。1993年，文某芳生育文某杰，文某杰出生至2012年文丙、文某芳离婚纠纷案件一审时，均由双方共同抚养。2012年6月，文某芳起诉文丙离婚，后经法院调解离婚。2013年4月，文丙以文某芳为被告向法院提起离婚后损害责任纠纷诉讼，认为文某芳对文某杰的出生问题进行欺诈，文丙在被欺诈的情况下养育了文某芳和其他男人所生的孩子19年，故要求文某芳赔偿已付出的抚养费和精神损失费，并要求确认其与文某杰无亲子关系，该案经法院判

---

① 陕西省汉中市汉台区人民法院（2022）陕0702民初802号民事判决书。
② 吉林省榆树市人民法院（2022）吉0182民初2487号民事判决书。
③ 陕西省安康市汉滨区人民法院（2022）陕0902民初3970号民事判决书。
④ 云南省昆明市中级人民法院（2018）云01民终7911号民事判决书。

决驳回了文丙的诉讼请求。同时上述案件确认文丙与文某杰之间不具有亲子关系。

另查明，在文丙与文某芳离婚之前，文丙与文某杰以父子名义共同居住、生活，文丙对文某杰进行了抚养。在双方离婚后，2015 年办理退休手续时交给单位的呈批表中子女情况为文某杰；在 2017 年文丙患病后，文某杰以亲属（儿子）身份填写了医院相关材料；在文丙去世后，文某杰办理了文丙的殡葬事宜。被继承人文丙去世后，文丙的三弟文甲和妹妹文乙作为原告向法院起诉文某杰，要求法院确认文某杰对被继承人文丙生前的遗产不享有继承权且全部遗产由文甲、文乙二人继承。

法院审理后认为，文丙与文某杰不具备亲子关系虽无争议，但文某杰作为文丙前妻文某芳的儿子与文丙以父子身份及名义共同居住生活到成年，即便在文某芳与文丙离婚后，双方的父子关系也并未自然终结，如文丙有意解除双方关系，是有时间和条件作出相关意思表示的，但其并未作出相关意思表示，故无法认定继父子关系解除。此外，在文丙患病及过世后，文某杰尽到了为人子女的义务。综上，法院认为文某杰作为与文丙有扶养关系的继子，系第一顺序继承人，因此有权继承被继承人文丙的遗产，对于原告的诉讼请求，法院不予支持。

2. 适用法律评析

本案为法定继承纠纷，双方争议的焦点为被告文某杰是否享有继承权。法院通过审理后查明，被告非被继承人的婚生子，系被继承人的继子。被继承人曾与被告母亲文某芳因欺诈性抚养的问题提出过离婚后损害责任纠纷诉讼，但最终被法院驳回。法院认为，虽有上述诉讼的存在，但也仅表明被继承人和被告母亲存在纠纷，不能就此否认被告为被继承人继子的事实，且被告由被继承人和其母亲共同抚养至 19 岁。成年后，被继承人也并未解除双方的继父子关系，故被告作为与被继承人形成了扶养关系的继子有继承遗产的权利。由此可见，在遗产分割前对继承人的身份有疑义的，必须待该身份得到法院确认后才可以进行。

目前，我国司法实践中，多数法院都持相同态度。类似案例如藏某与姚某继承纠纷再审案，姚某通过私自鉴定主张藏某非被继承人的亲生子女，从而要求法院排除藏某对遗产的继承权。法院审理后认为，被继承人刘某生前并未提起否认亲子关系的诉讼，故姚某作为第三人无权提出亲子鉴定的请求。且刘某在离婚协议中明确藏某有继承其遗产的权利。故依法确认藏某有继承权，并在此基础上对遗产进行了分割。[①] 又如，李某等与范某 3 等继承纠纷案，被继承人范某 2 因无生育能力，签字同意医院为其妻子即原告李某施行人工生殖手术，后李某成功受孕，但范某 2 生病后反悔并在遗嘱中否认其与李某所怀胎儿的父子关系。因此，被告范某 3 否认李某生育的原告范某是范某 2 的合法继承人。法院审理后认为，被继承人范某 2 单方反悔的行为无效，范某虽为人工生育的子女，但系经过范某 2 和李某同意后生育，故应视为双方的婚生子女，故范某依法享有继承权。[②]

第三节　我国被调查民众分割遗产时间的习惯统计与分析

本次调研主要围绕被调查民众分割遗产的时间以及所受的各类限制展开。现将调研的情况作如下说明：

一、我国被调查民众分割遗产的时间情况的统计与分析

问题：按您当地的民间习惯，对遗产何时开始分割？（　）[多选]

[①]　重庆市第五中级人民法院（2016）渝 05 民再 17 号民事判决书。

[②]　赵学升、黄伟峰：《一方同意人工授精后又反悔，不影响受孕子女的法律地位》，载《人民司法·案例》2009 年第 4 期，第 7 页。

A. 全体继承人协商遗产分割的时间

B. 只要有继承人要求分割，就得分割

C. 如父母一方死亡，一方健在，等父母双方均去世时再分割

D. 如父母一方死亡，一方健在，由健在的父母一方确定分割时间

E. 按照被继承人的遗嘱确定的时间进行

F. 无法协商时，请求人民法院裁判决定分割时间

G. 其他（及理由）：_____

从表4-1被调查民众分割遗产的时间情况的统计数据来看，有573人（占比57.47%）选择"全体继承人协商遗产分割的时间"，有488人（占比48.95%）选择"按照被继承人的遗嘱确定的时间进行"，还有401人（占比40.22%）选择"无法协商时，请求人民法院裁判决定遗产分割时间"。可见，在被调查者当地，遗产分割时间的确定主要有两种方式：一是在被继承人立有遗嘱时，按照被继承人遗嘱确定的遗产分割时间进行。二是在被继承人未立遗嘱时，由继承人协商确定。由于我国民众通过设立遗嘱处分自己财产的行为还不普遍，故被调查民众选择"继承人协商确定遗产分割时间"的比"按照被继承人的遗嘱确定的时间进行"的人多近一成。此外，在上述两种方式都无法确定遗产分割的时间时，有四成的被调查民众选择"请求人民法院裁判决定分割时间"。

关于父母一方去世，一方健在，遗产分割的时间如何确定的问题，上述统计数据表明有448人（占比44.93%）认为应等父母双方均去世时再分割，有394人（占比39.52%）认为应由健在的父母一方确定分割遗产的时间。可见，在我国出于对健在父母的尊重，在子女和健在父母一方共同继承去世的父母一方的财产时，有近一半的被调查民众不会马上提出分割遗产，而是待父母双方均去世时再分割。而近四成的被调查民众则认为分割遗产的时间应由在世父母一方决定，这种风俗习惯既体现了我们中华民族孝亲爱老的传统美德，也有利于保障在世父母一方的生活不受影响。

此外，还有 213 人（占比 21.36%）认为"只要有继承人要求分割，就得分割"，这与我国社会的实际生活也是相符的。因为继承人之间除具备较为亲密的亲属关系外，还存在有非婚生子、继父母子女关系等一些较为复杂的情况。在这些情形存在时，继承人之间的关系可能会表现得较为剑拔弩张。此时，要求继承人之间对于遗产分割的时间及其他相关事宜进行协商则未免有些强人所难。

表 4-1 被调查民众分割遗产的时间情况的统计

选项	人数（人）	比例（%）
A	573	57.47
B	213	21.36
C	448	44.93
D	394	39.52
E	488	48.95
F	401	40.22
G	8	0.8

二、我国被调查民众关于被继承人遗嘱禁止分割遗产观念的统计与分析

（一）被继承人是否有权通过遗嘱禁止分割遗产的情况统计与分析

问题：老王死亡时留有一套房屋、存款 20 万元以及小汽车一辆。老王去世时，其配偶和唯一的儿子小王均在世。

请问：老王是否有权利在其生前通过设立遗嘱表明上述财产在其死后一定期间内不能进行分割？（ ）[单选]

A. 有权利

B. 无权利

关于被继承人是否可以通过遗嘱禁止一定期间分割遗产，我国西南三省（市）被调查民众中888人（占比89.07%）认为被继承人有此权利，而104人（占比10.43%）认为被继承人无此权利（见表4-2）。此外，根据2017年1月至2月我国学者对我国十省（市）被调查民众涉及遗产分割的观念及处理习惯进行的调研，统计数据显示在重庆、吉林、上海、河北、湖北、江西、四川、广东、海南、福建被调查民众赞同被继承人有权利禁止分割遗产的比例分别为87.22%、79.97%、91.59%、85.32%、83.02%、82.11%、89.02%、95.49%、63.22%和86.36%。[1] 可见，我国十省（市）除海南省外，被调查民众中八成以上被调查者认为被继承人有权通过遗嘱禁止在一定期间内分割遗产。被继承人通过遗嘱禁止在一定期间内分割遗产，可能是出于对特殊继承人照顾的考虑或为了更好地发挥遗产的效用。比如，被继承人在设立遗嘱时指定被继承人遗留的房屋在其配偶在世时不能分割。又如，被继承人在遗嘱中指定对个人创办的家族企业只能由继承人共有而禁止分割。

表4-2　关于被继承人以遗嘱禁止一定期间不分割遗产的情况统计

项目	A	B	未填写	合计
人数（人）	888	104	5	997
比例（%）	89.07	10.43	0.5	100

（二）被继承人遗嘱禁止分割遗产的期限的情况统计与分析

问题：如果你认为老王有权利设立遗嘱禁止继承人在一定期

---

[1] 陈苇主编：《当代中国民众财产继承观念与遗产处理习惯调查实证研究（上卷、下卷）》，中国人民公安大学出版社2019年版，第50、159、254、345、442、540、640、747、834、922页。

间内分割遗产，那么该期限多久合适？（   ）［单选］

A. 不受限制

B. 5 年

C. 10 年

D. 根据实际情况确定

E. 其他（及理由）：＿＿＿＿＿

从表4-3关于被继承人以遗嘱禁止分割遗产期限的统计数据来看，我国西南三省（市）被调查民众中，有532人（占比53.36%）认为应根据实际情况来确定，194人（占比19.46%）认为该期限不受限制，166人（占比16.65%）认为为5年，有84人（占比8.43%）认为为10年。可见，关于被继承人遗嘱禁止分割的期限，被调查的民众认识不一，但认为该期限应根据实际情况确定和不受限制的人数最多，二者合计占72.82%。这表明我国西南三省（市）被调查民众中有七成的人认为，被继承人禁止分割遗产的期限是否受限制，以及具体限制的期限应由被继承人根据生活的实际需要进行确定。比如，赋予健在配偶对被继承人遗留的房屋的居住权，直到配偶去世或再婚时。又如，为了保障未成年人的利益，可以规定在该未成年人成年前禁止对企业进行分割。

表4-3 关于被继承人以遗嘱禁止分割遗产的期限的统计

项目	A	B	C	D	E	未填写	合计
人数（人）	194	166	84	532	15	6	997
比例（%）	19.46	16.65	8.43	53.36	1.5	0.6	100

（三）全体继承人协商一致是否可以不遵守被继承人遗嘱禁止分割的指示的统计与分析

问题：如果其健在配偶和儿子一致同意分割上述财产，那么，他们是否可以不遵守老王遗嘱中所表明的一定期间内不分割遗产

的指示？（　　）[单选]

    A. 是

    B. 否

从表4-4关于继承人是否可以不遵守被继承人禁止分割期限的情况统计数据来看，我国西南三省（市）被调查民众中，有466人（占比46.74%）认为可以不遵守被继承人的约定，527人（占比52.86%）认为必须遵守被继承人的约定。另外，根据我国学者对我国十省（市）被调查民众涉及遗产分割的观念及处理习惯进行的调研，统计数据显示在重庆、吉林、上海、河北、湖北、江西、四川、广东、海南、福建被调查民众认为必须遵守和无须遵守的分别占比52.3%和47.7%。[①] 可见，赞成必须遵守和无须遵守的民众基本持平，二者几乎各占一半。这表明，被调查民众关于该问题的认识分歧较为严重，较难达成共识。

表4-4　关于继承人是否可以不遵守被继承人禁止分割期限的情况统计

项目	A	B	未填写	合计
人数（人）	466	527	4	997
比例（%）	46.74	52.86	0.4	100

三、我国被调查民众关于继承人协议禁止分割遗产观念的统计与分析

（一）继承人是否有权通过协议禁止分割遗产的情况统计与分析

问题：老王死亡时留有一套房屋（价值50万元）、存款20万元以及小汽车一辆（价值10万元）。老王去世时，其配偶和唯一

---

    ① 陈苇主编：《中国遗产处理制度系统化构建研究》，中国人民公安大学出版社2019年版，第437页。

的儿子小王均在世。请问：

老王死后，其健在配偶和儿子约定在一定期间内不分割遗产，是否准许？（　　）［单选］

A. 是

B. 否

从表4-5关于继承人是否可以通过协议禁止一定期间不分割遗产的情况统计数据来看，我国西南三省（市）被调查民众中，有845人（占比84.75%）认为继承人有此权利，而138人（占比13.84%）认为被继承人无此权利。可见，近八成半被调查民众认为继承人可以通过协议禁止在一定期间内分割遗产。

表4-5　关于继承人以协议禁止一定期间不分割遗产应否准许的情况统计

项目	A	B	未填写	合计
人数（人）	845	138	14	997
比例（%）	84.75	13.84	1.4	100

（二）继承人协议禁止分割遗产的期限的统计与分析

问题：如果你认为继承人可以约定一定期间不分割，你认为这个期限应该是？（　　）［单选］

A. 不受限制

B. 5年

C. 10年

D. 根据实际情况确定

E. 其他（及理由）：_____

从表4-6关于继承人以协议禁止分割遗产期限的统计数据来看，我国西南三省（市）被调查民众中，有535人（占比53.66%）认为应根据实际情况来确定，184人（占比18.46%）认为该期限不受限制，173人（占比17.35%）认为为5年，有89人（占比8.93%）认为为10年。可见，关于继承人协议禁止分割的期限，被调查的民众认识不一，但认为该期限应根据实际情况确定和不受限制的人数最多，二者合计占比72.12%。这表明七成的民众认为继承人禁止分割遗产的期限是否受限制以及具体限制的期限应由全体继承人根据生活的实际需要进行确定。

表4-6　关于继承人以协议禁止分割遗产的期限的统计

项目	A	B	C	D	E	未填写	合计
人数（人）	184	173	89	535	10	6	997
比例（%）	18.46	17.35	8.93	53.66	1	0.6	100

四、我国被调查民众关于遗产分割应受的其他限制的统计与分析

（一）未经清偿债务是否不得分割遗产的情况统计与分析

问题：老王死亡时留有一套房屋（价值50万元）、存款20万元以及小汽车一辆（价值10万元）。老王去世时，其配偶和唯一的儿子小王均在世。但其生前还向其好朋友老张借款10万元，请问老王死亡后，其健在配偶和儿子要想继承老王的上述财产，是否应该先偿还老王向老张的借款10万元？（　　）［单选］

A. 应该

B. 不应该

C. 原则上应先偿债，但有特殊情形可以先分割遗产，如继承人已经提供担保或用自己的财产清偿了债务的

D. 其他＿＿＿＿＿

从表4-7关于继承人继承遗产是否应先清偿债务的情况统计数据表明，我国西南三省（市）被调查民众中，有372人（占比37.31%）认为应先偿债再分割遗产，534人（占比53.57%）认为原则上应先偿债，但有特殊情形可以先分割遗产，如继承人已经提供

担保或用自己的财产清偿了债务的，二者合计占比 90.88%。可见，九成被调查民众认为原则上在遗产债务受清偿前继承人不能分割遗产，除非继承人为该债务提供担保或已履行了清偿义务。

表4-7 继承人继承遗产是否应先清偿债务的情况统计

项目	人数（人）	比例（%）
A	372	37.31
B	82	8.22
C	534	53.57
D	9	0.9
合计	997	100

（二）继承人中有胎儿时遗产分割应何时进行的情况统计与分析

问题：王某死亡时年仅38岁，死亡时其父母均健在，其老婆已经怀有身孕3个月，王某死亡时留有一套房屋（价值50万元）、存款20万元以及小汽车一辆（价值10万元）。请问：如果其父母和老婆想分割王某留有的财产，他们应何时进行分割？（ ）[单选]

A. 待胎儿出生后再行分割

B. 为胎儿保留应继份后就分割

C. 无须为其保留任何份额就可以分割

D. 其他（及理由）：_____

从表4-8继承人中有胎儿时遗产分割应何时进行的情况统计数据来看，我国西南三省（市）被调查民众中，有655人（占比65.7%）认为在继承人中有胎儿时，应为其保留应继份后再行分割遗产，239人（占比23.97%）认为在此情形下，应待胎儿出生后再行分割遗产，二者合计占比89.67%。这表明，我国西南三省（市）被调查民众中近九成人认为为了保障胎儿利益，遗产分割须为其保留应继份或待其出生后再行分割。但从两种保护措施所赞成的人数比例来看，前者占近七成，后者占两成，前者比后者高近五成。

表 4-8 继承人中有胎儿时遗产分割应何时进行的情况统计

项目	人数（人）	比例（%）
A	239	23.97
B	655	65.7
C	87	8.73
D	12	1.2
未填写	4	0.4
合计	997	100

第四节 国外立法现状的考察与评析

本节针对前述我国遗产分割时间制度立法现状之不足以及司法实践中所反映的问题，对国外遗产分割时间制度予以考察并进行评析。

一、遗产分割时间的国外立法考察

（一）法国立法例

继承人得随时提出分割遗产的请求。但继承人分割遗产的请求受到以下限制：

1. 有损遗产效用发挥时暂缓分割遗产。如果立即分割遗产有可能损害共有财产的价值；如果共有人之一只有在经过一定的时间以后才能接管属于遗产的农业、商业、工业、手工业或自由职业企业，应共有人之一的请求，法院得判决最长在 2 年期间内暂缓分割遗产。此种暂缓分割得适用于共同财产之整体，或者仅适用于其中一部分财产或在必要时包括公司权益。①

2. 为保护特定继承人利益时暂缓分割遗产。在继承人协商不成的情况下，如被继承人有一名或数名未成年的直系卑血亲，其健在的配偶或任何继承人或这些未成年人的法定代理人，都可以向法院提出维持原来由死者或其配偶负责经营的任何农业、商业、工业、手工业或自由职业企业及其公司权益或在被继承人死亡时由其本人或其配偶实际用于居住或从事职业的场所的所有权及其配备的动产物品的共有，如没有直系卑血亲，则只有健在的配偶可以提出此请求，并以其在被继承人死亡前或因被继承人死亡而成为企业或居住场所或职业场所的共同所有权人为条件。如是居住场所，健在配偶在被继承人死亡时应在此居住。如是企业，即使其包含有继承人或健在配偶在继承开始之前就已经是所有权人或共同所有权人的财产，仍可维持共有。维持共有的时间以 5 年为限，但如有未成年的直系卑血亲，维持共有的时间应延长至最小的直系卑血亲成年之时，如没有未成年的直系卑血亲但其配偶提出此请求的，应维持到健在的配偶死亡之时。②

（二）德国立法例

每一个共有人可随时请求取消共同关系，其取消共同关系的请求权，不受消灭时效的限制。③ 继承人得随时提出分割遗产的请求，但受到以下限制：

1. 遗嘱对遗产分割时间的限制。被继承人得以遗嘱禁止遗产或个别遗产标的的分割，或者使其取决于是否遵守通知的终止期间。被继承人以遗嘱禁止分割遗产的，自继承开始时起已过 30 年的，该项处分失去效力。或被继承人可以指示：到共同继承人之

---

① 《法国民法典》第 820 条。
② 《法国民法典》第 821-823 条。
③ 《德国民法典》第 2042 条。

一自身发生一定事件时为止，或在被继承人指示后位继承或者遗赠的情况下，到后位继承开始时或者遗赠归属时为止，该项处分应有效力。其自身应发生该事件的共同继承人是法人的，只需要遵守 30 年的期间即足够。但继承人可以因重大原因请求废止被继承人永久或暂时排除分割的约定，如是通知终止期间被确定的，也可以依同样请求废止而无须遵守该期间。①

2. 继承人的协议对遗产分割时间的限制。各共同继承人可以以协议永久或暂时排除遗产分割。有疑义时，该约定在继承人之一死亡时失去效力。②

3. 法律规定对遗产分割时间的限制。第一，在胎儿出生前禁止分割。共同继承人之一为即将出生的胎儿时，在其出生前，其他继承人不得请求分割遗产。第二，在继承人身份关系未确定前禁止分割。在关于收养申请、取消收养关系或承认被继承人设立的财团为有权力能力的裁判尚未作出时，不得请求分割遗产。第三，在公示催告终止前禁止分割。继承人中的任何一人，可以请求分割延缓债权人申报债权的公示催告程序终结时为止，或者延续到继承人中任一人所作的公示催告中规定的 6 个月的申报期间届满时为止。开始公示催告程序的申请尚未被提出，或《德国民法典》第 2061 条所规定的公开催告尚未被发布的，仅在申请被不迟延地提出或催告被不迟延地发布时，才能请求延缓。第四，在未清偿债务前禁止分割。共同继承人应首先以遗产清偿遗产债务。然后，根据各继承人应继承的份额，分配剩余遗产。③

（三）瑞士立法例

继承人可随时请求分割遗产，但合同或法律规定的下列情况除外：

---

① 《德国民法典》第 2044、749 条。
② 《德国民法典》第 750 条。
③ 《德国民法典》第 2043、2045、2046 条。

1. 法律规定对遗产分割时间的限制。若有即将出生之胎儿，考虑到胎儿的利益，应将分割推迟至其出生之时。[①]

2. 法院裁判禁止分割。如果对遗产或遗产中的某物立即清算而明显贬值，法官应继承人中一人的请求，可以命令暂缓分割遗产或分割某些物品。[②]

（四）日本立法例

继承人得随时提出分割遗产的请求，但受到以下限制：

1. 遗嘱对遗产分割时间的限制。被继承人可以设立遗嘱禁止分割遗产。但禁止分割的期间，以从继承开始时起不超过5年为限。[③]

2. 法院判决对遗产分割时间的限制。继承人就如何分割遗产不能协议或协议不成时，继承人可以请求家庭法院裁判分割，家庭法院认为有特别事由时，可规定在一定期间内就遗产的全部或一部分禁止分割。[④]

（五）意大利立法例

《意大利民法典》规定，继承人可以随时提出分割遗产，但下述情况除外：

1. 遗嘱对遗产分割的限制。若全体或者部分继承人是未成年人，遗嘱人可以规定在最后出生的继承人达到成年年龄后的1年内不得进行遗产分割。遗嘱人还可以规定在遗嘱人死亡后不超过5年的期间内不得对遗产或某些遗产进行分割。在上述两种情况下，如一名或数名共同继承人提出请求时，司法机构可以因重大事由准许立即分割遗产或者在经过遗嘱人规定的期间之后分割遗产。[⑤]

2. 法律规定对遗产分割的限制。第一，为保护胎儿利益不得

①《瑞士民法典》第605条。
②《瑞士民法典》第604条。
③《日本民法典》第908条。
④《日本民法典》第907条。
⑤《意大利民法典》第713条。

分割。如果继承人中有一人是胎儿的，则在胎儿出生以前不得分割遗产。第二，在继承人身份关系确定前禁止分割遗产。在胜诉情况下有权取得遗产的人提起的有关确认婚生子女身份或者非婚生子女亲子关系的诉讼进行期间，不得分割遗产。在被指定继承遗产的团体取得法人资格的行政诉讼进行期间，不得分割遗产。但是在继承人提供了适当担保的情况下，司法机关可以允许将遗产进行分割。①

3. 法院裁判分割。在立即分割遗产可能会给遗产造成严重损失的，依某个共同继承人的请求，司法机构可以作出在不超过 5 年期限内暂停就全部或者部分遗产进行分割的决定。②

（六）俄罗斯立法例

按份共有财产的共有人有权要求从共有财产中分出自己的份额。当继承人中有尚未出生的胎儿时，遗产的分割只能在该继承人出生后进行。③

二、遗产分割时间的国外立法评析

（一）立法之相同点

各国立法均规定继承人在继承开始后可以随时提出分割遗产的请求，但遗产分割的自由亦受到被继承人遗嘱、继承人协议和法律规定的禁止分割的限制。

（二）立法之不同点

各国立法所规定的遗产分割时间的不同点如下：

1. 遗嘱禁止分割

（1）禁止期间长短不同。意大利为最后出生的继承人达到成年年龄后的 1 年内或是遗嘱人死亡后不超过 5 年；德国为自继承开

① 《意大利民法典》第 715 条。
② 《意大利民法典》第 717 条。
③ 《俄罗斯联邦民法典》第 252、1166 条。

始时起 30 年或发生一定事件时为止；日本为 5 年。笔者认为，为了继承人的利益及最大限度发挥遗产的效用，对于被继承人遗嘱禁止分割的期间应不作限定为好。意大利规定为未成年的继承人达到成年年龄后的 1 年内，这主要考虑的是对未成年人利益的保护，德国规定自继承人发生一定事件时为止，如作为被继承人的健在配偶再婚或死亡，则着重考虑对某类特殊继承人的特别保护。而在社会现实生活中，继承人的情况千差万别，如果均像日本一样统一规定为继承开始后 5 年，则难以适应社会生活中各种复杂的情形，且会在继承人之间引发不必要的纷争，因此，法律的规定未免会徒增烦恼。但为了兼顾继承人的利益，在有重大事由时继承人可向法院请求突破该禁止分割的请求。

（2）继承人是否可以请求不受被继承人禁止分割的限制不同。德国和意大利规定如果有一名或数名共同继承人提出请求，司法机构可因重大事由准许立即分割遗产，其他国家无此规定。笔者认为，该规定值得借鉴。因为如果继承人中有难以维持基本生活水平或身患重症需要分割遗产予以治疗时，应允许继承人以此为由请求法院裁判排除该限制。这与我国《民法典》第 1159 条所规定的在清偿遗产债务时"应当为缺乏劳动能力又没有生活来源的继承人保留必要的遗产"的立法理念相同，均为对继承人生存权保障的一种立法措施。

（3）被继承人是否可以以附条件的方式禁止遗产分割不同。德国规定被继承人可以指示到共同继承人之一自身发生一定事件时为止，或在被继承人指示后位继承或者遗赠的情况下，到后位继承开始时或者遗赠归属时为止禁止分割遗产。附条件和附期限均为合同成立的一种方式，附条件也应为不可，只是所附条件是否也应有所限制不无疑问。从发挥遗产的效用出发，以有所限制为宜。

2. 继承人协议禁止分割

上述国家对于继承人协议禁止分割的期间均无明确规定，但德国规定继承人可以申请延缓至申报公示债权期满时为止禁止分割。遗产分割的主体为继承人，分割的目的也是继承人取得对遗产应继份的单独所有权，因而继承人一致同意不分割的，应该尊重继承人的决定，不需要有时间的限制。德国的规定主要鉴于德国将遗产债务的清偿作为遗产分割的前提条件，故其继承人在遗产债权人申报债权期间当然无权利分割遗产。其他国家虽无此明文规定，但从各国关于保护遗产债权人设立的有条件的限定继承制度来看，这属于当然之义，无须另作说明。

3. 法律规定禁止分割

（1）裁判禁止分割的理由和禁止期限不同。意大利规定继承人提出立即分割遗产可能会给遗产造成严重损失的，法院裁判5年内对全部或部分财产禁止分割。瑞士规定如对遗产或其中的某物立即分割将严重损害其价值时，法官应某一继承人的请求，可以命令暂缓分割。日本规定法院在有特别事由时，可以裁判禁止在一定期间内对遗产的全部或一部分进行分割。法国规定如果立即分割遗产有可能损害共有财产的价值；如果共有人之一只有在经过一定的时间以后才能接管属于遗产的农业、商业、工业、手工业或自由职业企业，应继承人的请求，法院可以裁判在2年内暂缓分割。保护未成年的直系卑血亲和健在配偶的权益，对于原来由死者或其配偶负责经营的任何农业、商业、工业、手工业或自由职业企业及其公司权益或在被继承人死亡时由其本人或其配偶实际用于居住或从事职业的场所的所有权及其配备的动产物品，如是未成年人直系卑血亲或其法定代理人申请的，应延长至最小的直系卑血亲成年时再行分割，如是配偶提出申请的，应延长至配偶死亡时为止，但以配偶为上述企业或居所的共有权人为限。裁判禁止分割的理由，意大利和瑞士注重对遗产效用的关注，而法国侧重于对于遗产效用和特殊继承人利益两方面的关注，日本仅规定为特别事由。意大利、瑞士、法国的规定都有道理，但法国规定在有未成年的继承人时，应直至最小的继承人成年，在有配偶时，应直至配偶死亡，虽然对于未成年人和健在配偶的利益给予特别保护，但是对于其他继承人却因长时间维持共有而无法取得应继份的所有权，在此种情况下难免会有继承人突发变故而导致无法维持生活的情况出现，故此规定因难以兼顾其他继承人的利益而有失公平，故对于未成年人和健在配偶权益的保护可以考虑对该继承人享有对上述企业或居所、职业场所的优先分配权或用益权来解决。因此，借鉴各国立法例，采取概括规定和例示规定相结合的模式，即规定法院在有如下特别事由时，可以在继承人提出请求的前提下，裁判禁止分割：立即分割遗产可能会给遗产造成严重损害的；立即分割遗产会对健在配偶和未成年的继承人的生活造成严重影响的；其他不适宜立即分割遗产的情形。裁判禁止分割的时间期限不同，意大利为5年，日本和瑞士则由法院自由裁量。裁判禁止分割的期间应由法院根据实际情况进行裁量，不宜作具体规定。

（2）胎儿未出生前是否不得分割不同。意大利、德国、瑞士、俄罗斯规定胎儿未出生前不得分割。可见，多数国家均赞同待胎儿出生之后再行分割，我们认为，胎儿未出生前，胎儿数量难以确定，且胎儿从其受孕至出生，最多不超过10个月，即便规定暂时不分割也不会损害其他共同继承人的利益，因此，其比为胎儿保留应继份更具科学性，故应予以借鉴。

（3）继承人身份关系未确定前是否禁止分割。意大利规定在胜诉情况下有权取得遗产的人提起的确认之诉或者是被指定遗产的团体取得法人资格的诉讼进行期间不得分割，但继承人提供了适当担保的可以分割。德国在关于收养申请、取消收养关系或承认被继承人设立的财团为有权力能力的裁判尚未作出时，不得请求分割遗产。继承人的身份关系未确定，实际上就是遗产分割的主体未确定，遗产分割的权利人都无法确定，自然无法进行遗产分割。

（4）遗产债务清偿前是否禁止分割。六个国家中仅德国规定在分割遗产前须先清偿债务，而其他五国均未有此规定。前述被调查地区 90.88% 的民众也认为遗产分割前须先清偿债务（见表4-7）。笔者认为应以先清偿后分割为原则，以先分割后清偿为例外。主要理由是：一是有利于保护遗产债权人的利益。我国《民法典》未规定继承人对于遗产债务应承担连带清偿责任。只在第 1163 条规定，对于遗产分割后未得到清偿的债务，在既有法定继承又有遗嘱继承和遗赠的，首先由法定继承人所继承的遗产清偿，在不足清偿时，由遗嘱继承人和受遗赠人按比例清偿。可见，各继承人或遗赠人仅以自己的所得遗产为比例负清偿责任。则在此情况下，如果继承人或受遗赠人之一在分得遗产之后，将分得的遗产挥霍殆尽，且其个人无其他财产可替代执行的，遗产债权人的利益难以得到保证。二是先清偿遗产债务后分割遗产符合我国立法将遗产仅限为积极财产的规定。我国《民法典》第 1122 条第 1 款规定："遗产是自然人死亡时遗留的个人合法财产。"由此可见，我国关于遗产的界定仅包括被继承人的积极财产而不包括消极财产。但我国《民法典》第 1159 条又规定："分割遗产，应当清偿被继承人依法应当缴纳的税款和债务……"可见，继承人在继承被继承人遗产的同时应当承担清偿被继承人债务的义务。或者一定程度上说，继承人继承遗产是附条件的。故先清偿债务后分割遗产，既可以保证继承人分得的应继份不受遗产债权人的追偿，又使继承人之间一次性了结了所有的法律关系，经济高效，避免了二次分割和继承人之间因债务清偿而发生纠纷等情况。三是遗产分割前先清偿债务为原则，但有特殊情况可以例外。如遗产债务未到清偿期的，遗产债权人下落不明的，在此种情况下，考虑到继承人中间难免有生活困难希望通过分割遗产而维持生计的情形，继承人之间可以先行分割遗产。待遗产债务到期或遗产债权人出现，继承人再行承担清偿遗产债务的责任。《民法典各分编（草案）》（2018 年 9 月 5 日征求意见稿）曾采纳这一方案，该草案第 938 条规定："遗产分割前，应当支付丧葬费、遗产管理费，清偿被继承人的债务，缴纳所欠税款……"；第 940 条第 1 款规定："遗产已经分割的，继承人清偿被继承人的债务、缴纳所欠税款以所得遗产实际价值为限。超过遗产实际价值部分，继承人自愿偿还的不在此限。"可见，该草案以继承人遗产分割前清偿债务为原则，以分割后再清偿为例外。但遗憾的是，我国《民法典》最终未采纳上述方案，笔者认为，这主要是考虑到现实生活中继承情形的复杂性，如强制将遗产债务的清偿作为遗产分割的前提条件会导致继承纠纷久拖不决，影响遗产分割的效率。而正如前述司法实践中所反映的，现实生活中的遗产债务类型不一，有的适宜从遗产中直接扣除后再行分割，有的则适宜分配遗产具体归属的同时，确定由其承担相应的还款义务。故就目前而言，我国《民法典》的规定是符合我国的现实情况的。

第五节　我国遗产分割时间制度的完善建议

针对我国的立法现状和司法实践的情况，在对我国民众分割遗产时间的习惯以及国外立法现状进行考察评析的基础上，提出完善我国遗产分割时间制度的立法建议。

一、明确继承人有随时请求分割遗产的权利

我国《民法典》仅规定继承人可于继承开始后对于遗产分割的时间进行协商，未赋予继承人于继承开始后可以随时提出遗产分割请求的自由，这导致司法实践中纠纷不断，不利于保护继承人的利益和发挥遗产的效用。虽然《民法典》第 1132 条规定，继承开始后可由继承人对遗产分割的时间进行协商，但该条款应为倡导性规定而非强制性规定，未来可对该条作进一步解释，明确继承人在继承开始后有随时请求分割遗产的自由，且继承人可不

经协商径自向人民法院提起诉讼。① 具体建议如下：

继承开始后，任一继承人均可以随时提出遗产分割请求的自由，继承人可不经协商直接向人民法院起诉请求分割遗产。

二、明确被继承人可以通过遗嘱禁止分割遗产

我国《民法典》第 1133 条规定被继承人有通过遗嘱处分财产的自由，但未明确被继承人是否可以禁止分割遗产。从我国司法实践案例来看，在被继承人设立遗嘱禁止分割遗产时，被继承人的意愿应予尊重。从我国民众关于分割遗产时间的习惯考察来看，前述被调查的西南地区三省（市）民众有近七成的人认为关于被继承人遗嘱禁止指示分割遗产不应设定具体的期限或该期限应由被继承人根据实际情况自行确定（见表 4-3）。我们赞同被调查民众的观念，因为社会生活中，每个被继承人所涉及的家庭情况千差万别，如果法律强制规定 5 年、10 年等其他期限作为被继承人遗嘱禁止分割遗产的最长期限，难免会导致一刀切，从而产生不良的社会效果。而且在父母一方去世，另一方在世时，被继承人设立遗嘱禁止分割遗产根据实际情况来确定，也有利于保障在世一方的生活不因一方去世而受到影响。

关于在被继承人以遗嘱禁止分割遗产的期间，继承人能否基于正当理由请求人民法院准许分割遗产。如继承人之一身患重病且无经济条件可以医治的，应可以算作正当理由。在此情况下，实际为被继承人意思自治和继承人的生存权的利益衡量问题。在此情况下，应视为可以突破被继承人禁止分割的期限限制。

综上，基于所有权绝对原则，被继承人生前有通过遗嘱禁止分割遗产的权利，且该权利不受具体时间的限制，但继承人有特殊情况时除外。具体建议如下：

---

① 陈苇主编：《中国遗产处理制度系统化构建研究》，中国人民公安大学出版社 2019 年版，第 494 页。

被继承人可以通过遗嘱禁止继承人在一定的期间或某一条件达成时分割遗产。但在继承人一致同意分割遗产或者任一继承人因重大事由向法院请求分割遗产时除外。

三、明确继承人可以协议禁止分割遗产

我国《民法典》第1132条规定，继承开始后可由继承人对遗产分割的时间进行协商，故如全体继承人协议对全部或者一部分遗产暂时或者永久性禁止分割的应为允许。被继承人死亡后，继承人依法承受被继承人的财产法律地位。继承人代替被继承人成为其死后一切法律关系的主体。因而，继承人对于被继承人遗留的财产有权决定是否分割以及何时分割，在继承人协商一致的前提下，继承人可以暂不分割或永久不分割遗产，只要继承人协商一致即可。继承人不分割遗产的时间期限不应受到任何限制。这也与我国被调查地区多数民众的意愿一致。（见表4-6）故为了减少司法实践中的争议，建议对我国《民法典》第1132条作进一步解释，明确继承人协议禁止分割遗产的权利。具体建议如下：

继承人可以协议对全部或一部分遗产暂时或永久性禁止分割。

四、明确法院裁判禁止分割遗产的条件

我国《民法典》对于法院裁判禁止分割遗产的条件付之阙如，针对司法实践的现状，建议增设该规定。明确存在以下四种情形时，应裁判禁止分割遗产：

第一，立即分割遗产会损害遗产的效用或特定继承人利益的。继承开始后，在被继承人的遗产中可能存在珍贵文物、祖传物或私营企业等，如继承人中有人强烈要求分割该物，但又有继承人不同意而互相争执不下时，此时，如规定通过继承人申请、法院裁判分割来确定是否予以分割，可以起到定纷止争的效果。越南民法规定健在配偶可以向法院提出，遗产分割将严重影响其和家庭的生活，法院可以判决在被继承人死亡后3年内不予分割，但健

在配偶又结婚的除外。① 借鉴前述意大利、瑞士、法国的立法例，我国立法应对继承人申请裁判禁止分割遗产的理由予以明确，具体应包括以下三种情形：一是立即分割遗产可能会给遗产造成严重损害的；② 二是立即分割遗产会对健在配偶和未成年的继承人的生活造成严重影响的；三是其他不适宜立即分割遗产的情形。

第二，继承人中有尚未出生的胎儿的。虽然我国民众遗产分割的习惯表明被调查者中有 65.7% 的人赞同保留胎儿应继份后分割（见表 4-8）。但正如前所述，其很有可能是受到了既有法律规定的影响。而纵观我们考察的六个国外立法例，其中有四个国家——意大利、德国、瑞士和俄罗斯均规定在胎儿出生前不得分割。我们认为，这样立法更为合理。理由是继承开始时胎儿已受孕，这表明离胎儿出生最长不超过继承开始后 10 个月。遗产为多种财产和权利的集合体，每份应继份应对应多少具体的财产和权利，只有分割之后才能确定。故规定在有胎儿未出生的情况下为其保留应继份，虽然可以兼顾胎儿和其他共同继承人的利益，但在实践中难以操作。此外，前述司法实践中的相关案例也表明，如胎儿因意外而未出生的，将导致遗产被重新分配，而这将极大地影响遗产分割的效率。故建议修改我国《民法典》第 1155 条关于遗产分割为胎儿保留应继份的规定，明确在胎儿未出生前禁止分割遗产。③

第三，继承人身份关系尚未确定的。遗产分割的前提之一是需要明确继承人的范围，故在部分继承人的身份有疑义时，应禁

----

① 《越南社会主义共和国民法典》第 686 条。参见《越南社会主义共和国民法典：2005 年版》，吴远富编译，厦门大学出版社 2007 年版。

② 陈苇：《〈中华人民共和国继承法〉修正案建议稿》，载易继明主编：《私法》2013 年第 10 辑第 2 卷，华中科技大学出版社 2013 年版，第 20 页；梁慧星主编：《中国民法典草案建议稿附理由·继承编》，法律出版社 2013 年版，第 193 页。

③ 陈苇：《〈中华人民共和国继承法〉修正案建议稿》，载易继明主编：《私法》2013 年第 10 辑第 2 卷，华中科技大学出版社 2013 年版，第 20 页；陈苇主编：《外国继承法比较与中国民法典继承编制定研究》，北京大学出版社 2011 年版，第 642 页。

止分割遗产。①

第四，构成遗产中的某物的相当部分的权属有争议的。构成遗产中的某物权属有争议的，原则上不推迟分割，待所有权明确后作为遗漏物分割。但如可分的财产的相当部分的所有权分割有争议时，应中止分割。法院应依其应继份超过可分财产之半数的继承人的请求，决定上述所有权疑问。② 笔者认为，徐国栋等学者建议稿的这个规定是比较合理的。如遗产中仅某一价值不高的动产有争议，对于继承人分割影响不大，但是如果是占遗产比重较大的某一不动产有重大争议，如继承人遗产中价值最高的为其留下的一套房屋，而该房屋与第三人发生了所有权争议，那么继承人分割其他价值不大的部分遗产的意义不大。并且因该房屋所占比重较大，会影响遗产的整个分割。故在此种情况下宜待权属明确后再行分割。

综上，关于法院裁判禁止分割遗产的条件，特提出如下具体建议：

法院在有如下特别事由时，可以在继承人提出请求的前提下，裁判在一定期间内禁止分割：立即分割遗产可能会给遗产造成严重损失的；立即分割遗产会对健在配偶或未成年的继承人的生活造成严重影响的；其他需要禁止分割的情形。

继承人中有尚未出生的胎儿的，胎儿未出生前禁止分割。

继承人身份关系尚未确定的，身份关系确定前禁止分割。但继承人提供了担保的除外。

构成遗产中的某物的权属有争议的，原则上不推迟分割，待所有权明确后作为遗漏物分割。但如可分的财产的相当部分的所有权分割有争议时，应中止分割。

① 陈苇：《〈中华人民共和国继承法〉修正案建议稿》，载易继明主编：《私法》2013年第10辑第2卷，华中科技大学出版社2013年版，第20页；陈苇主编：《外国继承法比较与中国民法典继承编制定研究》，北京大学出版社2011年版，第642页。
② 徐国栋主编：《绿色民法典草案》，社会科学文献出版社2004年版，第279页。

第五章 遗产分割依据制度

遗产的分割共计有三种依据：首先，继承人应依据被继承人遗嘱所指示的分割方法分割遗产，这体现了对被继承人意思的尊重，故被继承人的遗嘱是进行遗产分割的首要依据。其次，按继承人的协议分割遗产。如果遗嘱未指定遗产分割方法，或虽有指定但仅限于部分遗产时，共同继承人得协商达成遗产分割协议。最后，法院裁判分割。如果共同继承人就遗产分割方法达不成协议，可以由继承人提起诉讼，请求法院裁判分割。本章在考察我国遗产分割依据制度立法现状的基础上，分析我国司法实践中所存在的问题；在考察我国民众分割遗产依据的习惯和借鉴国外立法例的基础上，提出完善我国遗产分割依据制度的立法建议。

第一节 我国立法现状的考察与评析

本节对我国遗产分割依据制度的立法现状进行考察与评析。

一、我国立法现状的考察

我国《民法典》第 1133 条第 1、2 款规定："自然人可以依照本法规定立遗嘱处分个人财产，并可以指定遗嘱执行人。自然人可以立遗嘱将个人财产指定由法定继承人中的一人或者数人继承。"这表明，如被继承人生前通过遗嘱处分了自己的财产，在被继承人去世后，继承人之间分割遗产应依据被继承人的遗嘱进行。

如遗嘱还指定了遗嘱执行人的遗产分割工作由遗嘱执行人来进行。

我国《民法典》第 1132 条规定："继承人应当本着互谅互让、和睦团结的精神，协商处理继承问题。遗产分割的时间、办法和份额，由继承人协商确定；协商不成的，可以由人民调解委员会调解或者向人民法院提起诉讼。"这表明，被继承人未留有遗嘱指示遗产应该如何分割的，由继承人先协商，协商不成的，则可通过调解或向法院诉讼。可见，继承人的协议和法院的裁判亦为继承人分割遗产的依据。

二、我国立法现状的评析

通过前述考察我国的立法现状，发现存在如下问题：

（一）未明确被继承人设立遗嘱的具体内容

我国《民法典》第 1133 条规定了被继承人有将自己的财产处分给一个或数个继承人的自由，但未明确一份合法有效的遗嘱应具体包括哪些内容。如前所述，司法实践中，因被继承人设立的遗嘱太过笼统而被法院判定无效，也有的遗嘱因含糊不清而导致继承人之间纷争不断。因此，为了最大限度上保障被继承人的意愿能得到尊重，同时也为减少讼累，未来可对被继承人设立遗嘱的内容应具体包括哪些进一步予以明确。

（二）未明确继承人协议分割遗产的形式和内容

我国《民法典》第 1132 条明确了继承人之间可以协议分割遗产。但并未明确继承人的协议应该采取什么样的方式，继承人协议是具体指定应继份、每一个遗产的归属还是二者相结合均未明确规定。我国《民法典》第 469 条规定，协议既可以采用口头形式，也可以采用书面形式。遗产分割协议也属于合同的一种，故其既可以采用口头形式，又可以采用书面形式。但是，在司法实践中，口头的遗产分割协议如没有其他证据佐证，很难被法院认定。故为了保障继承人的合法权益，未来建议明确继承人协议分割遗产的，应采用书面形式。

（三）未设置保障未成年继承人权益的特别程序

在继承人协议分割或法院裁判分割时，如果涉及未成年继承人的，均由其法定代理人代理协商或代为提起诉讼。但在司法实践中，未成年继承人本应分得的遗产在继承人协商时或被忽略，或在诉讼中法定代理人违背其意愿代为起诉等。上述情况均反映出未成年继承人的合法权益在分割遗产时被侵害。特别是在未成年人和法定代理人均为继承人时更容易发生。故为了保障未成年人的合法权益，应特别考虑引入特定的程序代表未成年人做出符合自身利益的决定。

第二节　我国司法实践案例的考察与评析

本节通过梳理司法实践中遗产分割依据的相关案例，对其存在的问题进行剖析。

一、我国被继承人遗嘱指示分割遗产的司法实践考察与评析

（一）被继承人遗嘱内容不明导致继承人纷争不断

1. 主要案情简介①

苟某与王某系夫妻，生育了王某1、王某2、王某3、王某4、王某5。苟某与王某有一处宅基地院落，并与王某1共同生活，其间共同修建了房屋及大门等附属设施。王某1结婚后一直和苟某、王某共同生活。2012年12月，王某以抓阄方式购买某楼5单元402室（系安置房，无产权证），后由于拆迁苟某、王某以及王某1一家都搬进该楼房居住。2016年，由于政府拆迁，王某签订《补偿安置协议》，后王某共领取房屋补偿费等共计1402040元，并交由王某1管理。2019年3月，王某去世。

----

① 甘肃省平凉市中级人民法院（2021）甘08民终1316号民事判决书、甘肃省高级人民法院（2022）甘民申577号民事裁定书。

王某1提交了2010年12月王某所立遗嘱，该遗嘱称苟某与王某因感情不和，王某将自己的一份财产留给王某1。但对于王某夫妇的财产具体有哪些，二人如何分割，王某的一份财产具体内容是什么，没有记载。

王某1请求按遗嘱继承王某全部遗产，但二审和再审法院审理后均以遗嘱内容不明确且案涉房产是遗嘱之后才产生的财产为由驳回了王某1的诉讼请求。

2. 适用法律评析

该案为法定继承纠纷，双方争议的焦点之一为王某所立遗嘱的法律效力。王某1认为该遗嘱指定自己为唯一的遗嘱继承人，遗产应由其全部继承。但二审和再审法院审理后认为，由于该遗嘱并未明确财产的具体范围，且案涉房产在立遗嘱时并不存在，故该遗嘱内容不明确，本案应按照法定继承处理。可见，两级法院均以遗嘱内容不明确为由否认了遗嘱的效力。我国《民法典》第1133条规定，自然人有立遗嘱处分个人财产的自由，但对于财产范围是否明确并未有明文规定。现实生活中，因民众对法律的不了解，可能导致遗嘱无效而无法实现生前的意愿。故为避免讼累和上访等事件的发生，未来我们应对该条文予以进一步细化，对自然人立遗嘱应具体包括什么内容作进一步的引导。

（二）被继承人可通过遗嘱指示第三人代为分割

1. 主要案情简介①

孙某与王某原系夫妻关系，二人育有二子一女，即孙某1、孙某4和孙某5，孙某2系孙某1之子，孙某3系孙某4之子，岳某系孙某5之子。2013年5月，孙某5去世。2013年6月，孙某4去世。2014年4月，王某去世。2016年11月，孙某与张某再婚。2021年2月，孙某去世。

孙某与王某婚姻关系存续期间共有房改房一处，房屋登记于

---

① 山东省荣成市人民法院（2021）鲁1082民初2192号民事判决书。

孙某名下。2017 年 4 月 25 日，孙某自书遗嘱一份，遗嘱内容载明如下："一、我去世后的所有与我有关的事项，均由我儿子孙某 1 全权处置，费用由他承担。二、我去世后遗留的动产均给我儿子孙某 1。有关部门发放的丧葬补助、死亡补偿、抚恤等费用也全部由孙某 1 领取和处分。三、我去世后将我现居住的房产给予我孙子孙某 2 一人所有。四、我如果有受赠或继承财产，在我接受时即全部赠予我孙子孙某 2。如因故不能转赠，则在我去世后全部赠给孙某 2 一人所有。五、在我去世后，张某依我的身份享受遗属补助待遇，但不享受我的任何遗产。张某必须在我去世后十日内搬离房屋，并将有关财产交予孙某 2 或孙某 1。"孙某 1 向法院起诉请求确认该遗嘱合法有效并将涉案房产归其所有。张某认可涉案房屋系孙某婚前个人财产，但主张其与孙某夫妻关系存续期间购置了入户门、空调等家电，要求归其所有或折价补偿。另外，张某对于孙某死亡抚恤金及丧葬费的分割事宜不同意交原告处理。

法院认为，遗嘱第一条指定该遗嘱执行人为孙某 1。遗嘱第五条中关于张某不享有孙某任何遗产合法有效。至于张某是否享有遗属补助待遇，属于行政机关依据相关行政法规或部门规章实施的行政管理范畴，孙某无权决定。此外，被告孙某 2、孙某 3、岳某当庭明确表示同意涉案房屋由原告继承，并同意协助原告办理房屋过户登记手续，应视为将自己享有的涉案房屋份额赠予原告。最终，法院判决孙某 1 为遗嘱执行人并享有涉案房屋所有权。

2. 适用法律评析

本案为遗嘱继承纠纷，双方争议的焦点为抚恤金和丧葬费的分割事宜是否应由孙某 1 执行。被继承人孙某去世前留有遗嘱，该遗嘱表明其儿子孙某 1 为遗嘱执行人，其执行的范围既包括动产、不动产，还包括有关部门发放的丧葬补助、死亡补偿和抚恤金等。但被告张某对此不认可，认为抚恤金和丧葬费不应由孙某 1 代为分割。法院审理后认为，被继承人通过遗嘱指定遗产的分配方案以及孙某 1 作为遗嘱执行人代为分割遗产是符合法律规定的。但丧葬费、死亡抚恤金等是对死者近亲属的精神抚慰和经济补助，不属于遗产范围，应按照相关法律规定由共有权人领取、分割、处分，故孙某无权在遗嘱中将死亡抚恤金的领取和处分事宜交由孙某 1 处理。可见，被继承人在去世前有权利通过指定第三人作为遗嘱执行人代为分割遗产，但前提是不能违背相关的法律规定。司法实践中，被继承人通过遗嘱指定第三人代为分割遗产，第三人代为分割的遗产方案也为公平合理的，法院对该分配方案予以确认。类似案例如上诉人李某 1 与被上诉人李某某遗嘱继承纠纷一案，在本案中双方因对被上诉人李某某按照遗嘱所制订的遗产分配方案不满而提起上诉，但法院审理后认为，李某某根据母亲张某某 A 的遗嘱作出了处置母亲遗留房产的方案，该方案遵从了张某某 A 确立的房产分配原则，基本考虑了各个子女对老人的赡养情况等因素，原审采纳该方案分割房产并无不当，法院予以确认。①

二、我国继承人协议分割遗产的司法实践考察与评析

（一）继承人口头协议分割遗产不被认可

1. 主要案情简介②

王某、吴某夫妇共育有：A、B、C、D、E、F 六个子女，除上述六个继承人外，无其他继承人。现今上述六人均已去世。原告王某 5、王某 6 和王某 4 是 C 的继承人；王某 12、王某 14、王某 1 是 D 的继承人；被告吴某、王某 10、王某 13 及原告王某是 B 的继承人；原告何某、王某 9、王某 8、王某 11、王 G 是 A 的继承人；原告陈某、王某 15、王某 7、王某 2 是 E 的继承人；原告叶某、叶某 4、叶某 1、叶某 3 是 F 的继承人。

在 1953 年时王某、吴某均已死亡，留下上幢和下幢两处房产，未留遗嘱。1989 年农历正月，A、C、D、E、F 与 B 的继承人三被

---

① 山东省青岛市中级人民法院（2014）青民五终字第 1516 号民事判决书。
② 浙江省丽水市中级人民法院（2016）浙 11 民终 1433 号民事判决书。

告吴某、王某 10、王某 13 曾对祖遗房产进行协商。原告出示"立分拍字"一份证明当时协商结果为：上幢房屋归 A、E、F 所有，下幢房屋归 C、D 及吴某、王某 10、王某 13 三户家庭所有。但是，被告表示当时并不同意这个分拍方案，并否认在"立分拍字"上签过字，而现原告方无法提供该"立分拍字"协议原件。被告还认为当天当事人之间达成了口头协议：上幢房子归 A、E、F 不变，下幢房子由吴某、王某 10、王某 13 三人所有，C、D 放弃继承，但原告对此不予认可。据悉上幢房屋现为 A、E、F 三户家庭所有并办理了相关产权证，而下幢房屋一直由被告吴某在管理使用。下幢房屋共有人一栏为王某 10、王某 13 两人。现 C 的继承人王某 5、王某 6、王某 4 以及 D 的继承人王某 12、王某 14、王某 1 要求根据 1989 年的"立分拍字"已经确定了下幢房屋的产权分配，提起诉讼。

法院认为，本案大部分当事人都认可 1989 年各继承人协商过分割祖遗房产，但对于最终形成的"立分拍字"上三被告的签字是否本人签字，三被告有异议，而原告方无法提供该"立分拍字"原件，故本院对"立分拍字"及相应的证明材料不予认可。被告还主张诉争房产在 1989 年已经通过口头协议分割完毕了，被告未提供相应证据，该主张依据不足，本院不予认可。

最终法院依据有利于生产和生活的原则判决上幢房屋的权属不变，下幢房屋由 B、C 和 D 三户家庭的继承人继承。

2. 适用法律评析

本案为法定继承纠纷，双方争议的焦点为涉案房产达成的"立分拍字"协议以及口头协议的效力。关于"立分拍字"协议，因被告有异议且原告没有提供原件，故法院未认可该协议的效力，被告所述的口头协议，也因未提供相应的证据证明而未得到认可。

可见，司法实践中，对于遗产分割协议的形式要件要求较为严格。对于书面协议，必须提供原件。对于口头协议，除非当事人之间不持异议。如当事人有异议且未有相关证明，该协议的效力不能得到认可。实践中，类似案例如上诉人吴某平、吴某珍与被上诉人吴某坤等法定继承纠纷一案，吴某珍主张各继承人已达成口头协议，归盛某所有，但相关证据不充分，故法院对于吴某珍所主张的事实不予认可。① 又如，原告陈某1、蔡某、陈某2、陈某3与被告皇甫某、陈某4法定继承纠纷一案，被告提交证人证言笔录，拟证明原、被告在签订遗产分割协议时，存在口头约定，除了土地、房屋、林地以外，其他遗产都归皇甫某所有的事实。原告对证人证言的真实性不予认可。法院审理后认为，被告仅提供证人证言未提供其他证据相互佐证存在口头协议，故对于证人证言本院不予采信。② 因此，继承人在继承开始后协商处理遗产分割事宜的，对于遗产分割协议，为避免后续产生纷争，最好采用书面形式。③

（二）继承人可协议变更遗嘱分割方案

1. 主要案情简介④

被继承人王戊与张某育有三名子女，即王乙、王丙、王丁。王戊于2009年死亡，张某于2016年死亡。王丁与郑某系夫妻，育有一子即王甲。王丁于2016年9月死亡。

王戊、张某生前共有房屋两套，即A号、B号房屋。2003年，王戊与张某订立公证遗嘱，将A号房屋中属于其二人的份额留给王丙继承。王戊去世后，张某向王丙出示上述遗嘱。2014年8月起，王丙将A号房屋对外出租，收取租金208000元。B号房屋由王丙居住，未对外出租。

2016年2月1日，王丁、王乙、王丙三人签订《协议书》一份，内容为："父母遗产，三人均分。"

---

① 北京市第二中级人民法院（2022）京02民终12228号民事判决书。
② 新疆维吾尔自治区精河县人民法院（2021）新2722民初1166号民事判决书。
③ 司法实践中，如有其他证据佐证存在口头协议的，协议的效力会被法院予以确认。参见山东省青岛市中级人民法院（2022）鲁02民终10040号民事判决书。
④ 北京市高级人民法院（2019）京民申6734号民事裁定书。

三原告王甲、王乙、郑某认为三名子女已经达成协议约定父母遗产三人均分，故涉案两套房屋及相应的房屋租金均应三人均分，且因王丙未尽赡养义务，其不应分得遗产，故要求涉案两套房屋由三原告继承。对于王丁应继承王戊和张某的遗产，王甲同意放弃继承，由郑某继承王丁应继承的遗产。王丙不同意原告的诉讼请求，称协议书确实是其本人所签，但该协议是清点父母生前生活用品时由王丁出具，约定的范围是母亲交通事故的赔偿款及父母的生活用品，不包括两套房产，该协议在约定上以及财产处分权上有重大瑕疵，属于约定不明的协议，不应该被认定为有效，故要求按照公证遗嘱由其继承 A 号房屋，且因其尽赡养义务多，故对 B 号房屋的继承应多分份额。

法院经审理认为：对于涉案两套房屋的继承，王丁、王乙、王丙签订《协议书》，明确约定父母遗产三人均分，该协议书系各方当事人的真实意思表示，其合法有效，对三人均具有约束力，三人均应按约履行。王丙虽辩称该协议书所涉及的财产范围系母亲的死亡赔偿金及父母的生活用品，但未向本院提交证据证明，本院对该抗辩意见不予采信。且王丙在已经得知公证遗嘱的情况下仍签订协议书，系其对其权利的自行处分，王丙应按照协议履行。最终法院判决两套房屋由三人平均继承。

2. 适用法律评析

该案件为法定继承纠纷，双方争议的焦点为遗产分割协议与被继承人订立的遗嘱内容发生冲突时，应如何继承遗产。原告认为在父母去世后，王丁、王乙、王丙三人签订的遗产分割协议真实有效，法院应按照协议分割遗产。但王丙认为，王戊与张某所立的公证遗嘱表明案涉 A 号房产都应归自己所有，应遵照被继承人的意愿分割遗产。法院审理后认为，被继承人所立遗嘱在先，王丙在明知有遗嘱的前提下，同意遗产平分，系对自己权利的处分。故三人签订的协议，在无相反证据的情况下应得到遵守。由此可见，在继承人遗产分割协议与被继承人所立的遗嘱发生冲突时，应尊重继承人的意愿。司法实践中，类似案例如徐某 1 等与徐某 5 等法定继承纠纷一案，被继承人王某在生前通过设立遗嘱将房屋产权的一半份额指定由徐某 6 继承。该房屋本身为王某与徐某 6 共有，双方各占一半产权。故根据该遗嘱，被继承人王某去世后，徐某 6 取得了该房屋的全部产权。但在遗产分割前，徐某 6 与徐某 1 等四个继承人签订协议，将该 50%的产权份额赠予徐某 1 等四人，该协议得到法院的支持。[①]

（三）继承人中有未成年人时协议分割由其法定代理人代理

1. 主要案情简介[②]

原告何某与马某于 2010 年登记结婚。婚前，马某与前妻育有一子马某 2 于 2007 年出生。婚后，原告何某与马某生育一子一女，儿子马某 3 于 2015 年出生，女儿马某 4 于 2012 年出生。2018 年 10 月，马某身亡。马某死后，马某的父亲马某 1 与原告何某于 2019 年 3 月 18 日达成协议：1. 马某拥有砂场经营权，装载机和工程车辆、债权归甲方（马某 1）所有，马某所有债务由甲方偿还。2. 马某名下所拥有 16 亩土地及现有地上附着物归乙方（何某）母子所有，其中：6 亩地权属归马某 3 所有，10 亩地权属归马某 2 所有；甲方将马某 5 名下房屋给予乙方母子居住，产权归马某 3 所有；将马某现居住的宅基地及房屋给予乙方母子居住，产权归马某 3 所有；马某所拥有一处宅基地归马某 2 所有。3. 马某车辆购买座位险赔偿 100000 元中 90000 元归甲方所有，10000 元归乙方所有；马某购买养老保险 10000 元退还资金归乙方所有。4. 乙方将马某所有债务条据经双方签字后交予甲方，由甲方处置，并配合甲方做好所有产权过户手续。5. 马某 2 由甲方抚养；长女马某 4、次子马某 3 由乙方抚养。同日，被告马某 1、黑某（马某母亲）、原告何某另签订协议：一、乙方（何某、黑某、马

[①]　上海市嘉定区人民法院（2022）沪 0114 民初 7810 号民事判决书。

[②]　宁夏回族自治区吴忠市中级人民法院（2023）宁 03 民终 239 号民事判决书。

某2、马某3、马某4)同意将公司的法定代表人变更为甲方(马某1);二、甲方享有公司的市场主体经营权,乙方不得干涉甲方对该公司的经营活动。马某1及何某在该协议上签字捺印,何某代黑某签字并捺印。后原、被告双方在履行上述协议过程中发生纠纷,诉至法院。

原告何某主张该两份《协议书》为无效协议。其原因有二:一是两份协议上无被告黑某签字;二是两份协议的内容处分了被监护人的财产,且协议内容侵害了马某4的合法权益。一审法院认为,关于两份协议中签字的问题,其中一份协议书中虽无被告黑某的签字,而另一份协议书中黑某的签字为原告何某代签,但庭审中被告黑某的委托诉讼代理人当庭对上述两份协议的内容予以追认,故签字问题已经解决。关于原告诉称协议书中原告何某作为马某4的法定监护人处分了马某4的财产以及该协议书中马某4未分得任何遗产,侵害了马某4的合法权益的问题,一审法院认为,从遗产分割协议书的内容上看,该协议书中的"乙方"并不仅指何某一人,因何某为马某4、马某3的监护人,故该分割协议中的"乙方"应当还包括了马某4,何某作为二人的法定监护人行使了其监护权利,所以在该协议中分给乙方的所有财物,均包含了马某4的份额,而该协议的内容系双方自愿达成,系对遗产及债权债务的分割,并未损害马某4的合法权益。二审法院认可一审法院的观点,并维持了原判。

2. 适用法律评析

该案为法定继承纠纷,双方争议的焦点之一为遗产分割协议是否侵害了未成年人马某4的合法权益。在本案中,被继承人去世后遗留的第一顺序继承人有马某1、黑某、马某2、何某、马某3和马某4。其中,马某2为被继承人与前妻所生子女,马某3和马某4为被继承人与何某所生子女,三人在被继承人去世时均为未成年人。按照法律规定,未成年人实施民事法律行为的应由其法定代理人代理。但从两份协议的签订主体来看,上述协议系被继承人的父亲和现任配偶何某之间达成的，马某2的法定代理人其母亲并未参与其中，且在签订协议时，黑某作为被继承人的母亲，法定继承人之一也并未在协议上签字。故该协议应属无效协议。此外，从双方签订的内容来看，马某4作为被继承人的女儿，在遗产分割协议中未分得任何遗产。何某作为其法定代理人签订该协议的行为实际上侵害了马某4的合法权益。法院认为该分割协议中的"乙方"应当还包括了马某4及马某3，所以在该协议中分给乙方的所有财物，均包含了马某4的份额，该说辞属于推测，并不符合协议的实际情况。因为在两份协议中，除马某4外，其他两位未成年人马某2和马某3均分得了遗产。从性别来看，马某4为女儿，马某2和马某3为儿子，故上述分割协议可能系受我国民众财产继承传男不传女的影响所致。该协议实质上也违反了继承权男女平等的原则。故笔者认为，在继承人中涉及未成年人时，继承人之间拟对遗产分割协议达成一致意见的，在未成年人和其法定代理人均为遗产继承人时，应考虑引入特别的机制，以保障未成年人的合法权益。

三、我国法院裁判分割遗产的司法实践考察与评析

（一）法院裁判分割启动的主要原因分析

1. 部分继承人拒绝分割遗产

（1）主要案情简介①

董某与陈某系夫妻，共生育六个子女，即长子董某1、次子董某2、三子董某3、四子董某4、长女董某5、次女董某6。董某于2015年去世，陈某于2017年去世。董某2于1987年去世，董某2育有一子即被告董某7。董某遗留银行存款53000元。

原告董某5、董某4与被告董某7、董某6均同意分割相关财产，但被告董某1、董某3拒绝分割。故原告起诉到法院。

---

① 山东省烟台市中级人民法院（2022）鲁06民终6693号民事判决书。

（2）适用法律评析

本案为法定继承纠纷，原告向法院起诉的主要原因是两位继承人不同意分割遗产。由此可见，如继承人对遗产分割的时间无法达成一致意见的，继承人会通过向法院起诉的方式解决。这也是导致现实生活中继承纠纷频发的主要原因。类似案例如上诉人陈某 1 与被上诉人陈某 2、陈某 4、陈某 3 法定继承纠纷一案，本案因保管遗产的陈某 1 不同意分割而引发。[①] 又如，原告罗某 1、罗某 2 与被告孔某、罗某 3 法定继承纠纷一案，本案因被告孔某、罗某 3 拒绝分割遗产而引发。[②] 再如，原告廖某、廖某 1 与被告张某法定继承纠纷一案，本案因保管遗产的张某不同意分割而引发。[③]

2. 继承人无法对遗产分割方式达成一致

（1）主要案情简介[④]

伍某系伍某 1 的非婚生女儿，伍某 1 已经死亡，其第一顺序继承人有五位，分别为配偶苏某、父亲伍某 2、母亲梁某、儿子伍某 3、女儿伍某。本案当事人所诉争的遗产为某房屋，该房屋登记为伍某 1 和伍某 2 各占 50%。2013 年 5 月，房屋进行登记时评估价为 24 万元。

原告伍某起诉请求判令伍某继承占有房屋一层。原告梁某、苏某、伍某 3 共同诉称，不同意伍某与其共同生活，房屋应维持原状。被告伍某 2 辩称，涉诉房屋系伍某 2 出资修建，为伍某 2 家庭成员的共同财产，为伍某 2 家庭成员共同共有。伍某 1 在婚后取得的房屋产权应属于夫妻共同财产。因此，所得房屋产权部分的 50% 才属伍某 1 留下的遗产。伍某 1 的遗产共有五位第一顺序继承

---

① 吉林省白山市中级人民法院（2021）吉 06 民终 493 号民事判决书。

② 朝阳市双塔区人民法院（2022）辽 1302 民初 3192 号民事判决书。

③ 北京市丰台区人民法院（2022）京 0106 民初 20687 号民事判决书。

④ 李凯、孔才池：《正当权利的行使方式不得违背公序良俗》，载《山东法官培训学院学报（山东审判）》2017 年第 4 期，第 95 页。

人，五位继承人享有均等继承权。被告伍某2同意支付给伍某5万元作为其所继承遗产的份额。

法院审理后认为，原告伍某作为非婚生女儿，要求继承房屋一层，但其他继承人不同意。因伍某系未成年人，在父亲死亡的情况下，应与其母亲共同生活。故其母亲罗某势必也跟随到涉案房屋中居住。苏某、伍某3作为伍某1的妻儿，身份既具有法律效力，更有世俗意义，理应得到尊重。倘若罗某、伍某与苏某、伍某3等人共同生活，有违善良风俗。故对于本案中的遗产分割问题，可采取由其他继承人对伍某折价补偿的方式。现被告同意支付给伍某5万元作为补偿款，其价格远远高于该房屋的评估价。故法院最终判决被告伍某2给付原告伍某5万元；房屋由伍某2、梁某、苏某、伍某3共同共有。

（2）适用法律评析

本案为法定继承纠纷，双方的主要争议焦点为遗产的分割方式。非婚生女儿伍某要求实物分割，但其他继承人主张折价补偿。由此可见，继承人到法院起诉要求分割遗产，除部分继承人拒绝分割遗产所导致外，还有大量的纠纷是继承人之间无法对遗产分割的方式达成一致而导致。类似案例如卢某某、汪某上诉法定继承纠纷案，一审法院确认系争房产归卢某某、汪某和卢小某按份共有，各占三分之一份额，系争房产上的剩余银行贷款由卢某某、汪某和卢小某按各自所占份额共同负责归还。一审判决后，卢某某、汪某不服上诉，请求改判所争房产归卢某某、汪某所有，卢某某、汪某支付卢小某房屋折价款。二审法院调解后确认房产归卢某某、汪某所有。① 又如，上诉人苏某1、苏某2、彭某、苏某3与被上诉人苏某4法定继承纠纷一案，四上诉人认为在一审询问中，苏某4未尽赡养义务。相比之下，苏某1、苏某2、苏某3尽

① 上海市第二中级人民法院2019年7月27日发布的8起未成年人家事纠纷典型案例之八：卢某某、汪某上诉法定继承纠纷案。

到了主要赡养义务，应当多分遗产，一审法院的分割方式不公平，故提起上诉。①

（二）法院裁判分割涉未成年人时的处理方式

1. 主要案情简介②

原告蔡某 1 法定代理人程某起诉要求分割蔡某的死亡赔偿金 50 万元，二被告蔡某 2、王某同意支付 50 万元，故双方在分割数额上没有争议。双方在 50 万元的监管上产生争议。经审查原告法定代理人起诉二被告未征求原告的意见，原告已满 10 岁，为限制行为能力人，故原告在起诉时应充分尊重和征求原告意见，现原告在诉讼中已明确表示，应把 50 万元存在自己名下，存折由二被告保管。故原告法定代理人的诉讼不是原告的真实意思表示，应驳回其起诉。

在一审中，一审法院为了解案件真实情况，对蔡某 1 进行了单独询问，且蔡某 1 作为原告没有参加庭审。原告蔡某 1 法定代理人程某认为法院的处理违反了《未成年人保护法》的规定，应依法发回重审或改判。二审法院审理后认为，蔡某 1 系与本案有直接利害关系的公民、有明确的被告、起诉状中提出了具体的诉讼请求和事实理由、涉案纠纷属于法院受理民事诉讼范围，亦属原审法院管辖，符合上述法律规定的起诉条件。该案是否为蔡某 1 的真实意思表示属于实体审理范围，一审法院以"原告法定代理人的诉讼不是原告的真实意思表示"为由，驳回起诉不当，故予以撤销。

2. 适用法律评析

本案为法定继承纠纷，双方争议的焦点为法定代理人作为蔡某 1 的母亲是否有权利不经原告的同意，代为起诉要求分割遗产。一审法院审理后认为，原告法定代理人的诉讼不是原告的真实意思表示，故应驳回其起诉。二审法院审理后认为，该案是否为蔡

① 北京市第二中级人民法院（2023）京 02 民终 4665 号民事判决书。
② 辽宁省阜新市中级人民法院（2023）辽 09 民终 1180 号民事裁定书。

某 1 的真实意思表示属于实体审理范围，一审法院以"原告法定代理人的诉讼不是原告的真实意思表示"为由，驳回起诉不当，应予撤销。可见，在继承纠纷中涉及未成年人利益的，一审法院通过询问的方式探求了未成年人的真实意思表示，从而驳回了原告代理人的起诉。二审法院虽改判，只是对法院最后的裁定结果有异议，并未否认一审法院在审理过程中所查明的事实。从本案可以窥见，继承纠纷中在涉及未成年人时，如仅按照法定代理人的意见进行处理，有可能违背未成年继承人的利益。特别是在未成年人和法定代理人同为继承人时，未成年人的合法权益很有可能被侵害。故为了保障未成年人的合法权益，在诉讼中应引入单独的代理人机制予以保障。

第三节　我国被调查民众分割遗产依据的习惯统计与分析

本次调研主要围绕被调查民众分割遗产的依据展开。现将调研的情况作如下说明：

一、我国被调查民众对分割遗产的依据的一般情况统计与分析

问题：老王死亡时留有一套房屋（价值 50 万元）、存款 20 万元以及小汽车一辆（价值 10 万元）。老王去世时，其配偶和唯一的儿子小王均在世。请问：老王死亡时，如果其留有遗嘱表明房屋归健在配偶所有，存款和小汽车归儿子所有，那么，健在配偶和其儿子是否就按上述办法进行分割？（　　）［单选］

A. 是

B. 否

C. 他们可以协商一致按照其他方法分割，如他们商量房子归儿子所有，存款和小汽车归其母亲所有

D. 其他（及理由）：＿＿＿＿＿＿＿＿＿＿

从表5-1被调查民众分割遗产的依据的情况统计数据来看，497人（占比49.85%）认为在被继承人老王留有遗嘱时就应该按照老王遗嘱指示的分割办法分割遗产，而另有407人（占比40.82%）认为老王的继承人健在配偶和其儿子也可以自行协商遗产分割的办法，该办法可能与老王遗嘱中确定的遗产分割办法完全相反，如两人商量由儿子得房子，而健在配偶得存款和小汽车。可见，被调查民众认为遗产分割的依据主要有两种：一是被继承人的遗嘱；二是继承人的协议，且有四成的民众认为在全体继承人协商一致时，可以不遵守被继承人遗嘱关于遗产分割方法的指定，而自行确定分割方法。

表5-1　被调查民众分割遗产的依据的情况统计

项目	人数（人）	比例（%）
A	497	49.85
B	84	8.43
C	407	40.82
D	5	0.5
未填写	4	0.4
合计	997	100

二、我国被调查民众对被继承人遗嘱指示分割遗产的情况统计与分析

问题：老王死亡时留有一套房屋（价值50万元）、存款20万元以及小汽车一辆（价值10万元）。老王去世时，其配偶和唯一的儿子小王均在世。请问：老王死亡时，如果其留有遗嘱表明其老伴和儿子平均继承自己的遗产，那么，他们应如何分割上述财产？（　　）[多选]

A. 房屋按份共有，各占 1/2，存款一人 10 万元，小汽车按份共有，各占 1/2

B. 按价值进行分割，由其中一人取得房屋和小汽车，另一人获得 20 万元的存款，并由取得房屋和小汽车的人给予另一人 20 万元的现金补偿

C. 其中一人取得房屋，另一人取得存款 20 万元和小汽车一辆，取得房屋的人给予另一人 10 万元现金补偿

D. 其他（及理由）：_____

从表 5-2 被继承人遗嘱指示分割方法的情况统计数据来看，在被继承人老王仅指示遗产在健在配偶和儿子之间均分，但未明确具体的分割方法时，我国西南三省（市）被调查民众中，有 631 人（占比 63.29%）认为对于被继承人老王留下的房屋、存款和汽车都由二继承人按份共有，除存款可由二人各自分得 10 万元外，房屋和汽车不作实物分割由二人各占二分之一，这主要采取的是实物分割的方法。697 人（占比 69.91%）认为由继承人中的一人取得房屋和汽车的所有权，另一人取得现金存款，由取得实物的继承人给予取得存款的继承人予以差价补偿，这采取的是实物分割和补偿分割两种分割方法，最终达到的目的是两个继承人分到的遗产价值相等。有 504 人（占比 50.55%）也认为可以采取实物分割和补偿分割相结合的方式，但关于实物的分配可以是一人取得房屋，另一人取得存款和汽车。这表明在被继承人仅以遗嘱指定遗产在继承人之间平均分割，但未具体指明遗产分割方法时，遗产分割的方法存在多样性和不确定性。如继承人关于遗产分割能达成一致意见，则遗产分割将顺利进行。而如果继承人之间无法协商一致时，只能请求法院进行裁判分割。因此，在被继承人遗嘱指示分割不明时，继承人因遗产分割事宜发生争执的可能性增大，从而导致很多诉讼纠纷涌向法院，增加讼累。

表5-2　被继承人遗嘱指示分割方法的情况统计

项目	人数（人）	比例（%）
A	631	63.29
B	697	69.91
C	504	50.55
D	46	4.61
未填写	3	0.3

问题：上述案例表明，如果老王在遗嘱中仅指明每个人应分配的比例，而没有指定由谁具体取得某物品时，在老王死后，继承人之间如何分割遗产会有 N 种分配方案，故你认为如何设立遗嘱才比较合理（　）？［单选］

A. 只指定每个人应继承的份额

B. 既指定份额又指定物品的归属

C. 详细列明每一项遗产的归属或每一项遗产的具体分割办法

D. 其他：＿＿＿＿＿＿

从表5-3被调查民众关于被继承人应如何通过遗嘱指示分割的情况统计数据表明，我国西南三省（市）被调查民众中，有571人（占比57.27%）认为被继承人设立遗嘱时最好详细列明每一项遗产的归属或每一项遗产的具体分割办法，298人（占比29.89%）认为被继承人在遗嘱中应既指定份额又指定物品的归属，还有119人（占比11.94%）认为被继承人在遗嘱中只指定每个人应继承的份额。可见，我国西南三省（市）被调查民众中有近六成的人认为被继承人设立遗嘱时越详细越好，最好指定每一项遗产的分割办法。他们之所以这样认为，无外乎在于遗嘱设立得越详细，继承人分割遗产就越容易操作，且继承人之间因分割遗产而发生纠纷的实际可能性就越小。但实际生活中，被继承人往往不可能指定得如此详细。故仍有一成的被调查民众认为被继承人只需指定每个人的应继份即可。

表5-3　被调查民众关于被继承人应如何通过遗嘱指示分割的情况统计

项目	人数（人）	比例（%）
A	119	11.94
B	298	29.89
C	571	57.27
D	5	0.5
未填写	4	0.4
合计	997	100

三、我国被调查民众对继承人协议分割遗产的情况统计与分析

问题：老王死亡时留有一套房屋（价值50万元）、存款20万元以及小汽车一辆（价值10万元）。老王去世时，其配偶和唯一的儿子小王均在世。老王死亡时，如果其未留有遗嘱指明具体的遗产分割办法，而其配偶和儿子通过协议确定了具体的分割方法。请问：该协议应采用什么方式？（　）［单选］

A. 双方达成口头协议即可

B. 双方应达成书面协议并签字

C. 双方应达成书面协议且公证

D. 书面协议或口头协议均可

从表5-4被调查民众关于继承人协议分割遗产应采取的方式的情况统计来看，我国西南三省（市）被调查民众中，有555人（占55.67%）认为继承人协议分割遗产不仅需要采取书面协议，而且须去公证处公证，265人（占比26.58%）认为继承人协议分

割遗产应采取书面形式并签字，还有107人（占比10.73%）认为继承人协议分割遗产只需达成口头协议即可。这表明，我国西南三省（市）被调查民众认为继承人之间协议分割遗产系对自己权益的处分，应采取较为严肃谨慎的态度，故合计占比82.25%的民众认为继承人协议分割遗产应采取书面形式。

表5-4　被调查民众关于继承人协议分割遗产应采取的方式的情况统计

项目	人数（人）	比例（%）
A	107	10.73
B	265	26.58
C	555	55.67
D	65	6.52
未填写	5	0.5
合计	997	100

第四节　国外立法现状的考察与评析

本节针对前述我国遗产分割依据制度的立法现状和司法实践中所反映的问题，对国外遗产分割依据制度予以考察并进行评析。

一、遗产分割依据的国外立法考察

（一）法国立法例

1. 被继承人的遗嘱

遗产由被继承人在符合特留份的限度内订立遗嘱而转移。被继承人得经遗嘱处分其遗产，其得以指定继承人、遗赠的名义或以其他适于表示其意思的任何方式。任何人均可在指定的继承人之间分配与分割其财产和权利。指定的方式必须符合有关遗嘱的手续、条件及规则。①

2. 继承人的协议

全体继承人协商分割主要包括以下内容：

第一，分割的形式。如全体继承人均有能力且均到场，各继承人可以其认为适当的形式与证书进行遗产分割。在共有财产是应该进行地产公告的财产时，分割文书应经公证人制定。②

第二，分割时共有人有特殊情形时的处理。如有某一共有人推定失踪或距离遥远处于不能表达意思的状况时，协商分割应由监护法官批准，并在必要时指定一名公证人主持分割。而如对一共有人实行保护制度，得按照"未成年与解除亲权编"和"成年以及受法律保护的成年人编"的规定实行。如非上述情况的某一共有人不到场，在一共有人的关注下用司法外文书对其进行催告，促其由他人代理参与协商分割。如该共有人在受到催告起 3 个月内仍不指定委托代理人，共同分割人之一可以请求法官指定任何有资格的人代理不到场的人，直至完全实现财产分割为止。该分割方案须经法官的批准。③

第三，分割的对象。协商分割财产既可以是完全分割，也可以是一部分分割。如进行分割之后仍然保留某些财产的共有或者仍然有某些人维持财产共有，属于一部分分割。④

3. 法院的裁判

第一，裁判分割的条件。共同继承人之一拒绝同意协商分割遗产，或者因分割遗产的方式或因终结分割的方式发生争议或因共有人中有失踪或受保护之人而共有人间协商分割未得到准许的，由法院裁判分割。⑤

---

① 《法国民法典》第 967、1075 条。

② 《法国民法典》第 835 条。

③ 《法国民法典》第 836、837 条。

④ 《法国民法典》第 838 条。

⑤ 《法国民法典》第 840 条。

第二，管辖法院。继承开始地的法院对分割财产之诉讼以及对在维持财产共有期间或者在分割财产过程中发生的争议有唯一管辖权。法院命令拍卖财产并就有关共同分割人之间分配的财产份额的担保以及有关分割无效或补足份额的请求作出审理裁判。①

第三，裁判分割时特殊情形的处理。在某一共有人怠于参加分割活动，致使法院指定的公证人在制定财产清册时遇到困难，可以用司法外文书催告该共有人选派他人作为代理人。如经催告后3个月，其未选定委托代理人，公证人可以向法院请求指定任何有资格的人代理怠于分割遗产的共有人，直至分割活动完成时为止。②

第四，裁判分割的转换。共同分割人得于任何时候放弃经法院裁判分割遗产之途径，并且在具备协商分割的条件时，改为自愿协商分割。③

（二）德国立法例

1. 被继承人的遗嘱

被继承人可以以终意处分作出分割指示。被继承人也可以指示，按照第三人的公平裁量进行分割。该第三人依该项指示作出的规定显失公平的，该规定对于继承人没有约束力；在此情形下，该规定依判决为之。④

2. 继承人的协议

共同继承人可以协商订立遗产分割协议，协议一般为不要式。唯法律有特殊规定时，如向某共同继承人转移遗产中的不动产的负担行为，遗产分割协议须采用合同形式。共同继承人的协议不用遵守被继承人的指示，且不承担任何不利后果。即使被继承人为禁止分割遗产或禁止处分遗产标的而指定遗嘱执行人，但遗嘱

---

① 《法国民法典》第841条。
② 《法国民法典》第841-1条。
③ 《法国民法典》第842条。
④ 《德国民法典》第2048条。

执行人与共同继承人协商一致时，仍然可违反被继承人的指示。在继承人共同体中既有未成年人，又有其父母时，在订立遗产分割协议时，应为各位未成年人单独指定法定代理人。①

　　关于遗产分割协议的内容，既可以是对全部遗产所达成的一次性分割方案，也可以是就遗产中的一个或几个单独的遗产标的所达成的部分遗产分割方案，但无论是何种方案，均应由全体继承人参与完成，该协议实质上是每位共同继承人代表各自一方就遗产分割事宜所订立的合同，系多方法律行为。在有破产管理人、遗嘱执行人或质权人及用益权人时，该遗产分割方案还需经过他们的同意。②

　　3. 法院的裁判

　　如被继承人没有对遗产分割作出指示，共同继承人也不能对遗产分割达成协议，则任何共同继承人都无权要求分得遗产中某一特定标的，他们必须变卖遗产，分割价款。德国遗产法院的法官不能依职权对遗产分割进行裁量，其仅可以做一些调解工作。但只要共同继承人反对，遗产法院就必须停止这种调解程序。因此，德国没有与其他国家相类似的严格意义上的法院裁判分割。但各继承人认为有必要时仍可提起遗产分割之诉，其提起诉讼的目的在于请求其他共同继承人对于其按全体继承人之间的协议或者被继承人的分割指示以及法律的规定所制作的遗产分割计划表示同意。该诉讼为给付之诉，给付内容为其他继承人订立协议的

①　［德］雷纳·弗兰克（Rainer Frank）、［德］托比亚斯·海尔姆斯（Tobias Helms）：《德国继承法》（第六版），王葆莳、林佳业译，中国政法大学出版社2015年版，第194页。

②　［德］克里斯蒂娜·埃贝尔-博格斯：《德国民法遗产分割（2042-2057a BGB）诺莫斯注解——2014年最新版诺莫斯德国民法典继承法（1922-2385BGB）注解之一部分》，王强译，中国政法大学出版社2014年版，第16-18页。

意思表示。①

原告起诉时，其提供的遗产分割方案应具体明确，如果法院认为该方案不够具体，法院有权提示原告提出充分恰当的诉求，如果原告对之置之不理，法院有权驳回其诉讼请求。法院对于遗产分割没有自由裁量权，故原告所提交的遗产分割方案法院不能自行更改或用自己的方案代替。②

（三）瑞士立法例

1. 被继承人的遗嘱

为了分割遗产和确定份额，被继承人可以通过遗嘱或继承协议向继承人规定遗产分割的规则。前款的规则，对继承人有约束力，但因被继承人没有预见的原因导致的不公平分配，应重新进行分配。被继承人在遗嘱中无其他意思表示，则将遗产中的某物归属于某继承人的，应视为遗产分割规则，而非遗赠。③

2. 继承人的协议

法定继承人间或指定继承人间分割遗产时，应用相同的方法。除另有规定外，各继承人可以自行约定分割方法。关于应继份的确定和具体分配方法，继承人应相互协商，在不能协商时，可采用抽签的方法决定。关于遗产中不能进行原物分割的某项财产具体分配给哪个继承人所有，继承人之间应相互协商。如无法协商时，应将该财产进行变卖，继承人就变卖后的价金进行分配。④

继承人之间达成的遗产分割协议必须采用书面的形式。分割

---

① ［德］雷纳·弗兰克（Rainer Frank）、［德］托比亚斯·海尔姆斯（Tobias Helms）:《德国继承法》（第六版），王葆莳、林佳业译，中国政法大学出版社 2015 年版，第 195-196 页。

② ［德］克里斯蒂娜·埃贝尔-博格斯:《德国民法遗产分割（2042-2057a BGB）诺莫斯注解——2014 年最新版诺莫斯德国民法典继承法（1922-2385BGB）注解之一部分》，王强译，中国政法大学出版社 2014 年版，第 16-18 页。

③ 《瑞士民法典》第 608 条。

④ 《瑞士民法典》第 607、611 条。

协议可以撤销。撤销的原因与其他合同撤销的原因相同。[①]

3. 主管机构的裁判

关于应继份，继承人间不能达成协议时，主管机构可应继承人中一人的请求，在考虑了地方习俗、继承人个人的境况以及大多数人的意见后，确定各继承人的应继份。在继承人就拍卖遗产是采取公开拍卖或在继承人中拍卖无法协商时，由主管机构来裁定。对于性质上不可分割的物是否变卖或是否计入应继份而分配给某个继承人无法协商时，由主管机构在考虑当地习俗或各继承人个人境况的基础上裁定。[②]

（四）日本立法例

1. 被继承人的遗嘱

被继承人可以通过设立遗嘱或委托第三人确定遗产分割的方法。在被继承人以遗嘱指定共同继承人的应继份或者委托第三人确定时，除不得违反特留份的规定外，被继承人的指定不受法律规定的限制。被继承人也无须对全部继承人的应继份作出指定，其可仅指定一人或数人的继承份额，其他未作指定的继承人按法定继承确定其应继份。[③]

2. 继承人的协议

除被继承人遗嘱禁止的情形外，共同继承人可以随时通过协议对遗产进行分割。[④]

3. 法院的裁判

如共同继承人之间没有达成或不能达成协议时，任一共同继承人可以请求法院对遗产进行分割。[⑤]

---

① 《瑞士民法典》第 634 条。
② 《瑞士民法典》第 638 条。
③ 《日本民法典》第 902、908 条。
④ 《日本民法典》第 907 条。
⑤ 《日本民法典》第 907 条。

（五）意大利立法例

1. 被继承人的遗嘱

遗嘱人为遗产份额的分配作了特别规定的，继承人受该规定的约束。财产的实际价值与遗嘱人规定的份额不相符的，不在此限。对不可处分份额中的遗产，遗嘱人也可以直接为参加遗产分割的继承人制定应继份。在遗嘱中，遗嘱人可以指定既非继承人又非受遗赠人的人对遗产进行估价和分割。遗嘱人可以指定遗嘱执行人对遗产进行分割。如果依继承人的请求，司法机构认为估价人提出的分配方案违反遗嘱人的愿望或显失公平的，则该分配方案对继承人无约束力。[①]

2. 继承人的协议

被继承人有遗嘱指示遗嘱执行人分割遗产的，遗嘱执行人在遗产分割之前应当听取继承人的意见。[②] 由此推知，继承人可以对遗产分割事宜进行协商。

3. 法院的裁判

当全体继承人或某些继承人是未成年人，遗嘱人规定在最后出生的继承人达到成年年龄后的 1 年内不得分割遗产或遗嘱人规定在遗嘱人死亡后不超过 5 年的期间内，不得对遗产或某些遗产进行分割的，法院可以因重大事由，根据继承人的请求准许分割遗产或者经过被继承人遗嘱禁止分割的期间过后分割遗产。全体共同参与分割的人对出售不动产的约定和条件未达成一致的，由法院作出决定。全体继承人对于委托进行有关交付遗产操作所委托的公证人不能达成一致意见的，由继承开始地的初审法院法官决定公证人的指定。遗产分配中发生的各种争议，待分配结束时一并提交给有管辖权的法院审理，并且在同一项判决中作出处理

---

① 《意大利民法典》第 733 条。
② 《意大利民法典》第 706 条。

决定。①

（六）俄罗斯立法例

1. 被继承人的遗嘱

被继承人有权以任何方式确定继承人的遗产份额。遗嘱继承时，如果将遗产给予两个或几个继承人而未指明其份额和未指明遗产中的哪些物和权利给予哪一个继承人，则认为所有遗嘱继承人的份额均等。在遗嘱中指明每个继承人在不可分物中应得的实物部分并不导致遗嘱无效，此时的份额被视为相当于该物各部分的价值。继承人使用该不可分物的办法依照遗嘱中指定的该物的各个部分确定。不可分物按实物各部分进行遗嘱处分的，如果各继承人一致同意，则对该物继承权证明应指出各继承人的份额和该物的使用办法。如果继承人之间存在争议，则各继承人的份额和不可分物的使用办法由法院裁定。②

2. 继承人的协议

两个或数个继承人对按份共有的遗产可按照他们之间的协议分割。对遗产分割协议适用俄罗斯民法典关于法律行为形式和合同形式的规则。包含不动产的遗产的分割协议，其中包括关于从遗产中分出一个或几个继承人份额的协议，可以由继承人在取得继承权证明书之后签订。继承人如对不动产权利签订了分割协议，则不动产权利的国家登记根据遗产分割协议和此前颁发的继承权证明书办理，而如果在签订分割协议前已经进行了继承人不动产权利的国家登记，则国家登记根据遗产分割协议进行。继承人在签订协议时所进行的遗产分割与继承权证明书规定的继承人应得遗产份额不符的，在进行国家登记时应以遗产分割为准。③

① 《意大利民法典》第 713、721、730 条。
② 《俄罗斯联邦民法典》第 1119、1122 条。
③ 《俄罗斯联邦民法典》第 1165 条。

3. 法院的裁判

继承人间的共有适用按份共有的相关规则。继承人分割共有遗产当然适用按份共有物的分割规则。而根据相关规定，按份共有人就分割共同财产或分出某个共有人的份额的方式和条件达不成协议的，按份共有人有权通过诉讼程序要求从共有财产中以实物分出自己的份额。如实物分割无法实现或分割将严重损害该财产的价值，则要求分出其份额的共有人有权通过诉讼程序要求其他按份共有人向他给付其份额的价值。①

二、遗产分割依据的国外立法评析

1. 立法之相同点

前述六个国家之立法相同点在于：遗产分割的依据均为被继承人的遗嘱、继承人的协议和法院的裁判。被继承人的遗嘱对于如何进行分割遗产有指示的，应遵照被继承人或其指定的第三人的指示。被继承人未立遗嘱，或所立遗嘱未对遗产进行全部处分的，继承人对于遗嘱未处分的遗产，可以进行协议分割，在当事人无法达成协议时，可以提请法院或主管部门裁判分割。

2. 立法之不同点

前述六个国家之立法不同点在于：

第一，关于遗嘱分割：（1）是否规定遗嘱可以指示第三人代为指定分割遗产方法不同。德国、日本、意大利明确规定第三人可代为指定，其他国家无此规定。（2）第三人代为指定分割方案或估价显失公平时，是否提供救济措施不同。德国、意大利均规定，第三人依照遗嘱指示作出的规定显失公平的，继承人可以请求法院或司法机构判决，在上述判决确定的情形下，该规定对继承人没有约束力，日本则无此规定。（3）是否规定被继承人关于遗产分割的指示对于继承人有约束力不同。瑞士规定被继承人关

---

① 《俄罗斯联邦民法典》第 252 条。

于遗产分割的指示对于继承人有约束力，但因被继承人没有预见的原因导致的不公平分配除外。意大利规定遗嘱人为遗产份额的分配作了特别规定的，继承人受该规定的约束，而其他国家未作规定。（4）是否明确规定遗嘱指示分割的具体内容不同。日本规定被继承人的指定不受法律规定的限制。被继承人也无须对全部继承人的应继份作出指定，其可仅指定一人或数人的继承份额。意大利规定被继承人可通过遗嘱指定非继承人和遗赠人或遗嘱执行人担任遗产分割的具体执行人，同时对于特留份继承人的具体分配方案也可明确指定。俄罗斯规定遗嘱人仅指定继承人而未对其具体份额予以确定时，各共同继承人之间份额均等，在对不可分物指定各继承人应继承的部分时，各继承人按指定部分的价值按份继承。其他国家无明文规定。

第二，关于协议分割：（1）是否规定协议分割的方式不同。法国、德国、瑞士、俄罗斯规定了协议分割遗产的方式，其他国家没有规定。关于具体的形式，法国和德国以不要式为原则，以要式为例外，瑞士要求必须采取书面的方式，而俄罗斯要求分割协议应符合关于法律行为形式和合同形式的规则。（2）是否规定在有特殊继承人时如何进行协议分割不同。法国规定继承人推定失踪或距离遥远处于不能表达意思的状况时，协商分割应由监护法官批准，并在必要时指定一名公证人主持分割。在有未成年人或成年人受保护情形时，具体协商分割应符合亲权编和成年人保护编的相关规定。而除此之外，继承人故意不到场的，其他继承人可以催告其确定代理人。该继承人对此仍置之不理的，则由法院确定有资格的人代理其参与分割，但分割方案应经法院准许。德国规定在未成年人和父母同为继承人时，应为未成年人单独指定代理人，而其他国家未作规定。（3）是否规定继承人协议分割可以不受被继承人遗嘱分割指示的约束不同。德国规定继承人全体协商一致的，可以不受被继承人禁止分割遗嘱或指定分割遗嘱内容的限制，其他国家无此规定。（4）是否规定继承人协议分割是全部分割还是部分分割不同。法国、德国和俄罗斯规定继承人协议分割可以针对全部遗产也可以针对遗产中的单个或多个标的，而其他国家无此规定。（5）是否规定协商分割不能时的具体办法不同。瑞士规定关于应继份的确定和具体分配方法，在各继承人不能协商时，可采用抽签的方法。关于遗产中不能进行原物分割的某项财产具体分配给哪个继承人所有，继承人之间无法协商时，应将该财产进行变卖，继承人就变卖后的价金进行分配。（6）是否规定遗产分割协议与不动产权利登记的关系不同。俄罗斯规定继承人可以凭遗产分割协议或继承权证明办理不动产权利登记，在二者相冲突时，以遗产分割协议为准办理。

　　第三，关于裁判分割：（1）请求法院或主管机构进行裁判分割的具体条件不同。法国和俄罗斯规定继承人对于是否分割遗产及分割遗产的方式或因终结分割的方式发生争议时可请求，此外，法国还规定因继承人中有失踪或受保护之人而共有人之间协商分割未获准许的，可请求法院裁判分割。德国规定继承人在遗产分割方案按照被继承人的遗嘱或法律的规定制作完毕后请求其他共同继承人对该方案同意时可提起遗产分割之诉。瑞士规定主管机构对于继承人关于应继份如何确定、遗产拍卖是否仅限于继承人以及不可分物的归属问题无法协商时，可考察当地的风俗习惯以及继承人的个人情况后予以确定。日本规定继承人对遗产分割没有达成或不能达成协议时可请求裁判分割。意大利规定关于是否可以在有重大理由时突破被继承人在一定期间内禁止分割遗产的指示以及继承人关于不动产具体分割的方式等遗产分割过程中存在争议时，由法院裁判。（2）是否规定管辖法院不同。法国规定继承开始地法院对于遗产分割争议享有唯一管辖权，其他国家无此规定。（3）法院裁判分割的效力不同。德国法院对于各继承人关于遗产分割的具体事宜不具有实体裁量权，其仅具有就原告所提出的遗产分割方案确认是否合理的权力。而其他各国法院对于继承人之间的分割争议具有自由裁量权，其可以根据各国的法律规定作出其认为对于各继承人而言公平合理的分配方案。

笔者认为，第一，关于遗嘱指示分割，被继承人可以以遗嘱指示第三人代为分割遗产。被继承人的遗产为被继承人生前所有的合法的财产，被继承人享有所有权，故被继承人既可以通过遗嘱直接指示遗产分割的方法，也可以指示第三人确定遗产分割的方法。如被继承人可以指示自己的配偶或继承人中的一人来确定遗产分割的方法，但因第三人所为的指定并非被继承人本身的意思表示，故如其指定显失公平时，应允许继承人向法院请求裁判分割。被继承人的指示分割原则上对继承人有约束力，继承人应该按照被继承人的遗嘱分割遗产，但因继承开始后，继承人即对遗产取得继承权，因此，在全体继承人一致同意或与遗嘱执行人达成协议时，其可以突破被继承人遗嘱的指示，按照各共同继承人所达成的协议来分割遗产。关于被继承人遗嘱指示分割的内容，各国立法规定的侧重点也有所不同。但根据意思自治原则，无论是关于应继份的指定还是具体分割方法的指定，包括遗产分割执行人的指定，均可由被继承人通过遗嘱予以明确。在不违反法律禁止性规定和公序良俗的情况下，被继承人所作的任何指定均有效。

第二，关于协议分割，继承人协议分割的形式应以要式为原则，不要式为例外。继承人分割遗产的目的在于结束继承人间的共同继承关系，使继承人取得对应其应继份的遗产的所有权。故为使遗产分割有据可查，达到减少遗产分割纠纷的目的，继承人协议分割遗产的，应签订书面协议，在未签订书面协议仅有口头协议时，如全体继承人一致认可该协议，可认为该协议合法有效。在继承人中有失踪人或未成年人或受监护的成年人时，法国规定应由其代理人、亲权人或监护人代其参与协议分割，德国又进一步规定在未成年人和其父母同为继承利益相关人时，应为每个未成年人单独指定代理人进行协议分割，上述规定值得借鉴。现实生活中，继承人的情形千差万别，针对特殊继承人的情形，协议分割如何进行，立法应予以明确。关于协议分割的具体对象，是针对全部遗产还是部分遗产，根据意思自治原则，这是继承人的权利，只要全体继承人能达成一致意见，其既可以针对全部遗产，也可以针对遗产中的某个或数个标的。关于协商分割无法达成一致意见时，瑞士规定了用抽签和变卖财产分割价金的方式。该方法值得借鉴，但笔者认为，适用上述方法仍应以全体继承人同意为原则。此外，俄罗斯立法还规定遗产分割协议为继承人请求不动产权属变更的依据，笔者认为，该立法也值得借鉴。因为在全体继承人对遗产分割均能达成一致意见时，以遗产分割协议为依据请求变更不动产权属登记，可以节约继承人通过诉讼或继承权公证办理继承登记的相关费用，符合效率原则。①

第三，关于裁判分割，各国立法规定的提起条件不甚相同，但相比而言，法国规定的条件较为全面。共同继承人间对于是否可以分割遗产、如何分割遗产及继承人间有失踪人和受保护人的存在而无法达成协议等其他事宜时，均可请求法院裁判分割。关于裁判分割的管辖法院，一般为各国诉讼法规定的范畴，因此，不再在民法典中进行规定。关于裁判分割的效力，除德国外，其他国家关于遗产分割的具体事宜均有自由裁量权。因此，遗产分割分割判决对于当事人而言具有确定的羁束力。

第五节　我国遗产分割依据制度的完善建议

针对我国立法的现状和司法实践的情况，在对我国民众分割

---

① 在我国，依据自然资源部2024年公布的《不动产登记规程》第4.9.2条之规定，在继承人提交了被继承人的死亡证明、继承人和被继承人的关系证明、房屋为被继承人财产的权利证明以及继承人之间达成的不动产分割协议等资料后，由不动产登记机构发布公示催告，公示催告期间经过后无人提出异议，即可以依据继承人达成的遗产分割协议内容办理不动产的过户登记。可见，在我国继承登记实务中，继承人之间的遗产分割协议亦为不动产继承登记办理的依据。

遗产依据的习惯以及国外立法现状考察评析的基础上，提出完善我国遗产分割依据制度的立法建议。

一、明确被继承人设立遗嘱的具体内容

遗产分割的依据应包括被继承人的遗嘱、继承人的协议和法院的裁判三种。如被继承人通过遗嘱对于遗产如何进行分割作出指示的应依照被继承人的遗嘱指示进行。关于被继承人遗嘱指示的内容，法律应作明确性规定。结合我国民众关于被继承人指示遗嘱分割的观念认识（见表5-3），同时为了避免司法实践中遗嘱因内容不明确而被判定无效。未来在对我国《民法典》第 1133 条进行解释时，应将被继承人指示分割遗产的办法细化，即明确规定被继承人可以通过遗嘱指示分割的具体时间、办法和份额。① 同时，也可以对遗产分割后的各共同继承人承担的瑕疵担保责任、遗产在一定情形下保持共有等作出明确规定。

关于被继承人可否指示第三人代为指定遗产分割方案，笔者认为，其为被继承人遗嘱自由的体现，也是我国司法实践中真实案例的写照，应为允许。但第三人的指示显失公平的，借鉴德国和意大利的规定，继承人可以请求法院依法裁判。

综上，关于被继承人设立遗嘱应明确内容的具体建议如下：

遗产分割，应当按照被继承人通过遗嘱所作的指示进行。被继承人可在遗嘱中具体指定各继承人的应继份及遗产的具体归属，被继承人亦可以指示遗产分割依据第三人的公平裁量进行，② 但第三人的指定显失公平的，继承人可向人民法院请求裁判分割。

---

① 陈苇主编：《外国继承法比较与中国民法典继承编制定研究》，北京大学出版社 2011 年版，第 642 页；梁慧星主编：《中国民法典草案建议稿附理由·继承编》，法律出版社 2013 年版，第 98 页。

② 王利明：《中国民法典学者建议稿及立法理由》，法律出版社 2005 年版，第 619 页。

二、明确继承人协议分割遗产的内容和形式

被继承人的遗嘱无效、被继承人的遗嘱仅对继承人继承遗产的比例作了指示而对具体财产的归属未予明确或被继承人的遗嘱未对全部遗产如何分割进行指示的，由继承人协商确定具体的分割方法。我国未规定继承人协议分割遗产的方式，原则上口头和书面协议均可，但是借鉴前述国外立法例和我国民众关于订立遗产分割协议应采用公证和书面形式的观念（见表5-4），如继承人协议分割能采取书面形式不仅可以避免继承人之间产生纠纷，而且即使产生纠纷，法院在裁判时也有据可查。故建议对我国《民法典》第1132条进行细化，即明确继承人协议分割遗产时，应采用书面形式。关于继承人协议分割的内容，法律应用采倡导式的规定，建议继承人对遗产的范围、各自应继承的份额、组成应继份的遗产及遗产分割后的效力等均予以明确约定。关于继承人协议分割遗产可否突破继承人的指示，结合我国民众遗产分割的习惯以及借鉴德国立法例，基于对继承人绝对继承权的尊重，应为允许。

关于继承人协议分割遗产的具体建议如下：

遗嘱无效、遗嘱仅对部分遗产作指示分割或遗嘱仅指定各共同继承人的应继份比例而未指定其组成及归属时，各共同继承人可以协商订立遗产分割协议分割遗产，协议应当采用书面形式。协议可以对遗产分割的范围、份额、应继份的组成以及分割的方法和效力进行约定。① 在继承人协商一致时，也可以突破被继承人遗嘱的指示。

---

① 张玉敏主编：《中国继承法建议稿及立法理由》，人民出版社2006年版，第18页；杨立新：《中华人民共和国继承法（修正草案建议稿）》，载《河南财经政法大学学报》2012年第5期，第22页。

三、在特定情形下为未成年继承人单独设立代理人

关于涉未成年人的继承纠纷或遗产分割协议的签订，如该未成年人与法定代理人同为继承人时该如何处理，为了保障未成年继承人的权益，可借鉴德国立法例，为该未成年人单独指定代理人。具体建议如下：

在继承人协议分割或法院裁判分割时，如未成年人和法定代理人同为继承人的，应为未成年人单独指定代理人。

第六章 遗产分割方法制度

我国《民法典》第 1156 条规定了遗产分割的原则和方法。根据该规定，遗产分割应当有利于生产和生活需要，不损害遗产的效用。遗产分割的一般方法为原物分割、折价分割、适当补偿或共有等方法。关于遗产分割的特殊方法，我国法律未有明文规定。本章在考察我国遗产分割方法制度立法现状的基础上，分析司法实践现状存在的问题；在考察我国民众分割遗产方法的习惯的基础上，对国外立法例进行考察与评析，从而提出完善我国遗产分割方法制度的立法建议。

第一节 我国立法现状的考察与评析

本节对我国遗产分割方法制度的立法现状进行考察与评析。

一、我国立法现状的考察

我国《民法典》第 1156 条规定："遗产分割应当有利于生产和生活需要，不损害遗产的效用。不宜分割的遗产，可以采取折价、适当补偿或者共有等方法处理。"这表明我国遗产分割的原则为有利于生产和生活需要，注重发挥遗产的效用。遗产分割的一般方法包括实物分割、折价分割、补偿分割和保持共有四种方式。从遗产分割的顺序而言，应优先采取实物分割，只有无法进行实物分割时才采取后三种方式。

二、我国立法现状的评析

上述规定表明，我国《民法典》仅对遗产分割的一般方法作了规定，但未明确遗产分割的具体流程并缺少对遗产分割的特殊方法的规定。具体表现在：

第一，缺少遗产分割的具体流程。关于遗产分割一般方法的规定主要针对的是分配各继承人应继份时的方法，但这是遗产分割的最后一个环节。遗产分割时，是否应首先确定遗产的范围和继承人的范围？同时，关于遗产分割份额的划分，具体应考虑哪些因素以及在分配各继承人应继份时应如何确定应继份的组成？目前我国法律都未有明文规定。

第二，没有对特殊继承人设立优先权。我国民众除普遍认为继承人一般应平均分配外，其还有不少比例的人认为老年人、病残者、配偶和儿童应当多分。[①]这体现了遗产分割时区分不同继承人而作不同遗产分配的思想。如在被继承人仅留有一套房屋作为主要遗产，而被继承人的配偶与其他继承人均想取得该房屋时，该房屋如何分割就颇有讲究。

第三，没有针对特殊遗产的分割办法。随着社会经济的不断发展，被继承人的遗产种类日益丰富。对于一些特殊遗产，如被继承人的祖传物、企业、古玩字画等如何分割，也变得越来越重要。对于祖传物，在有继承人反对时，是否不进行实物分割？对于企业，继承人在被继承人生前就参与经营的，是否享有优先分配权？对于具有艺术价值的图书室、画廊或者收藏品，是否应尽量避免分割？目前我国缺少针对上述特殊遗产的分割方法。

[①]　陈苇：《当代中国民众继承习惯调查实证研究》，群众出版社 2008 年版，第 57、183、330、453 页。

第二节　我国司法实践案例的考察与评析

本节从遗产分割的一般方法和特殊方法两个维度对司法实践中的案例进行考察和评析。一般方法主要考察法院在对遗产进行裁判分割时适用我国法律规定所面临的困境，特殊方法则考察法院在面对特殊继承人和特殊遗产时的裁判规则。

一、我国遗产分割一般方法的司法实践考察与评析

我国《民法典》第1156条规定的遗产分割的一般方法主要有实物分割、折价分割、适当补偿或共有四种方法。关于上述方法如何适用法律并没有明确规定，而关于适用时到底具体应采用何种方法在司法实践中也经常发生争议。

（一）遗产分割一般方法的适用流程需要明确

1. 主要案情简介①

被继承人仇某与案外人杨某系夫妻关系，双方育有四女一子，长女仇某1、次女仇某2、三女仇某3、四女仇某4、长子仇某5。杨某于2007年8月去世，仇某于2016年5月去世。被继承人仇某名下拥有位于××号院内正房五间、东厢房三间。仇某名下存款（账号1余额为37040.57元，账号2余额为37443.95元）。原告仇某2与被告仇某3、仇某1、仇某5、仇某4对于遗产分割事宜无法达成一致意见，故起诉到法院。在审理中，仇某1、仇某3、仇某4均表示放弃继承涉案遗产。

法院审理后认为，在其他继承人放弃继承的前提下，仇某与杨某的遗产应由仇某5与仇某2继承，仇某名下的上述银行账户内存款及利息由二人平均分割，即各继承二分之一的份额；关于房屋的分割方式，根据仇某5提交的录音光盘及秦某等证人证言可

① 北京市通州区人民法院（2021）京0112民初27215号民事判决书。

知，仇某生前试图订立遗嘱将涉案房屋交由仇某 5 继承，涉案房屋已由仇某 5 夫妇居住、管理、装修、维护多年，从有利于生产和生活需要、不损害遗产效用的原则出发，结合仇某的生前遗愿，法院判决北房三间中的东数第一间由仇某 2 继承，北房三间中的东数第二间、第三间及东厢房三间由仇某 5 继承。

2. 适用法律评析

本案为法定继承纠纷，双方争议的焦点为遗产分割方式，被告主张按遗嘱继承涉案房屋，原告主张平均继承。被继承人死亡后，遗留的遗产主要有存款 2 笔和房屋 1 套。关于存款，法院判决由双方平均分割。关于房屋，则考虑了被继承人的意愿以及房屋的实际使用情况进行了实物分割。由此可见，在法院审理遗产分割纠纷时，首先要明确遗产的范围和具体组成部分，在明确了上述范围后，法院会确定各自应继份的组成并进一步确定各继承人可分配的比例。司法实践中，多数法院均遵循了上述规则，即遗产分割遵循以下步骤：一是确定遗产的范围；二是确定各继承人的应继份；三是分配各继承人所得的遗产。类似案例如原告王某诉被告赵某、张某法定继承纠纷一案，被继承人去世后，主要遗留的遗产有房屋、社保金和企业年金。继承人经法院审理后确定为原告王某和被告赵某二人。关于遗产的分配方式，法院将社保金和企业年金判归二人平均继承，房屋则由原告所有，由原告按照房屋价值的一半给付被告房屋补偿金。[1] 又如，原告李某 1 诉被告陈某 1、陈某 2、第三人殷某分家析产、法定继承纠纷一案，被继承人去世后，主要遗留的遗产有地上物补偿款、股票账户资金以及股票。法院审理后将上述遗产在各继承人之间进行了平均分配。[2] 再如，原告何某 1 与被告江某 1、江某 2、何某 2 法定继承纠

---

[1]　新疆维吾尔自治区石河子市人民法院（2019）兵 9001 民初 5225 号民事判决书。

[2]　上海市崇明区人民法院（2023）沪 0151 民初 4562 号民事判决书。

纷一案，被继承人去世后，主要遗留的遗产有房屋、车辆、养老保险个人账户余额和银行存款等。法院判决车辆归原告所有，房屋、养老保险个人账户余额和银行存款归被告江某 1 所有。由江某 1 按照上述财产价值的四分之一支付原告何某 1 和被告江某 2、何某 2 相应的补偿款。① 由此可见，法院在确定应继份的时候，原则上，各继承人均有权取得组成遗产的各类动产或不动产。在具体份额的分配上，一般采用平等分割原则，且该"平等"主要遵循价值平等而非现物平等。

（二）遗产分割一般方法如何选择存在困难

1. 主要案情简介②

被继承人黎某生前与原告徐某 1 系夫妻关系，二人共育有一子，即被告徐某 2。被继承人黎某于 2021 年 7 月去世。被继承人的遗产有黎某名下房屋一套、徐某 1 名下房屋一套。原告徐某 1 起诉请求两套房屋均归原告所有，按照四分之一份额以市场价格支付被告相应的房屋折价款。如果被告主张一套房屋归其所有，原告同意被告所有，被告应以四分之三市场价格支付原告折价款。被告徐某 2 同意按照四分之一份额进行分割，但不同意实体分割。

一审法院审理后查明，第一套房屋长期以来由原告与被继承人夫妻居住使用，第二套房屋近七八年来一直由被告对外出租并收取租金。原告对于前述第一套房屋估价为 300 万元，第二套房屋估价为 220 万元。被告对原告估价无异议。在被继承人去世后原告取得存款近 70 万元，被告取得存款 22 万元。

最终一审法院根据双方对于房屋居住使用的历史情况、遗产的效用、各自经济状况等因素酌情确定：一、第一套房屋中属于

---

① 重庆市涪陵区人民法院（2023）渝 0102 民初 3325 号民事判决书。

② 北京市第三中级人民法院（2021）京 03 民终 20419 号民事判决书。司法实践中，类似案例还有很多，参见青海省海东市平安区人民法院（2022）青 0203 民初 110 号民事判决书、青海省大通回族土族自治县人民法院（2023）青 0121 民初 1452 号民事判决书。

被继承人黎某一半份额由继承人徐某 1 继承，徐某 1 于本判决生效之日起 7 日内给付继承人徐某 2 遗产折价款 75 万元；二、第二套房屋中属于被继承人黎某一半份额由继承人徐某 1、徐某 2 各继承二分之一。

一审判决后，原告徐某 1 不服提起上诉。其上诉的主要理由是：一审判决第二项对第二套房屋仅作了份额划分，如此判决，徐某 1 无法取得第二套房屋的折价款还要背上巨额债务，也无法获得第二套房屋出租的收益。

二审法院审理后认为，徐某 1 提交的证据不足以证明徐某 1 的上述主张，法院驳回了其上诉请求，维持了原判。

2. 适用法律评析

本案为法定继承纠纷，双方当事人的争议焦点为两套房屋的分割方式。在本案中，法院在裁判分割时，根据房屋的使用情况，判决房屋 1 由原告所有，并由原告按照该房屋估价的 1/4 向被告给付 75 万元补偿款，对于房屋 2 则由原、被告双方共有，其中原告占 3/4，被告占 1/4。由此可见，法院在两套房子的处理上完全采取了不同的分割方式，对于第一套房屋是补偿分割，对于第二套房屋是按份共有。为何两套房屋采取了截然不同的两种处理方式。法院的说理是根据双方对于房屋居住使用的历史情况、遗产的效用和各自经济状况等因素酌情确定。但法院的说理显然没有说服原告，于是原告提起了上诉，到了二审法院，法院也仅以上诉人即一审原告提供的证据不足而驳回其诉讼请求，维持原判。上述争议表明，现有法律规定虽然明确了遗产分割的一般方法，但是在适用上到底应该如何选择？具体选择的理由又如何呢？法律未予以明确。

司法实践中，类似案例还有不少。比如，上诉人王某 1、王某 2 因与上诉人王某 3 及原审第三人孙某法定继承纠纷一案，上诉人王某 1、王某 2 认为一审判决在认定两处房屋为家庭共有的前提下，一审判决仅将老宅的偏房东西屋分给王某 1 与王某 2 显然是不合理的。而上诉人王某 3 则认为因兄妹关系已经不可挽回，且王某 1 与王某 2 出嫁已久，不会也不可能在老宅生活，一审判决将房屋分割且认定厕所及大门为双方共有，极易产生新的纠纷。① 又如，原告余某与被告邢某、许某 1、许某 2 法定继承纠纷一案，原告余某主张将案涉房屋登记在其名下，余某对其他继承人折价补偿；被告邢某、许某 1 则要求进行实物分割，最终法院判决对房屋进行实物分割。② 再如，原告应某、李某 1 与被告李某 2、余某法定继承纠纷一案，原告应某、李某 1 要求涉案房屋归其所有，给付二被告房屋补偿款，但被告主张按份共有。最终法院判决房屋由四人按份共有。③ 可见，上述案例的争议焦点均为对于涉案房屋，到底是应适用实物分割还是补偿分割。笔者认为，为了减少司法适用中对于遗产分割一般方法进行选择适用的争议，建议明确遗产分割方法适用的顺序。

（三）抽签可以作为分配应继份的一种方法

1. 主要案情简介④

被继承人黄某与案外人张某 5（于 2006 年 4 月报死亡）系夫妻关系，两人共生育了五位子女，分别为张某 1、张某 2、张某 3、张某 4、张某 6（于 2006 年 10 月病故）。2021 年 12 月，黄某去世；张某 1、张某 2、张某 3、张某 4 作为黄某的子女系黄某的法定继承人；因张某 6 先于黄某去世，故由张某 6 的女儿周某代位继承。被继承人去世后，遗留的遗产主要有征收补偿款 3955390.56 元、银行存款和四件首饰。现四件首饰在张某 4 处保管，分别为绿宝石嵌戒、金项链、金锁片、不明材质戒指。张某 1、张某 2、张某 3 与张某 4 和周某就遗产分割事宜无法达成一致意见，故起诉到法院。

---

① 山东省滨州市中级人民法院（2020）鲁 16 民终 3077 号民事判决书。
② 湖南省慈利县人民法院（2022）湘 0821 民初 1309 号民事判决书。
③ 宁波市北仑区人民法院（2021）浙 0206 民初 2031 号民事判决书。
④ 上海市虹口区人民法院（2022）沪 0109 民初 4630 号民事判决书。

审理中，张某1、张某2、张某3、张某4于2023年3月1日开庭当日通过抽签方式确定，张某1抽中戒指（不明材质）一枚、张某2抽中金项链一条、张某3抽中戒指（绿宝石镶嵌）一枚、张某4抽中金锁片一只。最终法院以判决的方式确认了上述抽签结果。

2. 适用法律评析

本案为法定继承纠纷。被继承人去世后遗留的遗产主要有征收补偿款、银行存款以及四件首饰。关于前述款项法院在审理后确认在各继承人中平均分配。而关于四件首饰，法院通过现场抽签的方式确认了四件首饰的归属。因为四件首饰类型不同、价值各异，如果严格按照平均分配的原则，则应由取得价值高首饰的继承人补偿取得价值低首饰的继承人。但在本案中，四个继承人均同意采用抽签的方式确定首饰的归属，体现了由运气或概率作为实体标准进行资源分配的理念。该理念实际上在现实生活中得到了广泛的应用，如汽车车牌摇号、彩票的中奖抽签以及各种有奖活动中的摇奖等。这实际上是当缺乏实体标准、其他程序标准难以适用而相关资源必须予以分配时的一种选择。因为具备正当性的抽签同时体现了机会的平等性、标准的无差异性和结果的可接受性。[1]

司法实践中，抽签在遗产分割中也得到了广泛的应用。类似案例如张某1等与被告郁某1法定继承纠纷，被继承人去世后除银行存款、理财产品、车辆等外，还遗留有字画、红酒、手表等物品若干。被告双方就法院清点的红酒、手表等物品进行了抽签处理。[2]又如，梁某1与梁某2、梁某3法定继承纠纷，2003年，梁某1与梁某2、梁某5已通过抽签的方式确定了10号房屋由梁某1继承、3号房屋由梁某5继承，梁某2继承现金5000元并得到梁

---

[1] 李友根：《论抽签程序在经济法中的运用》，载《现代法学》2008年第3期，第67页。

[2] 上海市徐汇区人民法院（2020）沪0104民初26170号民事判决书。

某 1 补偿款 5000 元。上述约定对梁某 1、梁某 2、梁某 5 具有约束力，故原告诉请 10 号房屋由其继承，法院予以支持。① 再如，原告卜某诉被告许某 1、宁某、许某 2 法定继承纠纷一案，被继承人去世后遗留有股票、投资款、房产若干。此外，某房屋中有 111 件物品，包括字画、冰箱、电视、床和柜子等若干。在诉讼中，双方当事人均同意通过抽签方式确定上述物品的所有权，法院予以准许并按照抽签结果确定了 111 件物品的归属。② 由此可见，抽签可以在继承人均同意时作为遗产分割的一种方式。

二、我国遗产分割特殊分割方法的司法实践考察与评析

我国《民法典》仅规定了遗产分割的一般方法，对于特殊遗产分割方法未有明文规定。但我国《继承法》自 1985 年实施以来已历经 37 年，司法实践中，针对特定继承人和特殊遗产，各级法院也贡献了司法智慧。本部分对各法院的相关裁判进行梳理，以提炼相关规则，总结中国经验。

（一）涉及特殊继承人时的遗产分割方案的考察与评析

1. 继承人为健在配偶时的遗产分割方案

（1）主要案情简介③

2005 年 5 月，被告张某 1 户口迁至被继承人处，5 月 26 日被告张某 1 与被继承人付某 1 办理结婚登记手续，原告付某系被继承人付某 1 与前妻的婚生子，离婚时双方协议原告付某由被继承人付某 1 抚养。被告张某 2 系被告张某 1 与前夫的婚生子，被告张某 1 与被继承人再婚后，被告张某 2 由被告张某 1 及被继承人抚养，二人婚后未生育子女。2016 年，被继承人付某 1 购买轿车一辆，经评估该车辆价值为 109500 元。2021 年被继承人付某 1 去世。

---

① 广东省佛山市三水区人民法院（2018）粤 0607 民初 5889 号民事判决书。
② 北京市西城区人民法院（2017）京 0102 民初 6792 号民事判决书。
③ 青海省海东市平安区人民法院（2022）青 0203 民初 110 号民事判决书。

另查明，被继承人付某1与被告张某1结婚前，于2002年购买房屋一套，婚前婚后均有还贷。2022年，经评估该房屋的市场价值为525600元，该房屋现由被告张某1居住。再查明，被继承人付某1有存款483124.34元。被继承人付某1死亡时被告张某1有存款32039.39元。

法院审理后考虑到本案中房屋及车辆的实际使用情况及各方分得的份额，酌情确定由被告张某1继承遗产中的房屋及车辆，由原告付某、被告张某2继承银行存款。

（2）适用法律评析

本案为法定继承纠纷，法院考虑到现在房子和车子均为被继承人配偶张某1在使用，故判决房子和车子归张某1所有，银行存款由被继承人的儿子付某和形成了扶养关系的继子张某2所有。可见，法院的分配方式既体现了对健在配偶居住权的保护，也体现了遗产分割有利于生产和生活的原则。

根据我国《民法典》第1127条的规定，配偶、子女和父母均为第一顺序继承人。故现实生活中被继承人的健在配偶和子女均为第一顺序继承人的情形较为常见。为了进一步考察上述法定继承人同为第一顺序继承人时法院的裁判规则，笔者以"房屋""夫妻共同财产"为关键词，以"法定继承纠纷"为案由对类似案例作考察，在考察后发现以下规律：一是对于属于夫妻共有的房屋判决归其配偶所有，由配偶向其他继承人给付房屋折价款。其判决理由是该房屋现由配偶居住使用、配偶在房屋所在地生活或配偶所占份额较大宜于补偿。① 二是判决房屋由继承人按份共有。这主要是其他继承人不要求实体分割，也不要补偿。如原告韩某与被告王某1、王某2、王某3、王某4、王某5法定继承纠纷一案，被告王某1称："不同意补偿，不同意分割房子，母亲没有劳保，不能老了没有房子。"王某3称："不同意分割，双方没有财产纠纷，就这一套房子，没有其他财产，母亲养大我们不需要补偿我们。"② 还有一种情况是健在配偶无力进行补偿，如原告朱某等与被告陈某法定继承纠纷一案。被告陈某称："涉案房屋是朱某1和我的共同财产，也是我们夫妻几十年奋斗立家创业集资所购唯一资产，我有权居住至死亡……现在该房屋由我居住，我已是年过古稀，无钱购买他们应当继承的那部分份额。"③ 再有一种情况是健在配偶或其他继承人仅要求分割房产份额。如原告曹某与被告王某1、王某3、王某4法定继承纠纷一案，原告曹某仅要求分得涉案房屋的八分之五的产权。④ 三是在分割遗产时，判决健在配偶对于房屋享有居住权。这类案件虽然较少，但对于保障老年人晚年生活具有重要的借鉴意义。如上诉人贾某1与被上诉人张某1等法定继承纠纷一案，贾某1作为被继承人的健在配偶要求对被继承

---

① 宁波市海曙区人民法院（2022）浙0203民初8504号民事判决书、河南省义马市人民法院（2023）豫1281民初61号民事判决书、北京市第一中级人民法院（2022）京01民终11035号民事判决书、北京市第一中级人民法院（2012）年一中民终字第03095号民事判决书、北京市第二中级人民法院（2023）京02民终6525号民事判决书、北京市第三中级人民法院（2022）京03民终699号民事判决书、上海市青浦区人民法院（2022）沪0118民初19335号民事判决书、上海市黄浦区人民法院（2021）沪0101民初10463号民事判决书、上海市青浦区人民法院（2021）沪0118民初14054号民事判决书、上海市浦东新区人民法院（2021）沪0115民初74055号民事判决书、江西省上饶市中级人民法院（2022）赣11民终358号民事判决书、湖北省荆门市中级人民法院（2021）鄂08民终1570号民事判决书。

② 山东省日照经济技术开发区人民法院（2023）鲁1191民初666号民事判决书。

③ 重庆市涪陵区人民法院（2023）渝0102民初2578号民事判决书。

④ 上海市杨浦区人民法院（2023）沪0110民初10181号民事判决书。类似案例还可参见上海市杨浦区人民法院（2021）沪0110民初16562号民事判决书。

人遗留的房屋享有居住权，并表示可按市场价给付租金。最终法院判决贾某1对其中的一间房屋享有居住权，且无须支付租金。[①]

从上述判决不难看出，在继承人中有健在配偶时，关于房屋的分割，法院在考虑实际使用情况的前提下，应优先考虑将被继承人遗留的房屋判决归健在配偶所有并由健在配偶给予其他继承人房屋补偿款。如健在配偶无力给付补偿款或者子女出于孝顺并不要求分割房屋或取得补偿，则法院会判决数个继承人对于房屋按份共有。而在健在配偶因年老无房居住提出要求对房屋享有居住权时，法院在可以对房屋进行实体分割的基础上，会判决健在配偶对房屋享有居住权。上述判决实际上赋予了健在配偶作为房屋按份共有权人或共同使用权人对于房屋的优先取得权或居住权。笔者认为，此种操作是对配偶对家庭所作的特殊贡献的照顾，也是对老年健在配偶生存权益的保障。

2. 继承人为遗产的共有权人时的遗产分割方案

（1）主要案情简介[②]

原告蔡某与被继承人肖某系夫妻关系，两人生育原告蔡某1。被告肖某1、邹某系被继承人肖某的父母。2010年10月，被继承人肖某、原告蔡某与被告肖某1签订《买卖合同》，肖某、蔡某1以216000元的价格受让了501室房屋并登记为按份共有权利人，每人各占1/2。两原告现实际使用上述房屋。被继承人肖某于2020年12月去世。现两原告起诉到法院要求分割上述房屋。

法院审理后认为，501室房屋登记为被继承人肖某与原告蔡某各半按份共有，被继承人肖某名下一半房屋产权系婚后取得，属于夫妻共同财产，故应当先将房屋产权份额的一半析出为配偶即原告蔡某所有，其余的即上述房屋的1/4产权份额为被继承人的遗

---

① 北京市第一中级人民法院（2022）京01民终6167号民事判决书。类似案例还可参见河南省清丰县人民法院（2021）豫0922民申5号民事裁定书。

② 上海市浦东新区人民法院（2022）沪0115民初40283号民事判决书。

产。两原告与两被告为第一顺序继承人，考虑原告方对被继承人就医费用的付出、共同生活期间的照顾等因素，法院根据本案案情确定两原告可各继承所有被继承人名下房产 30%份额，两被告各继承被继承人名下房产 20%份额。庭审中，原告蔡某 1 要求析出两被告应继承的房屋产权份额归其所有，法院予以支持，并确定由蔡某 1 支付两被告相应折价补偿款。

（2）适用法律评析

本案为法定继承纠纷，双方争议的焦点之一为遗产分割的方式。关于涉案房产，原告要求取得涉案房产的所有权，并给付被告折价款。该请求得到法院的支持，是因为蔡某 1 本身作为房屋的共有权人已有房屋的一半产权份额，后续再通过继承，其就成了房产份额的最大所有者。法院遂将该房屋判归其和蔡某共有。① 这表明法院对房屋按份共有权人优先取得房屋所有权的照顾，这和前述案例中在配偶作为房产共有权人时，最终法院判决配偶优先取得房屋所有权的裁判规则是一致的，即在有数个继承人时，按份共有权人享有以自己的继承份额优先取得所有权的权利。此种分配方式一是有利于保障现有按份共有权人的生活现状不变，从而提高遗产的使用效率；二是有利于定分止争，将房屋判决归一方所有，比双方都按份共有更有利于后续对房屋的占有、使用或处分；三是将房屋判决归按份共有权人所有，而由其向其他继承人给付房屋补偿款，更易操作。②

---

① 类似案例可参见北京市第二中级人民法院（2023）京 02 民终 6525 号民事判决书。

② 司法实践中，关于车辆的归属，法院也因该车辆为夫妻共同财产，配偶对其占有的份额较大，而将该车辆判决归配偶所有。参见青海省西宁市城西区人民法院（2020）青 0104 民初 4035 号民事判决书。

3. 继承人为遗产的使用权人的分割方案

（1）主要案情简介①

被继承人曹某 5 于 2003 年取得系争房屋的产权，后于 2006 年 7 月死亡。被继承人曹某 5 的父母先于其去世，曹某 5 与第一任丈夫张某 2 生育一子，即原告曹某 1，离异后又与第二任丈夫王某 3 结婚并生育两名子女，即被告曹某 3、曹某 4。被继承人曹某 5 与王某 3 离异，后未再婚。现原、被告因遗产继承事宜发生争议，遂诉至法院。

在诉讼中，曹某 1 要求被告给付房屋折价款，曹某 3 和曹某 4 均坚持该房屋由双方按份共有。曹某 4 表示该房屋现由自己和家人居住，但自己与家人仅有最低工资和低保待遇，没有能力支付折价款。该房屋估价 234 万元。

法院审理后认为，因曹某 3 居住在母亲对门，常照顾母亲生活、就医等。曹某 4 在国外时给予母亲经济帮助，回国后与母亲在最后的日子里共同居住照料，二人对母亲尽了主要照顾义务，可以多分遗产。最终法院依照双方当事人在庭审中陈述的房屋分割方案、评估报告确定的价格等，判决房屋归两被告按份共有，二人各占二分之一产权份额，两被告向原告各支付房屋折价款 30 万元。

（2）适用法律评析

该案为法定继承纠纷，双方争议的焦点为遗产分割的份额和方法。关于房屋的分割方式，原、被告一致同意由被告给付房屋折价款的方式进行分割。虽然被告曹某 4 表示自己没有能力给付房屋折价款，但最终法院判决其应支付 30 万元补偿给原告。从上述判决可以看出，关于案涉房屋的分割，主要考虑了该房屋现有的居住使用情况，对曹某 4 予以照顾。因曹某 4 在庭审中表示其无力承担房屋折价款，故法院在考虑全体继承人意愿的前提下，判决

---

① 上海市宝山区人民法院（2022）沪 0113 民初 13522 号民事判决书。

房屋归曹某 3 和曹某 4 共有，并由曹某 3 也给付原告 30 万元折价款。这样既保持了曹某 4 现有的居住生活情况不变，也满足了原告要求分割补偿款的请求，兼顾和平衡了全体继承人的利益。这表明，基于遗产分割应有利于生活需求的理念，法院往往会把遗产判归在被继承人生前就使用该遗产的继承人。① 此外，如遗产中包含有车辆的，法院一般也会将该车辆判决归实际使用人所有。如原告奚某、宋某与被告刘某法定继承纠纷一案，被继承人去世后，所留的遗产包括斯柯达明锐车辆一辆，该车由被告刘某使用，法院最终判决车辆归刘某所有，由刘某给付二原告折价款。②

4. 继承人为与被继承人共同生活的人时的遗产分割方案

（1）主要案情简介③

被继承人王某 5 与原告曹某系夫妻，共生育三子分别是王某 1、王某 3、王某 6，王某 6 于 2013 年 5 月去世，其育有一女即被告王某 4。王某 5 于 2019 年 4 月去世。系争房屋产权 1995 年登记在王某 5 名下，是原告与王某 5 夫妻共同财产。目前房屋内的红木家具有：桌子一张、椅子四把、梳妆台一个、衣橱一个。现原告曹某和王某 1、王某 3 和王某 4 就继承一事无法达成一致意见，故起诉到法院。

法院审理后认为，系争房屋系夫妻共同财产，继承时应先析出原告一半份额后，剩余一半份额作为被继承人遗产进行继承，原告要求取得八分之五产权，由三被告各取得八分之一产权，并无不当，依法应予准许。关于系争房屋内红木家具桌子一张、椅

---

① 云南省腾冲县（2007）腾民一初字第 142 号民事判决书、山东省日照市中级人民法院（2023）鲁 11 民终 1170 号民事判决书、山东省日照市中级人民法院（2023）鲁 11 民终 1340 号民事判决书、新疆生产建设兵团第八师中级人民法院（2022）兵 08 民终 144 号民事判决书。

② 北京市海淀区人民法院（2018）京 0108 民初 48949 号民事判决书、北京市第二中级人民法院（2023）京 02 民终 4148 号民事判决书。

③ 上海市杨浦区人民法院（2023）沪 0110 民初 10181 号民事判决书。

子四把、梳妆台一个、衣橱一个。考虑到红木家具的用途，从有利于生活需要出发，红木家具由原告继承。最后法院判决：系争房屋由原被告按份共有，其中原告曹某八分之五产权，被告王某1、被告王某3、被告王某4各八分之一产权；系争房屋内红木家具桌子一张、椅子四把、梳妆台一个、衣橱一个归原告曹某所有。

（2）适用法律评析

本案为法定继承纠纷，双方争议的焦点是遗产分割的方式。在本案中，被继承人去世后，遗留的财产主要有房屋和红木家具。关于房屋，原告仅要求分配份额，不要求实体分割，被告也未持异议，故法院支持了原告的诉讼请求。关于遗留的家具，法院审理后认为，因该家具在被继承人生前由其和原告共同生活使用，故考虑最大限度上发挥遗产的效用，法院将家具的所有权判归原告所有，且原告无须给付相应的折价款。由此可见，对于与被继承人共同生活的继承人，其有权优先取得遗产中的家居用品。司法实践中，有不少法院也持上述观点。比如，原告赵某、魏某1与被告魏某2、魏某3法定继承纠纷一案，法院将系争房屋内的家具包括木质布艺三人沙发1个、单人沙发2个、组合柜3组等都判决归与被继承人共同生活了53年的配偶赵某所有。[1] 又如，原告尹某与被告赵某法定继承纠纷一案，法院将系争房屋内的电动三轮车1辆、汽油三轮车1辆，电视机1台、格力空调1台等家具家电判决归与被继承人共同生活的配偶赵某所有。[2]

但需要注意的是，如继承人中有数个继承人均与被继承人共同生活的，则日常家居用品优先分割给共有权人。如原告刘某与被告刘某1、刘某2法定继承纠纷一案，被继承人生前，其配偶刘某与刘某1均在涉案房屋中居住，且与被继承人共同生活，双方因对房屋和家具分割无法达成一致意见，故起诉到法院。最终，法

---

[1]　北京市朝阳区人民法院（2022）京0105民初50225号民事判决书。

[2]　北京市昌平区人民法院（2021）京0114民初20667号民事判决书。

院考虑到原告刘某年龄较大，对涉案房屋的继承份额较大、涉案房屋是原告的唯一住所以及便利于老年人生活等因素，将房屋和家具均判决归原告刘某所有。①

5. 继承人为与被继承人共同经营企业的人时的遗产分割方案

（1）主要案情简介②

被继承人黄某6生前有两次婚史，第一次婚姻期间生育黄某3、黄某4，其后离异。第二次婚姻系与黄某1于2008年结婚，并生育黄某2。黄某6的父亲先于其死亡，黄某6的母亲尚健在，即韦某。被继承人遗留的主要财产有某驾校，该公司系自然人独资有限责任公司，成立于2009年，股东为黄某1，占100%股份。

一审法院审理后认为，驾校成立于黄某6、黄某1结婚后，故驾校的股份应认定为夫妻共同财产。该公司股份的50%份额应作为黄某6的遗产进行分割，但因该公司系有限责任公司，其财产具有相对独立性，该公司名下财产不宜直接作为遗产进行分割。最终一审法院判决黄某3、黄某4、黄某1、黄某2、韦某均继承驾校1/10的股份，继承后黄某1享有3/5的份额。

一审法院判决后，黄某1和黄某2不服提起上诉，主要理由是原审判决错误地把黄某3、黄某4、黄某2、韦某等人作为股东加入驾校。

二审期间，双方对驾校的价值进行评估，驾校评估价值为3017650元。二审法院作出判决：关于驾校，因其成立于夫妻关系存续期间，故该公司为夫妻共有，因此，黄某6所有的部分应作为遗产进行分配。参照评估报告，确定建安驾校以价值300万元进行分配，其中150万元为黄某6遗产，考虑到驾校在黄某6去世后一直由黄某1经营管理，故驾校归黄某1所有，黄某1分别给予黄某3、黄某4、黄某2、黄某5补偿款30万元。

① 北京市大兴区人民法院（2022）京0115民初2233号民事判决书。
② 广西壮族自治区南宁市中级人民法院（2017）桂01民终2361号民事判决书。

（2）适用法律评析

本案为法定继承纠纷，双方争议的焦点为驾校是否属于黄某 6 的遗产以及如何分割。驾校为在黄某 1 和黄某 6 婚姻关系存续期间设立，股东为黄某 1，占 100% 股份。在一审中，法院将该股权的一半平均分配给各继承人。二审中，法院考虑到该公司一直由黄某 1 经营，故将公司判决归黄某 1 所有，由黄某 1 给付其他继承人公司折价款。可见，二审法院的判决主要考虑了该公司系黄某 1 与被继承人生前共同经营以及后续公司的实际运营管理如何得以高效运行。一审法院的判决不仅会改变公司的性质，而且会影响公司后续的运行和管理。所以，二审法院的判决更好地体现了遗产分割应有利于生产的原则，同时有利于减少后续因公司经营而产生的各种纷争。司法实践中，也有一些法院持类似观点。比如，原告宋某 1、徐某与被告马某 1、马某 2 法定继承纠纷一案，因被告马某 1 实际经营公司，法院判决被继承人宋某 2 名下××股份公司的股权由两被告继承所有。[1] 又如，原告张某甲与被告张某乙、孙某某法定继承纠纷一案，鉴于张某甲一直与被继承人生前共同经营鸡场，当事人达成一致意见，原山鸡场房屋使用权及土地承包经营权由张某甲继承，法院予以确认。[2]

但司法实践中，也有一些法院判决股权在各继承人之间平均继承。比如，上诉人胡某 2、胡某 3、朱某与被上诉人胡某 1、孙某法定继承纠纷一案，虽然系争公司现由孙某实际控制和经营，但法院判决继承人胡某 3、朱某、孙某、胡某 2、胡某 1 各继承杭州麻美服饰有限公司 10% 的股份，继承后孙某占有公司 60% 的份额。[3]

---

[1]　上海市闵行区人民法院（2021）沪 0112 民初 7403 号民事判决书。
[2]　北京市通州区人民法院（2016）京 0112 民初 17182 号民事判决书。
[3]　浙江省杭州市中级人民法院（2018）浙 01 民终 918 号民事判决书。

（二）针对特殊遗产的分割方案的考察与评析

1. 遗产为不宜分割的整体物

（1）主要案情简介①

被继承人孙某于 2008 年 6 月去世，其父先于其去世。孙某的法定继承人有：其母张某、其妻冯某、其子孙某。被继承人孙某遗产为位于某市房屋一处，包括北屋六间、南屋六间、东西屋各一间。该处房屋系孙某与被告冯某婚后共同建造。现原告张某要求由原告继承其中的北屋东两间。

一审法院审理后认为，原、被告系被继承人孙某的母亲、配偶、儿子，均系第一顺序继承人，依法享有继承权。同一顺序继承人继承遗产的份额，一般应当均等。涉案房屋系孙某与冯某的夫妻共同财产，该处房产的一半为孙某的遗产。遗产的分割应当以有利于生产和生活需要、不损害遗产的效用为原则，故该处房屋的北屋东头一间和东屋一间归原告所有为宜，其他房屋及院落归两被告所有。

一审法院判决后，被告对房屋的分割方式不服，因而提起上诉。二审法院审理后认为，一审的判决从房屋数量的角度看，较为公平，但涉案房屋作为一个整体，北屋东头一间与其他房屋相通，无独立进出屋门，现有结构无法独立使用；院落中的东屋平顶厦棚与大门过道相通，亦不能独立使用。一审判决对房屋的分割不利于生产和生活需要，有损遗产的效用。二审法院将一审判决中的房屋南屋中间三间判归被上诉人张某所有，剩余房屋归上诉人冯某、孙某所有。南屋中间三间房屋与其他房屋相对独立，向南开门可独立使用，且面积和价值与被上诉人可分配到的财产份额相当。

（2）适用法律评析

本案为法定继承纠纷，双方争议的焦点为涉案房屋的分割方

---

① 山东省潍坊市中级人民法院（2022）鲁 07 民终 3555 号民事判决书。

式是否合理。一审法院审理后将该处房屋的北屋东头一间和东屋一间归张某所有，其他房屋及院落归冯某和孙某所有。但二审法院通过考察后发现，一审判决将属于房屋整体的其中两间房判决归张某所有，无法发挥遗产的实际使用价值，故最终予以改判。由此可见，对于遗产性质上结合为一体的物，如房屋、汽车、牛羊、家具、首饰等，在遗产分割时，一定要考虑到实物分割是否会破坏其整体性，从而影响遗产效用的发挥。

　　司法实践中，法院在遇到性质上不可分割的物时，也会将其分配给其中的一个继承人。比如，上诉人阮某1、阮某2、阮某3与被上诉人车某及阮某4法定继承纠纷一案，被继承人遗产中的戒指、项链、手链无法拆开分割，法院判决其归被上诉人车某所有，由其给付其他继承人折价款。① 又如，原告马某乙、马某戊等与被告马某庚法定继承纠纷一案，被继承人的遗产主要为房屋一套，法院审理后认为，涉案的土地及房产是一个整体，不宜分割，又因原、被告之间因该房产已引发的矛盾关系，亦不宜共同居住或者共有，而被告马某庚自房屋建成一直在此居住至今，所占份额较多，从有利于遗产使用的因素考虑，法院判决案涉房产由被告马某庚继承，由其向原告给付折价款。② 再如，原告王某1、王某2、王某3诉被告王某4等法定继承纠纷一案，被继承人周某死亡后所剩财产，即×轿车一辆，考虑到该车为一个整体，不宜分割，法庭作价42000元后判决该车归原告王某2所有，由王某2付给其他继承人相应的折价款。③

① 云南省红河哈尼族彝族自治州中级人民法院（2021）云25民终1518号民事判决书。
② 陕西省大荔县人民法院（2022）陕0523民初3758号民事判决书。
③ 山东省惠民县人民法院（2021）鲁1621民初2586号民事判决书。

2. 遗产为对家庭有特别纪念意义的物

（1）主要案情简介①

原告鲍甲之父鲍某及母曹某某早亡，遗留明代香炉一只、玉镯一只，由胞弟鲍戊及妻郑甲保管（未告知原告）。鲍戊及妻郑甲生前育有鲍丙、鲍乙两子，后鲍戊及妻郑甲相继于 2007 年、2010年亡故，亡故后将明代香炉一只、玉镯一只交被告鲍丙保管，郑甲在去世前将此事告知原告鲍乙，后原告鲍乙与被告鲍丙为继承该遗产多次协商未成。2010 年 7 月 11 日，原告鲍甲的三个儿子及原告鲍乙、被告鲍丙五人签订协议一份，共认祖传香炉一只，字号大明成化年制，并约定以该香炉经鉴定后的价值大小，确定分配等处理方案。但签约后，原告鲍乙与被告鲍丙仍不能达成遗产继承的共识。现原告认为，上述所签协议无效，因原告鲍甲之子不是遗产第一继承人，其继承人应当是原告鲍甲、鲍乙及被告鲍丙。经多次协调未果，两原告特提起诉讼，请求判令两原告共同按份继承遗产明代香炉一只、玉镯一只。

法院审理后认为：1. 从原告提交的一份协议看，该财产（香炉一只）系祖传，即系原、被告共同祖传物品，假如上溯至原告鲍甲之父母止，即若该香炉属鲍某、曹某某夫妇所有，则当双方死亡后，该香炉即成为二人的遗产，其合法继承人（长子鲍某 1、次子鲍甲、三子鲍戊）可以依法继承，但自鲍某、曹某某夫妇分别于 1946 年、1972 年去世后至今，其合法继承人从未提出遗产继承，而原告在庭审中陈述在十几年前就知道该香炉在被告家里，根据相关法律规定，原告鲍甲现在提出遗产继承，已明显超过法定的诉讼时效，故本院对原告鲍甲要求继承该香炉的诉请不支持。2. 如该香炉已转为原告鲍乙、被告鲍丙之父母鲍戊、郑甲所有，则当鲍戊、郑甲去世后，则应由二人依法继承。2010 年 7 月 11日，原告鲍乙、被告鲍丙及原告鲍甲的三个儿子签订协议一份，

_____

① 浙江省余姚市人民法院（2010）甬余民初字第 1774 号民事判决书。

其中第一条约定该香炉经鉴定在 10 万元内即长期住宅在鲍丙家，小辈不得异议。该内容对原告鲍乙、被告鲍丙具有约束力，对"长期住宅"双方在理解上存在分歧，但至少可以认为若该香炉鉴定价值在 10 万元以内就不容分割。而从第二条内容即若鉴定价值在 10 万元以上须进行公开拍卖（注：鲍丙有 10 万元保底享受）等，可以看出，上述第一条内容中的"长期住宅"理解为 10 万元以内归鲍丙所有更为贴切。即存在此情形下，视为原告鲍乙放弃继承。关于该香炉的价值，被告提交了鉴定意见书，鉴定报告显示其为赝品，且价值为 2 万~3 万元，原告虽有异议，但未申请重新鉴定，故鲍乙的诉讼请求亦不能得到支持。

（2）适用法律评析

本案为法定继承纠纷，双方争议的焦点为祖传物是否属于遗产以及如何进行分割。在本案中，双方关于该祖传物的分割签订有协议。该协议明确在香炉鉴定价值为 10 万元以下时，该物品"长期住宅"在被告鲍丙家。如鉴定价值超过 10 万元，则应公开进行拍卖。法院审理后认为，"长期住宅"理解为 10 万元以内归鲍丙所有更为贴切，并以此为由最终驳回鲍乙的诉讼请求。笔者认为，关于"长期住宅"的准确理解应为对该祖传物不予分割，而非明确归鲍丙所有。法院之所以这样判决，可能有以下原因：一是因为被告提交了该香炉的鉴定报告，报告显示其为赝品，且价值为 2 万~3 万元，该报告表明香炉价值不高。二是认为祖传物不宜作实体分割，且在双方有协议的情况下，判决归一方所有，更有利于祖传物的流传和保存。

3. 遗产为具有收藏价值的艺术品

（1）主要案情简介①

被继承人徐某与案外人陈某原系夫妻，双方系初婚，婚后育有两子一女，分别为长子徐某 2、次子徐某 1、女儿徐某 3。1989

---

① 北京市朝阳区人民法院（2012）朝民初字第 26732 号民事判决书。

年，陈某去世。1989 年 9 月，徐某与滕某登记结婚，双方婚后未生育子女，亦无有扶养关系的继子女。王某系徐某 3 之女，徐某 3 于 1998 年去世。2012 年 2 月，徐某去世。

诉讼中，徐某 1、徐某 2、王某主张 46731100 元的拍卖款及徐某《黄山瀑》、徐某《临古人山水图》、徐某《临元张渥画楚辞九歌手卷》、王己千《绿竹》、启功《红竹》、应野平《险壑幽亭》、徐子鹤《梅花》、张大千《昆明湖景》等 16 幅画作中徐某享有的份额属于遗产，并提供了某拍卖公司《情况说明》《结算情况表（已结算）》《结算情况表（取消交易）》等。其中，《结算情况表（已结算）》中载明了拍卖公司向滕某支付 46731100 元拍卖款的拍品的情况；《结算情况表（取消交易）》载明了滕某与拍卖公司取消了《黄山瀑》等九幅画作的交易；《情况说明》载明，公司支付卖家滕某 46731100 元拍卖价款，其中 30000000 元系卖家滕某应归还本公司款项，此 30000000 元款项冲抵的是公司应付卖家滕某拍卖价款。

法院审理后认为，关于拍卖款，徐某 1、徐某 2、王某主张滕某收取的拍卖款金额为 46731100 元，但从本案查明的情况看，上述拍卖款中折抵了滕某所欠拍卖公司的欠款 30000000 元，保利公司实际向滕某支付的拍卖款为 16731100 元，故对于徐某 1、徐某 2、王某要求按照 46731100 元进行分割的主张，本院不予认可，而是认定滕某收取的拍卖款金额为 16731100 元。上述拍卖款系滕某在与徐某夫妻关系存续期间所得，应认定为夫妻共同财产，其中属于徐某的份额应作为遗产进行分割。关于 16 幅画作，根据《结算情况表（取消交易）》和《情况说明》可知，滕某作为卖家，对徐某《黄山瀑》等 9 幅画作已取消拍卖交易，拍卖公司已将上述 9 幅画作退给滕某，该 9 幅画作应由滕某持有。徐某 1、徐某 2、王某要求按照估算价值对上述画作进行折价分割，其估算价格缺乏事实依据，法院不予支持，仅对上述画作按照确认按份共有的方式进行分割。

（2）适用法律评析

本案为法定继承纠纷，双方争议的焦点为涉案画作拍卖款的价格以及未拍卖画作的分割方式。法院审理后认为，涉案画作拍卖款的价格应为减去滕某所欠保利公司的欠款 30000000 元后剩余的 16731100 元价格。关于徐某《黄山瀑》等 9 幅画作，因滕某实际取消拍卖交易，故该上述画作可以推断出归滕某所有，其中的一半应作为遗产在各继承人之间进行分配。关于分配方式，原告要求按照估算价值对上述画作进行折价分割，法院认为该估算价格缺乏事实依据，未予支持，故最终法院判决上述画作由各继承人按份共有。司法实践中，也有法院持类似观点。比如，王某甲与王某乙法定继承纠纷一案，被继承人去世后，遗留有"礼贤艺术厅"内书画和艺术品若干，法院最终判决原被告以及第三人对上述艺术品按份共有。[1] 可见，关于具有收藏价值的艺术品，法院采取的分割方式一般为各继承人之间保持共有。此外，也有一些法院会因继承人与被继承人生前共同经营艺术品展览而将艺术品判决归某一继承人所有。[2]

第三节　我国被调查民众分割遗产
方法的习惯统计与分析

本次调研主要围绕被调查民众分割遗产的方法展开。现将调研的情况作如下说明：

一、我国被调查民众对被继承人遗留的房屋的分割方法的情况统计与分析

问题 1：老王死亡时留有一套房屋（价值 50 万元，该房屋生

---

[1] 浙江省湖州市南浔区人民法院（2014）湖浔民初字第 8 号民事判决书。

[2] 北京市通州区人民法院（2019）京 0112 民初 4272 号民事判决书。

前由老王夫妻二人居住)、存款 20 万元以及小汽车一辆(价值 10 万元)。老王去世时,其配偶和唯一的儿子小王均在世。请问:如果其配偶和儿子均想取得房屋的所有权,而对另一方给予现金补偿,此时,该房屋应如何分割?(   )[多选,但 A 和 B 只能选其一][多选题]

  A. 由其健在配偶取得

  B. 由其儿子取得

  C. 通过抓阄的方式确定

  D. 由双方通过竞价的方式取得,即谁出价高就由谁取得

  E. 不能确定时可以请求法院进行裁判

  从表 6-1 被继承人遗留的房屋的分割方法的情况统计数据来看,在被继承人仅留有一套房屋且该房屋为被继承人生前和其配偶共同居住时,如其健在配偶和儿子均想取得房屋所有权时,658 人(占比 66%)认为该房屋应由健在配偶取得,141 人(占比 14.14%)认为应由儿子取得,193 人(占比 19.36%)认为应通过抓阄的方式确定,243 人(占比 24.37%)认为应由双方通过竞价的方式取得,即谁出价高就由谁取得,还有 654 人(占比 65.6%)认为不能确定时可以请求法院进行裁判。可见,关于该房屋的取得方式主要分为三种:一是近七成的民众认为应由健在配偶取得;二是近一成半的民众认为应由儿子取得;三是不能确定由谁取得时,可通过抓阄、竞价或者法院裁判的方式确定,其中认为由法院裁判确定的支持率最高,占六成半。

表 6-1 被继承人遗留的房屋的分割方法的情况统计与分析

项目	人数(人)	比例(%)
A	658	66
B	141	14.14
C	193	19.36

续表

项目	人数（人）	比例（%）
D	243	24.37
E	654	65.6
未填写	3	0.3

问题 2：如果您选择由其健在配偶取得，理由是？（　　）［多选］

A. 该房屋为夫妻共同居住的房屋，健在配偶对房屋更有感情

B. 该房屋为夫妻共同居住的房屋，由健在配偶取得能更好地发挥房屋的价值

C. 该房屋为夫妻共同居住的房屋，健在配偶取得能保障其生活水平不降低

D. 健在配偶对家庭付出更多，故其可以优先选择

E. 其他（及理由）：＿＿＿＿＿＿

关于该房屋应由健在配偶取得的理由，从表 6-2 的统计数据来看，有 595 人（占比 59.67%）认为该房屋由健在配偶取得能保障其生活水平不降低，有 468 人（占比 46.94%）认为健在配偶对该房屋更有感情，有 447 人（占比 44.83%）认为由健在配偶取得能更好地发挥房屋的价值，有 444 人（占比 44.53%）认为健在配偶对家庭付出更多，故其可以优先选择。

表 6-2　被继承人遗留的房屋由健在配偶取得的理由统计

项目	人数（人）	比例（%）
A	468	46.94
B	447	44.83
C	595	59.67
D	444	44.53

项目	人数（人）	比例（%）
E 其他	63	6.32

我们认为，上述被调查民众的观念反映了我国现实生活中被继承人遗留的房屋处理的实际情况。有学者对我国十省（市）被调查民众涉及遗产分割的观念及处理习惯进行了调研，调研数据显示，在我国民间，不仅有在父母在世时子女不马上分割遗产的习惯，而且为了更好地保障在世父母一方的生活，子女通常是等父母双方均去世后，再对该房屋进行分割。① 因此，近七成民众关于被继承人遗留的房屋由健在配偶取得的观念符合多数民众的遗产处理习惯，也有利于中华民族尊老爱老优良传统的传承。但鉴于父母子女关系在现实生活中的复杂性和多样性，即除婚生子女关系外，还有继父母子女和养父母子女关系等。因此，在房屋处理的问题上，并非有健在配偶就理所应当地取得房屋，还应考虑子女的特殊困难或其他特殊情形。

问题 3：请问如健在配偶在分割遗产时，虽然其想要房屋，但其没有办法给小王予以现金补偿，其也无其他可供居住的房屋，请问此时该房屋应如何分配？（　　）［多选］

A. 健在配偶取得该房屋的所有权，对超过其应继份（配偶按法律规定可以继承的份额）的部分无须进行补偿

B. 健在配偶取得房屋所有权，其向小王一次性给付补偿款有困难的，其可以通过分期付款的形式给付，给付期限由双方协商

C. 健在配偶可以免费无偿居住该房屋致其死亡或其再婚时

D. 健在配偶可以在该房屋中居住，但是应向取得房屋所有权

---

① 在我国十省（市）被调查者中，有近七成半的人认为其所在地区子女不会马上向在世的父母一方提出分割房屋的请求，有近一成半的人即使会提出，对其母亲正在居住的房屋也是等其去世后再分割。参见陈苇主编：《中国遗产处理制度系统化构建研究》，中国人民公安大学出版社 2019 年版，第 434 页。

的儿子按市价或双方协商的价格给付租金

E. 房屋由其儿子取得，由儿子给予其现金补偿，健在配偶拿着补偿款在外租房或条件成熟时买房居住

F. 其他（及理由）：＿＿＿＿＿＿＿＿

从表6-3健在配偶无力取得房屋所有权时房屋的处理情况统计数据来看，在配偶想取得房屋所有权但却无力一次性支付补偿款时，被调查民众主要有以下三种处理意见：一是房屋由健在配偶取得，关于补偿金是否给付和如何给付的问题，六成半的民众认为应通过延长给付期限、分期支付的方式进行给付，而四成半的民众认为配偶以其应继份取得该房屋的所有权，对超过的部分无须对其他人进行补偿；二是房屋的所有权由儿子取得，但健在配偶对该房屋享有居住权，有四成半的民众认为健在配偶可以免费居住到其死亡时或再婚时为止，而三成半的民众认为健在配偶应按市价给付租金；三是房屋的所有权由儿子取得，健在配偶取得房屋的补偿款，但健在配偶对该房屋无居住权。持该观点的民众占近两成半。此外，上述被调查民众中仍有两成的人认为该房子应由儿子取得，健在配偶不享有对房屋的居住权，儿子对健在配偶进行现金补偿。

表6-3 健在配偶无力取得房屋所有权时房屋的处理情况统计

项目	人数（人）	比例（%）
A	450	45.14
B	643	64.49
C	458	45.94
D	347	34.8
E	238	23.87
F其他：＿＿＿＿	10	1

二、我国被调查民众对被继承人遗留的祖传物的分割方法的情况统计与分析

问题：老王死亡时留有一套红木家具，该红木家具为王家的祖传之物，流传至今已经不下十代人，老王去世时，其配偶和唯一的儿子小王均在世。对于如何分割该红木家具，健在配偶和小王发生了争执，健在配偶要求将该红木家具变卖后分割价款，而其儿子称该物为祖传物，不应该进行分割，请问你认为应该如何处理？（　　）[多选，但 A 和 B 只能选其一]

A. 该物为祖传物，不得分割，由双方共有

B. 通过拍卖后双方分割价款

C. 根据当地的风俗习惯确定分割办法

D. 由法院裁定

E. 其他（及理由）：_____

从表6-4关于祖传物分割方法的情况统计数据看，我国西南三省（市）被调查民众中，有516人（占比51.76%）认为该物为祖传物，不得分割，应由双方共有。有312人（占比31.29%）认为应将该祖传物拍卖后双方分割价款。有507人（占比50.85%）认为应根据当地的风俗习惯确定分割办法。有550人（占比55.17%）认为应由法院裁定。可见，关于该祖传物的分割方法，被调查民众主要支持的分割方法主要有三种：一是祖传物不应该分割，由继承人共有；二是根据当地的风俗习惯确定分割办法；三是将该祖传物拍卖后在继承人之间分割。这三种分割方式中前两种方式支持的民众均过半，第三种方式支持的人相对较少，仅占三成。此外，还有近六成的民众认为由法院裁判分割。原则上法院裁判分割是属于分割方式的选择，而非具体的分割方法。在继承人协商不成时自然由当事人选择向人民法院起诉，请求法院进行裁判分割。

表 6-4　祖传物分割方法的情况统计

项目	人数（人）	比例（%）
A	516	51.76
B	312	31.29
C	507	50.85
D	550	55.17
E	13	1.3

第四节　国外立法现状的考察与评析

本节针对前述我国司法实践中所反映的遗产分割方法制度方面存在的问题，对国外遗产分割方法制度予以考察并进行评析。

一、遗产分割方法的国外立法考察

（一）法国立法例

1. 一般方法[1]

（1）确定应继份。可分割的财产总额，包括继承开始时存在的并且没有进行死因处分的财产或者这些财产的替代物以及与之相关的孳息。可分割的遗产总额应当加上将要向遗产返还或者应予扣减的价值以及共同分割人对死者或共有财产的债务。每个继承人按其在共有财产中权利的价值受领财产，继承人间的份额价值上均等。如有必要进行抽签，可以将可分割的财产搭配成必要的份数，如果价值不相等，差额应多退少补。

（2）分割的执行。分割按继承人的人数进行。如有代位继承

---

[1]　《法国民法典》第 825-830、821-824、817-819 条。

的情况，则按照房数分割。在按房数分割之后，应在每一房的各继承人之间再进行一次分配。如应向财产总额内退回多取的财产差额的人获得支付宽限期，如自分割后因经济情势其已经受领的财产价值增加或者减少超过 1/4 时，其尚未退足的款项部分亦应按照相同的比例增加或者减少，但诸当事人已排除此种浮动退还方式时，不在此限。

（3）财产价值的确定日期。在进行分配时，财产的价值按照分割文书确定的分开享益之日的价值评估，如有必要，应考虑财产上的负担，但这一日期应尽量接近于分割之日。但如果选择确定的日期更方便于实现等额分割，法官可以将分开享益的时间确定为更早的日期。在组成与搭配财产份数时，应当尽量避免分割经济单位及其他如分成小块即引起贬值的财产。

（4）变价分割。如对某项共有财产享有使用、收益权的人可以通过保证，请求分割共有的用益权，或者在不可能这样做时，可以通过拍卖用益权的途径分割该用益权。如果只有拍卖才能保护全体对该共有财产享有权利的人的利益，也可以拍卖完全所有权。共有虚有权的人以及对财产的一部分享有完全所有权并与用益权人和虚有权人处于共有状态的人，也可行使上述权利。但前者如用益权人不同意，虚有权人不能行使该权利，而后者不受其限制。①

（5）维持共有。维持共有的请求权人为在死者留有一名或数名未成年的直系卑血亲时，其健在的配偶或者任何继承人或者这些未成年人的法定代理人。在没有未成年的直系卑血亲的情况下，只有健在的配偶才能请求继续维持财产的共有，并且以其在被继承人死亡之前或者因被继承人死亡而成为企业或居住场所或职业

① 法国民法理论中的虚有权，是指所有权人在所有物上设定用益物权后对所有物的权利，是所有权的一种形式。也就是说，由于在物上设立了用益物权，作为自物权的所有权受到他物权之限制而导致与其权能相分离的一种特殊存在形式。

场所的共同所有权人为条件。如涉及的是居住场所，健在配偶在被继承人死亡时应在此居住。维持共有的对象为原来由死者或其配偶负责经营的任何农业、商业、工业、手工业或自由职业企业及必要时的公司权益。即使上述企业里包含继承人或健在配偶在继承开始前就已经是所有权人或共同所有权人的财产，仍可维持共有。法院根据所涉及的各方利益以及家庭可以从共有财产获得的生活手段作出审理裁判。对于在被继承人死亡时由其本人或其配偶实际用于居住或从事职业的场所的所有权及场所内配备的动产物品，也可以维持共有。请求维持共有的时间不得超过 5 年，但有未成年直系卑血亲的继承人存在时，应直至最小的直系卑血亲成年之时，在有健在配偶继承人时，应直至健在的配偶死亡之时。

（6）部分维持共有。如果部分共有人希望维持财产的共有，法院可以应其中一人或数人的请求，根据所涉及的各方利益在不妨碍享有优先分配权的人优先分配的财产权利时，向请求分割财产的共有人分配其应占的份额。如共有财产中没有足够的现金款项，不足的部分由参与了此项请求的共有人支付，但如其他共有人表示愿意支付，不影响他们参与支付。这些共有人在共有财产中的份额按其支付的数额相应增加。

2. 特殊方法①

（1）健在配偶的居住和使用权。健在配偶可在被继承人死亡后 1 年内基于婚姻的权利无偿使用其实际占有夫妻双方的住房或属于被继承人遗产的住房以及住房内配备的属于遗产的动产。健在配偶在继承开始后的 1 年内也可以选择以自己的应继份取得作为主要住宅住房的居住权和住房内配置的家具的使用权，其具体情况如下：

第一，权利的内容。除被继承人有不同的意思表示，健在配偶如果实际占有原属于夫妻双方或者全部属于死者遗产的住房，

---

① 《法国民法典》第 763-766、831-834 条。

而且该住房为夫妻双方的主要住宅时，健在配偶直至本人死亡对该住房享有居住权，对住房内配置的家具享有使用权。健在配偶应以善良管理人的态度享用权利，且不得转让和出租此权利。任何继承人，均可以要求设置使用权与居住权的不动产制作状态说明书，对其内配备的家具制作盘点清册。如有状况表明该住房无法满足其需要时，健在配偶或其代理人可以将该住房出租，以为其提供新的居住条件而获得必要的收入。如果该住房是通过订立租约租用的，在被继承人死亡时，健在配偶以主要住所的名义实际占用该住房的，其对房屋内配备的属于遗产的动产享有所有权。

第二，权利的价值与应继份。居住权和使用权的价值，从健在配偶能够从遗产内受领的权利价值中扣减。如其低于健在配偶的应继份，健在配偶应从遗产中受领不足部分。如其高于健在配偶的应继份，健在配偶需对超过的部分给予补偿。

第三，权利行使的时间。自被继承人死亡之日起，其健在配偶可以在一年内表明其享有此种利益的意愿。

第四，权利的转换。任一继承人可以通过协议将上述权利转化为终生定期金或本金。

（2）健在配偶和其他血亲继承人的特殊权利。健在配偶和其他血亲继承人对于特定遗产享有优先分配权，具体情况如下：

第一，优先权行使的主体。健在配偶或任何作为共同所有权人的继承人。

第二，优先权行使的客体。其实际参与或曾经参与经营的任何农业、商业、工业、手工业或自由职业企业的整体、部分或该企业的共有份额及公司权益；在被继承人死亡时其实际居住的场所及其内配备的动产所有权或租赁权；其实际从事职业活动的场所以及这些场所内配备的从业用的动产物品所有权或租赁权；其继续租赁被继承人生前以佃农身份或分成制佃农身份经营的农村财产所必需的全部动产。

第三，优先权行使的方式。由多名有继承权的人共同提出，以共同保持共有财产。在各方当事人不能协商一致的情况下，可向法院提出优先分配财产的请求，法院根据各方当事人的利益作出判决。在有多人提出优先分配的请求时，法院应当考虑他们管理所涉及财产的能力以及持续管理的能力，涉及企业的，还应考虑他们本人参加经营活动的时间。在上述优先权人不行使优先权的情况下，农业方面的优先权可以分配给任何共同分割人，但条件是他应按照相关法律规定将此财产租赁给具备实际参与或曾经参与经营的一名或数名共同继承人或直系卑血亲。在多人提出此请求时，如情况允许，可以订立多项租约，将财产分别出租给不同的共同继承人。如无法达成一致意见，由法院确定这些条款或条件。

第四，优先分配财产的作价。其作价时间与确定应继份的时间相同；除各共同分割人均同意外，可能的差额部分应当用现金支付。但其也可要求向其他共同分割人支付最高相当于一半差额的款项，其他款项可在 10 年内计算利息后支付。如优先分配的财产被出卖，未付的款项应立即支付；在仅部分出卖的情况下，买卖所得款项应立即支付，支付款额从尚欠款额部分中扣减。优先分配财产的效力：优先分配利益的受益人只有在财产最终分割之日才能成为其分配到的财产的唯一所有权人。但如非其本人的原因使分配之日确定的财产价值已经较实际分割之日的价值增加四分之一时，其可放弃优先分配权。

（3）特殊遗产的分割办法。《法国民法典》关于特殊遗产分割的规定主要针对农业用途的财产权利和农场，其具体情况如下：

第一，关于农业用途的财产和权利的分割。在既没有裁定继续维持财产共有，也没有前述优先分配的情况下，健在配偶或者任何共同所有权继承人，均得请求优先分配具有农业用途的财产及不动产权利的全部或一部分，以便与一名或数名共同继承人或第三人一起组成农业经营组合。对于不投入农业经营的不动产财产和权利以及遗产中的其他财产，可以在共有人各自享有的继承权利的限度内，分配给其他不参与农业共同经营的继承人。对于在此分配后仍未获得满足的余额，除协商一致外，应在财产分割后1年内支付，也可用农业经营组合的股份份额的形式来进行抵偿，但如各利害关系人在提出上述方案的当月内即明确表示反对的除外。只有在签署共同农业土地经营组合的协议之后，以及在必要时，在长期租约签字之后，财产分割才告完成。

第二，关于构成一个经济单位但不是以公司的形式经营的农场，在未维持共有且未优先分配的情况下，愿意继续进行其原有实际参与的经营活动的健在配偶或者任何共同所有权继承人，不论有谁提出任何拍卖财产的请求，均可要求共同分割人依照有关法律同意对于农场订立长期租约，并在此条件下进行财产分割。请求享有此利益的人得按其应继份优先受领用于经营和居住的建筑物。如有必要，在对搭配的各份财产内的土地进行估价时，应考虑其上存在的租约而引起的价值的降低。如提出请求的人明显不具备管理整个经营实体或其一部分的能力，共同继承人的利益可能受到危害时，法院可不执行上述规定。

（二）德国立法例

1. 一般方法①

《德国民法典》并未专门规定遗产分割的方法，遗产分割的方法参照共同关系的分割，具体而言，有以下两种：

（1）原物分割，如共同标的，或者如一个以上标的是共同的，这些标的在不减少价值的情况下可分成与共同关系人的应有部分相当的同种的部分，共同关系的废止以原物分割的方式为之。共同关系人之间的平均分割，以抽签方式进行。

（2）变价分割，不能进行原物分割的，共同关系的废止，通过依关于质物出卖的规定出卖共同标的来进行，在遗产系土地的情形下，通过强制拍卖和分配拍卖所得价款来进行。在共同债权

① 《德国民法典》第752-754条。

不能收取时，始准许将它出卖。因此，一般不动产均采取拍卖的方式进行分割，除非实物分割不会使其价值受损，如土地上还未建有建筑物。

2. 特殊方法①

（1）健在配偶的特殊权利。在健在配偶和第二顺序直系血亲、祖父母或外祖父母一同继承时，除其应继份外，不属于土地从物的婚姻家计的标的和结婚礼物作为先取份归健在配偶所有。② 在健在配偶和第一顺序直系卑血亲一同继承时，上述标的归健在配偶所有，但以其维持适当的家计需要为限。如果继承开始时，其与被继承人离婚的要件已具备，且被继承人已申请或同意离婚的，健在配偶不能享有上述权利。

（2）特殊遗产的分割办法。被继承人已经指示共同继承人之一人应有接受属于遗产的农场的权利的，有疑义时，必须认为农场应按收益价额来估价。按照在通常的经营的情况下，农场依原经营方法可持续地提供的纯收益，确定收益价额。

（三）瑞士立法例

1. 一般方法③

（1）继承人的通报义务。在分割遗产时，继承人对遗产中所有的财产具有平等的请求权，但另有规定的除外。继承人在与被继承人的关系中，对公平合理地分割遗产具有影响的信息，应相互详细通报。各共同继承人，在分割前可请求清偿或担保被继承人的债务。

---

① 《德国民法典》第 1932-1933、2049 条。

② 可以先取的物品不仅包括日常生活用品，如家具、衣物、冰箱、电视等，也包括一些奢侈品，如古董、名画、挂毯等。该先取权实质上就是先取遗赠，构成遗产债务，遗产清偿该债务后的剩余部分才能在共同继承人之间进行分配。参见［德］雷纳·弗兰克（Rainer Frank）、［德］托比亚斯·海尔姆斯（Tobias Helms）：《德国继承法》（第六版），王葆莳、林佳业译，中国政法大学出版社 2015 年版，第 27-28 页。

③ 《瑞士民法典》第 611、612、651 条。

（2）划分分配份额。继承人应按继承人或继承亲系的数目，将遗产分为相应的分配份额。继承人间无法达成协议时，主管政府部门可应某一继承人的请求，在考虑了共同继承人之间的关系、地方习俗及多数人的愿望后，划分分配份额。继承人应当对于按份额进行的分配达成协议；不能达成协议的，采用抽签的方法决定份额的分配。

（3）原物分割。共有关系的终止以分割实物等方法完成。

（4）变价分割。因分割而严重损害其价值的物，应完整地分配给继承人中一人。当继承人之间对某物的分割或分配不能达成协议时，应变卖该物，并分割价金。如继承人中之一人请求对遗产中的财产进行拍卖，则应采用拍卖的方式。但是，继承人之间对采取公开拍卖或是在继承人之间内部拍卖不能达成协议时，主管政府部门有裁决权。

（5）补偿分割。对共有物进行分割时，可将全物归于共有人中的一人或若干人，再由其向其他共有人补偿。

2. 特殊方法①

（1）健在配偶的特殊权利。夫妻双方居住过的房屋、公寓或使用过的家具属于遗产的，健在配偶可以请求获得该房屋、公寓或家具的所有权，计入其继承份额。在情势合理的场合，应健在配偶或其他法定继承人的请求，该配偶可以不取得上述房屋、公寓或家具的所有权，而是取得使用权或居住权。但被继承人执业或营业的场所系其直系卑血亲继承人继承经营所必需的，健在配偶不能主张上述权利，但《农民继承法》另有规定的除外。

（2）特殊遗产的分割方法。遗产属于性质上结合为一体的物因继承人中一人的异议，不得分割。家族文件和具有情感价值的物品，如继承人中一人有异议，不得变卖。就是否变卖某物或是否计入应继份而分配给某个继承人，如继承人间无法达成协议，

---

① 《瑞士民法典》第612a、613、613a、617、618条。

应由主管政府部门参考地方习俗，无习俗时，对各继承人间的个人关系进行考虑后裁定。

农业经营的用益承租人死亡，且由其继承人中一人继续承租的，该继承人可请求按经营价值和应继份进行折算后，将所有经营所需的动产（牲畜、工具、仓储等）划归其继承。

对于不动产，应当按分割时的市场价格计入继承份额。继承人对不动产折价金额的意见不一致的，则由政府指定的专家确定其估价。

（四）日本立法例

分割遗产需要考虑属于遗产的物或权利的种类及性质，各继承人的年龄、职业、身心状态、生活状况及其他相关情况。遗产分割以原物分割为原则，如因分割其价值会明显减少或继承人无法达成协议的，法院可以命其拍卖后分割价金。[①]

（五）意大利立法例

1. 一般方法[②]

（1）遗产范围的确定。必须出售遗产的，在变卖遗产后，共同分割人应当报告账目以便确定遗产中的资产和负债、每个继承人应当继承的遗产份额、继承份额之间的差额，以及应当由共同分割人退还的金额。负归扣义务的共同继承人，应当交出遗嘱人赠予的全部财产。每个继承人还应当将自己对被继承人所负的债务和基于共有关系对其他继承人所负的债务从自己享有的遗产份额中扣除。继承人在交出受赠财产时未能返还原物或未扣除有待扣除的债务的，在遗产分割之前，其他继承人可以依各自享有的遗产份额，按比例先从遗产中提取与本应交出的财产或待扣除的债务相等的部分。先取的遗产应当尽可能与未能返还的财产性质和质量相同。

---

① 《日本民法典》第 906、258 条。

② 《意大利民法典》第 726-730、718-722、736 条。

(2) 应继份的确定。继承人应当按照每项财产的市场价格对遗产中的剩余部分进行估价。在遗产估价后，应当依继承人的人数或依参加遗产分割的支数进行遗产份额分配。原则上，分配给每个继承人的遗产应当包括一定数量的相同性质、质量的动产、不动产和债权，以实物分配份额不均等的，差额部分以现金结算。并且，在可能的情况下，应当尽量避免分割具有历史、科学和艺术价值的图书室、画廊或者收藏品。均等分配的份额，以抽签的方式决定其归属。不均等分配的份额，逐一进行分配。对于配置相同但是数额不同的分配份额，也可以抽签的方式决定遗产的归属。如果全体继承人同意，则可以委托一名公证人进行上述各条规定的有关交付遗产的操作。

(3) 原物分割。每个继承人都可以请求以遗产中的动产或不动产的实物形态满足自己的遗产份额。

(4) 变价分割。为清偿遗产债务或其他遗产负担，拥有半数以上遗产的继承人认为有必要出售遗产的，应当首先拍卖动产；必要时，拍卖那些最少损害共同分割人利益的不动产。在需要全体共同继承人一致同意才能出售遗产的情况下，遗产的出售可以不公开进行而在共同分割人中变卖，受遗赠人或者债权人提出异议的情况除外。对于不宜原物分割的不动产，如果没有继承人提出获得该不动产的请求，则对该不动产进行拍卖。如果全体共同分割人对出售不动产的约定和条件未达成一致，则由司法机关作出决定。对于遗产中根据国民生产利益不得进行分割的财产，除有特别规定外，准用上述关于不动产拍卖的规定。

(5) 补偿分割。如在遗产中有不适宜进行分割的不动产，或者对该不动产的分割将会损害国民经济利益或者破坏环境卫生，则应当整体保留不动产并且由取得不动产的继承人向其他共同继承人承担以现金返还超出自己应得份额遗产的责任。该不动产既可以分配给对其享有最大份额的继承人，也可以在数名继承人共同提出请求的情况下，分配给全体提出请求的继承人。

（6）被分割后的财产原权利证书的移交。完成遗产分配后，应当分别给予每个继承人与其取得的财产和权利相关的证明文件。对已经进行了分割的遗产，所有权证书应当给予占较大份额的继承人，该继承人同时承担应其他共有人的请求随时提供使用该证书的义务。遗产以均等的份额分配的，所有权证书给予由全体共有人推选出来的继承人，他同时承担应其他共有人的请求随时提供该证书的义务。推选证书保管人时意见不一致的，根据利害关系人的请求，由继承开始地的初审法院法官在听取其他继承人的意见后作出决定。

2. 特殊方法①

（1）配偶的特殊权利。即使有其他人一同与健在配偶参加遗产分配，如作为居所的房屋和家具的所有权属于配偶双方或属于被继承人，则健在配偶享有房屋的居住权以及家具的使用权。上述权利由被继承人可以处分的份额承担，如上述份额不够，由配偶的应继份承担不足部分，仍不够的，由子女的应继份承担。

（2）特殊遗产的分割办法。在对用于耕作或适宜进行耕作的土地进行分割时，必须以最小耕作单位为基础进行操作。最小耕作单位应当理解为一个农业家庭劳作所必需且充足的土地面积。各地行政机关应当根据各地的生产规划和人口情况，在听取行业协会意见后，确定最小耕作单位。如违反该规定，可由检察机关请求撤销。提起撤销之诉的权利自行为登记之日起经过3年不行使而消灭。如果该耕地低于最小耕作单位，则应当整体保留该耕地，由取得该耕地的继承人以现金形式向其他继承人承担返还超出自己应得份额遗产的责任。该耕地可以分配给对其享有最大份额的继承人，也可以分配给提出请求的数名继承人。如果没有继承人提出请求，则对该不动产进行拍卖。

---

① 《意大利民法典》第540、846、848条。

（六）俄罗斯立法例

1. 一般方法[①]

（1）原物分割，对按份共有财产的分割应当首先采取实物分割。

（2）补偿分割，如法律不允许以实物方式分出份额，或以实物方式分出份额可能对共有财产造成严重损害，则可要求其他按份共有人向他给付其份额的价值。继承人如果因优先分配权使得其获得的遗产与其应继份不相等，该继承人应通过将遗产中的其他财产转归其余的继承人或给付相应的金钱数额等方式给其他继承人予以补偿。

2. 特殊方法[②]

（1）特定继承人的优先权。民法典规定了遗产共有权人、遗产经常使用人、无住房之人、与被继承人共同生活等继承人有以自己的应继份取得特定遗产的优先权利。具体情况如下：

第一，如继承人与被继承人共有遗产中的某不可分物，对于该物，共有的继承人不论其是否使用该物，其均享有以其应继份取得该物的优先权。

第二，对于遗产中的不可分物，经常使用该物的继承人有以其应继份取得该物的优先权。

第三，对于不能实物分割的遗产中的住房，继承开始前居住在该处且没有其他住房的继承人，对非房屋所有人的其他继承人享有以其应继份取得该房屋的优先权。

第四，直至继承开始时一直与被继承人共同生活的继承人，享有以其应继份取得家居和日常生活用品的优先权。

第五，对遗产中的企业部分，在继承开始之日已被登记为个体企业的继承人或为遗嘱继承人的商业组织，有权以其继承份额

---

① 《俄罗斯联邦民法典》第 252、1170 条。
② 《俄罗斯联邦民法典》第 1168-1169、1176-1185 条。

优先获得该企业。

（2）特殊遗产的分割办法。民法典在第五编"继承法"中用专章规定了这些特殊遗产的分割办法。具体情况如下：

第一，对于被继承人参加商业合伙、商业公司和生产合作社有关权利的继承。被继承人在相应合伙、公司或合作社注册资本中的股份属于遗产。如依据上述组织的设立文件，继承人参加上述组织需要其余参加人或合作社其余成员的同意，而继承人取得了这种同意，则继承人有权依照本法及其他相关法律或文件从上述组织取得所继承股份的实际价值或与之相当的财产。两合公司投资人的遗产包括他在注册资本中的股份，获得该股份的继承人成为两合公司的投资人。股份公司股东的遗产包括属于他的股票，获得股票的继承人成为股份公司的股东。

第二，对于消费合作社有关的权利的继承。继承人有成为相应消费合作社社员的权利，该继承人不得被拒绝加入合作社。被继承人的股金转移给数个继承人时，继承人中由谁加入消费合作社和向非合作社社员的继承人支付应得实物或金额的程序、方式等问题，由消费合作社相关的立法和文件规定。

第三，对于遗产中的企业部分。在继承人中无人享有优先取得权或不行使该权利，如果继承人的协议未作其他规定，则不应对企业进行分割，而应由继承人按其应继份对企业实行按份共有。

第四，对于农场成员财产的继承。如农场成员死亡，而其继承人本人不是该农场的成员，则他有权按其所继承遗产的份额从农场成员共同共有财产中取得补偿。给付补偿的期限由继承人与农场协商确定，在无法达成协议时，由法院裁定，但该期限应限于继承开始起1年内。如农场成员未与上述继承人有不同协议，则被继承人在农场中的财产份额视为与农场其他成员的份额相等。如农场吸收继承人为成员时，则不向他进行补偿。

第五，对于限制流通物的继承。如遗产中有武器、烈性和剧毒物质、麻醉品和精神药物等其他限制流通物，继承人接受包括上述物品的遗产不需要专门许可。如被继承人未被发给专门许可，则继承人对该物品的所有权依法终止，销售该物品所取得的金额在扣除销售费用后应移交给继承人。

第六，对于遗产中的土地，属于继承人共有的土地在分割时应考虑对相应用途土地所规定的最低面积。在土地不能按照上述办法进行分割时，土地移转给以其继承份额取得该土地的优先权的继承人。对其余继承人应予以补偿。如果继承人中任何人均不享有取得土地的先取权或者行使这种优先权，则继承人对该土地的占有、使用和处分按照按份共有的条件进行。

第七，对于国家或地方组织按优惠条件提供的财产的继承。国家或地方组织因被继承人残疾或其他类似情况按优惠条件提供给他的交通工具和其他财产，属于遗产，按本法典规定的一般原则进行继承。

二、遗产分割方法的国外立法评析

（一）立法之相同点

1. 一般方法

上述国家立法之相同点主要有：遗产分割原则上采取原物分割的方式，如果对遗产分割有损物之效用，则可以采取变价分割或补偿分割的方式。

2. 特殊方法

上述国家立法之相同点主要有：除日本外，各国都规定了特定继承人的优先权和特殊遗产的分割方法。

（二）立法之不同点

前述六个国家之立法不同点在于：

1. 一般方法

上述国家关于遗产分割的一般方法的规定主要有如下不同点：

第一，是否规定应继份的确定方式不同。法国、意大利、瑞士规定在遗产总额确定的前提下，按继承人的人数或继承人的房

数确定应继份。继承人间的份额在价值上均等。应继份的分配以
继承人的合意或抽签的方式进行。此外，意大利还规定应继份在
具体的构成上，原则上分配给每个继承人的遗产应当由一定数量
的相同性质、质量的动产、不动产和债权等组成。实物分配份额
不均等的，差额部分以现金结算。笔者认为，应继份的确定是继
承人分割遗产的前提。故在遗产分割制度中，应对如何确定应继
份予以明确规定。上述意大利的规定体现了在继承人间公平分配
遗产的理念，值得借鉴。在各共同继承人对于如何取得应继份时，
上述国家规定应以其合意或抽签的方式取得，该规定也比较合理。
分配份额组成后，具体由谁取得哪一份，当然首先应由继承人具
体协商，如继承人不能协商时，用抽签的方式来确定其归属也较
能体现公平。当然继承人如果协商不成，其可以请求法院进行裁
判，但如各继承人之间的情况差异不大，且无任何遗产分割的实
体标准可供参考时；如各继承人均想取得某一分配份额中所包含
的一幅名人字画时，法官作为居间裁判的第三者是左右为难，此
时实体标准已用尽，该分配份额分配给谁均不影响遗产的使用或
保存时，第三人裁决已经不存在任何依据，[1] 故即便是在法院裁判
分割之时，通过继承人采取抽签的方式也不失为一种保证公平的
有效手段。

　　第二，补偿分割的方式不同。意大利法律规定对不宜实物分
割的不动产，既可以由享有最大份额的继承人取得，也可以由提
出请求的全体继承人取得，而其他国家对此无规定。笔者认为，
前者规定由享有最大份额的继承人取得有一定的合理性，这一规
定值得借鉴。因为占有较大份额的人取得不动产的所有权，对于
给其他未取得所有权的继承人予以现金补偿更加容易实现。但是

---

　　[1] 李友根：《论抽签程序在经济法中的运用》，载《现代法学》2008 年第 3 期，
第 66 页。此外，澳门《民事诉讼法典》第 990 条也有关于抽签在各共同继承人分配份
额分配时予以应用的明确规定。

由所有请求的全体继承人共同取得的方式并不合理，其不仅不利于不动产的利用，日后还需要再进行一次分割，故除非数个继承人均同意此种分割方法，否则原则上不宜采取此种分割方式。

第三，变价分割的理由和方式不同。一般情况下在遗产不宜进行原物分割或继承人无法达成分割协议时，才将遗产变卖换取价金。但法国、意大利均规定，为清偿遗产债务或其他遗产负担有必要出卖财产的，也可变卖遗产。对于变价分割的方式，各国均规定可以采取拍卖的方式。笔者认为，为清偿遗产债务而变卖遗产应为许可，其有利于继承人在清偿完债务后再行分割剩余财产，有利于分割的一次性完成，但是变价分割应在原物分割和补偿分割均不能实现的前提下才予以应用。遗产分割，以原物分割为原则，因为原物分割是最能满足共同继承人平等意思的遗产分割办法。[①] 在不能进行原物分割的前提下，且有继承人愿意取得不可分割的遗产的，由该继承人取得该遗产，并对其他继承人予以现金补偿。如果继承人间都愿意取得该遗产但不能达成协议或继承人都不愿意取得该遗产的，该遗产应予以拍卖。拍卖可以在有条件的继承人间或第三人间进行。但如继承人中有两人以上愿意取得该遗产的，考虑到对于被继承人的遗产，被继承人更倾向于由继承人取得，故在此情况下，该拍卖应首先在继承人间进行，由数个继承人竞价，竞价高者得，[②] 并且如受遗赠人或者债权人认为此种拍卖将明显损害自己的权益的，其可以提出异议。如数个继承人中都不愿意取得该遗产的，则拍卖才在继承人之外的第三人中进行。

第四，是否规定了遗产价值的确定日期不同。仅法国规定财

---

① 陈锡川：《遗产分割与共同继承人间平等》，"国立"政治大学法律学研究所1999年硕士学位论文，第7页。

② 有学者认为在共有人均想取得该共有物而给对方补偿时，在征得共有人同意的基础上，可以在共有人之间采取竞价的方式，由竞价高的共有人取得共有物的所有权。参见丁建新：《共有财产分割适用竞价方法初探》，载《政治与法律》1993年第6期。

产的价值按照分割文书确定的分开享益之日的价值评估，但如果选择确定的日期更方便于实现等额分割，法官可以将分开享益的时间确定为更早的日期。笔者认为，随着社会经济的发展，遗产价值在继承开始后遗产分割前会发生较大的变动。遗产价值的确定应以遗产分割时为准。因为，继承开始后遗产分割前，在父母一方死亡、另一方健在的情况下，子女一般不会要求马上分割父母一方的遗产，而是待另一方也去世后一并进行分割，故继承人之间会形成 10 年、20 年甚至更长的时间都不分割遗产的局面。①因此，以遗产分割时作为遗产价值确定的时间，对继承人较为公平。

第五，是否规定获得实物的继承人可以对其他继承人延期给付不同。仅法国规定应向财产总额内退回多取的财产差额的继承人可以在其他继承人同意的前提下获得支付宽限期；按法律规定取得遗产优先权的继承人可要求向其他共同分割人支付最高相当于一半差额的款项，其他款项可在 10 年内计算利息后支付。笔者认为，此种规定值得借鉴，因为在遗产主要由被继承人遗留的农业、商业、手工业等各种类型的企业构成或者是价值较大的不动产时，要求获得所有权的继承人对于其他继承人予以一次性现金补偿往往存在较大困难，而如因为该继承人无法补偿，其他继承人就要求通过变卖的方式予以分割的话，不仅有违被继承人的意愿，而且有违社会公益。因为该企业往往是被继承人一生的心血，被继承人并不愿意看到因为自己的死亡而导致企业的分崩离析。此外，企业的存续与否还关系到企业职工的生存利益，故如企业被变卖，这些职工的生存也将面临问题。故如允许获得该遗产所有权的继承人在一定期限内分期支付补偿金，上述问题或许可以得到妥善解决。

第六，是否规定了继承人继续保持对遗产共有的条件不同。

---

① 张玉敏:《继承法律制度研究》，法律出版社 1999 年版，第 80 页。

法国规定在有未成年直系卑血亲和健在配偶时，其可以请求法院保持对各类企业、居所、营业场所或其内配置的动产维持到未成年直系卑血亲和健在配偶死亡之时。俄罗斯规定对于未行使优先权的企业或不宜分割的土地，由继承人按份共有，其他国家无此规定。笔者认为，俄罗斯的规定较法国的规定更为合理。虽然前者更有利于保护未成年直系卑血亲和健在配偶的利益，但不利于遗产效用的发挥，且对于其他同一顺序继承人而言不公平。而俄罗斯规定先由特定人行使优先权，只有无人行使其优先权时，为了遗产更有效地利用，才规定继承人对此按份共有。

2. 特殊方法

上述国家关于遗产分割的一般方法的规定主要有如下不同点：

第一，关于特定继承人所享有的特殊权利的具体规定不同。(1) 权利的客体不同。法国为符合特定条件的农业、商业、工业、手工业的整体、部分或该企业的共有份额及公司权益、被继承人死亡时其实际居住的场所及其内配备的动产所有权或租赁权、其实际从事职业活动的场所及其内配备的动产的所有权或租赁权及其继续租赁被继承人生前以佃农身份或分成制佃农身份经营的农村财产所必需的全部动产等享有优先分配权；德国为对婚姻家计的标的和结婚礼物享有先取权；瑞士和意大利为对配偶双方居住过的房屋和使用过的家具的所有权；俄罗斯为继承人与被继承人共有遗产中的某不可分物，继承人经常使用的属于遗产的不可分物，继承开始前居住的房屋、家居用品及日常生活用品以及遗产中的企业的所有权。日本无此规定。(2) 权利的请求主体不同。法国、俄罗斯规定的请求主体包括健在配偶和其他继承人，而其他国家主要为配偶。比如，法国规定作为共有权人的其他继承人对于上述配偶享有优先权的物品同样享有优先权。俄罗斯规定与被继承人共有不可分物的继承人、经常使用不可分物的继承人、继承开始前居住在房屋而且没有其他住房的继承人对于上述物品享有优先权；直至继承开始之日与被继承人共同生活的继承人对于家居用品及日常生活用品享有优先权；在继承开始之日已被登记为个体企业者的继承人或为遗嘱继承人的商业组织，对遗产中的企业部分享有优先权；与被继承人一起在该土地上劳动、耕作并依靠该土地生活的人对该土地享有优先权。而瑞士规定农作物的继续承租之继承人享有优先权。意大利规定大块土地所有人对小块土地所有人享有优先权。（3）权利是否应受限制不同。瑞士规定如健在配偶享有优先权的居所系被继承人职业或营业的场所而该场所是直系卑血亲继续经营所必需的，则健在配偶不能主张该权利。其他国家无此规定。

笔者认为，除日本外，上述五个国家都赋予了特定继承人对于特定遗产的优先权。这不仅有利于最大限度发挥遗产的生产和生活效用，而且体现了实质公平的价值理念，值得我们借鉴。从涉及的遗产类型而言，法国的规定包括了各类企业、居所、从事职业活动的场所及农村财产等各种类型，规定较为全面。从优先权行使的主体而言，俄罗斯的范围最广，既包括与被继承人共有不可分物的继承人、经常使用不可分物的继承人、继承开始前居住在房屋而且没有其他住房的继承人、与被继承人共同生活的继承人，也包括其他继承人以及与被继承人一起在该土地上劳动、耕作并依靠该土地生活的继承人等。可以说，上述两国立法从不同的角度对遗产的优先分割规则作了事无巨细的规定，有利于指导司法实践的开展，值得我们借鉴。从优先权具体的规则设计来看，笔者认为，俄罗斯将优先权人分为共有权人、使用权人与被继承人共同生活的继承人，对于非共有权人、非使用权人及非与被继承人共同生活的人而言对于特定的财产享有优先权的规定，显得层次分明，更值得借鉴。但关于企业的优先权分割规则，法国的立法则更胜一筹。俄罗斯规定仅已被登记为个体企业的继承人或为遗嘱继承人的商业组织才享有优先权，这一规定限制了优先权的请求权主体，不利于优先权的实际行使。法国将优先权的主体扩大到实际参与经营企业的继承人，更符合社会的生活实际，且便于操作。对于有多名继承人均请求行使优先权时，应先由继承人协商，在无法达成一致意见时，再由法院裁判的规定也显得更具操作性。

除法国和俄罗斯外，德国、瑞士和意大利也规定了遗产的优先分配规则。但上述各国均将优先权的请求权主体限于健在配偶。这样规定也有一定的道理，从配偶继承人和血亲继承人对遗产的贡献来看，配偶继承人的贡献往往要大于其他继承人，在实行夫妻共同财产制的国家，被继承人的遗产实际上是夫妻齐心协力共同努力的结果。而从感情来看，配偶继承人与被继承人共同生活的时间以及对被继承人情感的投入，往往也是其他继承人所无法比拟的。因此，在优先权的设计上，应对配偶继承人和血亲继承人分别立法并明确其各自不同的权利及行使的先后顺序。

关于健在配偶的优先权内容的设计，我们认为瑞士的立法规定较为合理，可予借鉴。瑞士立法规定健在配偶可以其应继份优先取得对于夫妻双方居住过的房屋、公寓或使用过的家具的所有权。这样规定既有利于保障健在配偶的生活水平不因被继承人突然死亡而受到较大影响，也有利于在最大限度上发挥上述遗产的效用。此外，瑞士立法还规定在情势合理的场合，应健在配偶或其他法定继承人的请求，该配偶可以不取得上述房屋、公寓或家具的所有权，而是取得使用权或居住权，这是优先权分配的例外原则。因为现实生活中的继承情况千差万别，如果不视具体情况而作一刀切的规定，势必无法保障在特殊情况存在时的实质公平。比如，现实生活中健在配偶的应继份不够取得该房屋所有权，且其又无能力对其他继承人予以补偿。在此情况下，为保障健在配偶的生存权，赋予其对房屋的居住权和家具的使用权，而由其他继承人取得所有权，则不可不说是一种较为妥当的处理。但同时，瑞士立法对于健在配偶享有的上述优先权明确规定了限制条件，即上述场所系其直系卑血亲继承人继承经营所必需的，则健在配偶不能行使该权利。这体现了遗产分割时应最大限度地发挥遗产效用的立法价值取向，即使是要对健在配偶的权利予以保护，也不能妨碍遗产效用的发挥。因为遗产的分割不仅关系到继承人的利益，而且关系到社会的进步和发展。在遗产分割时，被继承人的企业由在其生前就参与经营的继承人继续经营能创造更多的社会价值。

第二，是否对特殊遗产规定了特殊的分割方法不同。除日本外，其他国家均有规定。如意大利规定在分割用于耕种时的土地时要注意以最小耕作单位来操作，对于具有历史、科学和艺术价值的图书室、画廊或者收藏品尽量不分割。瑞士规定对家庭有特别纪念意义的物，应完整地分配给继承人中的一人；遗产属于性质上结合为一体的物因继承人中一人的异议，不得分离。俄罗斯用专章具体规定了各类特殊遗产的分割方法，这些遗产包括股份、企业、土地、限制流通物等。笔者认为，对于特殊遗产的分割方式另行规定实有必要。司法实践中，针对上述特殊遗产如何分割的案例也在不断涌现，故建议参考法国、瑞士、俄罗斯等国家的立法模式，结合我国的实际情况，以列举的形式对各类特殊的遗产规定其分割方式。

第三，是否规定健在配偶在继承开始后的特定时间内可以无偿使用住房和家具不同。法国规定健在配偶可在被继承人死亡后1年内基于婚姻的权利无偿使用其实际占有夫妻双方的住房或属于被继承人遗产的住房以及住房内配备的属于遗产的动产，而其他国家无此规定。笔者认为，关于被继承人的死亡，一般而言，最悲痛的莫过于被继承人的配偶。在被继承人死亡后赋予健在配偶对于双方共同居住房屋一定期限的居住权，既有利于满足健在配偶的实际生活需要，也有利于体现继承法的亲属伦理价值取向，值得借鉴。

第五节　我国遗产分割方法制度的完善建议

针对我国立法的现状和司法实践的情况，在对我国民众分割遗产方法的习惯以及国外立法现状进行考察评析的基础上，提出完善我国遗产分割方法制度的立法建议。

一、明确遗产分割的流程和一般方法的适用顺序

我国立法对于遗产分割的流程未有明文规定。前述司法实践的考察结果表明，关于遗产分割，法院首先会确定遗产分割的范围和继承人的范围，然后再确定各继承人的应继份。在确定应继份的组成时，一般会将动产和不动产均纳入各继承人的应继份。但如被继承人遗留的遗产既有动产又有不动产时，法院在考虑价值均等的基础上也会根据实际情况判决动产归一个继承人所有，不动产又归另一个继承人所有，而取得价值较高的继承人给予另一个继承人现金补偿。但现实生活中，继承人之间因为应继份的组成以及如何分割经常发生争议，故为了减少纷争，让当事人息讼服判，建议对遗产分割的流程、应继份的组成以及一般方法的适用顺序等均予以明确。

借鉴法国、瑞士、意大利的规定，遗产分割时，在继承人范围和遗产总额确定的前提下，应先对遗产进行估价。因我国民众在继承开始后并不马上分割遗产，而随着时间的流逝，遗产的价值也会发生变化，故该价值应以遗产分割时为准。关于应继份的组成，意大利立法规定，原则上分配给每个继承人的遗产应当由一定数量的相同性质、质量的动产、不动产和债权等组成，该规定保障了遗产在继承人间的公平分配，故值得借鉴。关于应继份的分配，继承人之间可以协商的，应由继承人先协商，在继承人之间无法协商时，结合我国司法实践中当事人的实际操作办法，可以采用抽签的方式。

　　关于遗产分割一般办法的适用顺序，我国《民法典》第 1156
条规定，应首先进行实物分割，不能实物分割的再采用折价、补
偿或共有的方式。但前述司法实践的考察表明，即使有上述明文
规定，但在司法实践中仍争议不断。如当事人对于共有的房屋到
底是进行实物分割还是保持共有争执不下，导致一审法院判决后
二审上诉要求改判，造成讼累。故对《民法典》第 1156 条第 2 款
应进一步予以明确。除表明实物分割优先外，对于补偿分割、变
价分割和共有的适用顺序也应予以明确。原则上，实物分割第一、
补偿分割第二、变价分割第三、保持共有最后。原因在于实物分
割是最能满足继承人平等分割遗产的方法。补偿分割则在不能进
行原物分割的前提下，由有意愿的继承人取得该遗产并对其他继
承人予以补偿。变价分割则在继承人均不愿意取得遗产时或继承
人都愿意取得遗产但不能达成一致时适用，借鉴意大利的立法例，
变价分割可以采取拍卖的方式，且拍卖可以在继承人和第三人之
间进行。基于继承人和被继承人的特殊身份关系，应优先在继承
人之间进行。受遗赠人或遗产债权人认为此种拍卖明显损害自己
权益的，可以提出异议。保留共有的方式原则上应在当事人协商
一致的前提下适用，因为如当事人之间存在矛盾，对遗产保持共
有可能会进一步加剧继承人之间的矛盾从而导致二次诉讼，而这
有违遗产分割的效率原则。

　　综上，关于遗产分割的流程和一般方法的适用顺序的具体建
议如下：

　　遗产分割时，应当按照每项财产的市场价格对遗产进行估价。
估价的日期以遗产分割时为准。在遗产估价后，应当依遗嘱或继
承人的协议或依法律的规定进行遗产份额分配。[①] 遗产在依法律规
定分割的情况下，原则上，分配给每个继承人的遗产应当包括一

---

　　① 　陈苇主编：《中国遗产处理制度系统化构建研究》，中国人民公安大学出版社
2019 年版，第 494 页。

定数量的相同性质、质量的动产、不动产和债权。分配份额组成后，具体由谁取得哪一份，首先应由继承人进行协商，如继承人不能协商的，可采取抽签的方式确定。

遗产分割，可以采用原物分割、补偿分割、变价分割和保持共有的方式。

遗产分割，应当首先采用原物分割的方式。在不能进行原物分割时，由实际取得该遗产的继承人对其他继承人予以现金补偿。

继承人都愿意取得该遗产但不能达成一致或继承人都不愿意取得该遗产的，该遗产应予以拍卖。拍卖可以在继承人或第三人间进行。该拍卖应首先在继承人间进行，但受遗赠人或者债权人提出异议的除外。

如继承人协商一致，可以对遗产中的某些财产继续保持共有。

二、设立特定继承人的优先权

前述司法实践的考察结果表明，在继承人为健在配偶时，关于被继承人遗留的房屋，如该房屋本身是夫妻共同财产或是被继承人的个人财产，但在被继承人生前为夫妻共同居所时，法院倾向于将房屋的所有权判决归健在配偶所有，而由其给付其他继承人折价款。前述关于我国民众遗产分割方法习惯的调研结果也显示，在被继承人仅留有一套房屋且该房屋为被继承人生前和其配偶共同居住时，如健在配偶和儿子均想取得房屋时，近七成的民众认为应由配偶取得。可见，无论是司法实践还是我国民间习惯，在遗产分割时均给予健在配偶特别的优待。这主要是因为健在配偶相对于家庭中其他继承人而言有着不同的地位。在生活上，配偶之间相互扶持、照顾，对另一方而言是不可或缺的依靠和最为重要的支撑，在家庭财富积累方面，夫妻双方是家庭财富的主要创造者，对此付出了最多的劳动和辛苦。① 然而，遗产分割是依照各继承人的应继份在继承人之间公平分配遗产的法律制度，因此，在照顾配偶的前提下，也应兼顾其他继承人的利益。同时，遗产分割还涉及与遗产相关的第三人的利益，虽然对配偶继承人应给予特殊保护，但是也不能损害遗产债权人的利益。因此，对于配偶继承人利益的特殊保护必须注意其与其他继承人利益及相关第三人利益的平衡。

对于配偶继承人利益的保护，笔者认为，可以分三个层面进行：第一，借鉴法国立法例，赋予继承开始后1年内健在配偶对于属于夫妻双方所有或被继承人所有的在被继承人生前作为主要夫妻居所的房屋的居住权和日常生活用品的使用权。该项权利直接基于婚姻权利取得，不从健在配偶的应继份中扣除。第二，借鉴瑞士立法例并结合我国民间遗产分割的习惯，首先应明确健在配偶有以自己的应继份优先取得属于夫妻双方所有或被继承人个人所有的在其生前作为夫妻主要居所的房屋和生活用品的所有权。② 在夫妻一方死亡时，健在配偶如是房屋和生活用品的共有权人的，其作为对房屋享有较大份额之人，由其取得所有权，一方面有利于房屋和生活用品效用最大限度的发挥，另一方面也可以最大限度地照顾健在配偶的感情。同时，由对房屋占有较大份额的健在配偶取得，也容易实现对其他继承人的现金补偿。但如立即进行现金补偿有困难的，可以采用延期给付的方式。延期给付的期限先由继承人协商，在无法协商时，由法院裁判。但健在配偶的上述权利应受到一定的限制，如该居所为其他继承人继承经营所必

① 申建平：《继承法上配偶法定居住权立法研究》，载《求是学刊》2012年第4期，第69页。
② 张玉敏主编：《中国继承法建议稿及立法理由》，人民出版社2006年版，第10页；陈苇主编：《外国继承法比较与中国民法典继承编制定研究》，北京大学出版社2011年版，第637、641页；陈苇：《〈中华人民共和国继承法〉修正案建议稿》，载易继明主编：《私法》2013年第10辑第2卷，华中科技大学出版社2013年版，第20页。

需的，健在配偶不能主张该项权利。第三，如果该房屋本身为被继承人所有，或者房屋的共有权人为其他继承人导致健在配偶无力以自己的应继份取得房屋和日常生活用品的优先权，为保护健在配偶的权利也兼顾其他继承人的利益，在健在配偶无可供居住的房屋时，其对属于遗产的房屋享有居住权，对于日常生活用品享有使用权，该权利直至健在配偶死亡或其重新缔结新的婚姻关系时，但配偶应向取得房屋和生活用品所有权的人支付租金。租金由双方协议，在不能协议时由法院裁判。①

关于其他继承人的优先权利，笔者认为可以借鉴俄罗斯立法例，首先明确作为不可分物的共有权人相对于不是共有权人的其他继承人而言，对该物享有以其应继份取得该物的优先权。如果数个继承人均为共有权人的，借鉴意大利关于不动产分割的立法例，由占有较大份额的继承人取得。在此情形下，共有权人的优先权会与前述配偶对于房屋的优先权产生冲突。在配偶对于该房屋享有的份额不是最大或非共有权人时，其以健在配偶身份对房屋享有的所有权不能对抗共有权人的优先权。因为健在配偶虽应给予特殊保护，但其他继承人的利益也应兼顾，在继承人为遗产的共有权人时，由其取得该遗产可以最大限度上发挥遗产的效用，且易于实现对其他继承人给予补偿从而结束分割。在此情况下，健在配偶不能享有以应继份优先取得房屋的所有权，但其仍可以通过给付租金的方式享有对房屋的居住权。其次，经常使用在遗产中的不可分物的继承人对不使用该物的继承人，对于该不可分物享有作为其继承份额取得该物的优先权。最后，直至继承开始之日与被继承人共同生活的继承人，在遗产分割时享有作为其继承份额取得家居用品及日常生活用品的优先权。② 这不仅有利于充

---

① 王利明：《中国民法典学者建议稿及立法理由》，法律出版社 2005 年版，第 527 页。

② 陈苇：《〈中华人民共和国继承法〉修正案建议稿》，载易继明主编：《私法》2013 年第 10 辑第 2 卷，华中科技大学出版社 2013 年版，第 20 页。

分发挥遗产中的不可分物的效用，而且有利于明确在数个继承人对遗产中的同一不可分物均请求获得所有权时的分割办法，从而有利于法官依法裁判。

关于农业、商业、工业、手工业或自由职业等各类企业的分割办法，法国立法例和陈苇等学者建议稿中均明确规定与被继承人共同经营企业的继承人对遗产中的该企业及公司权益相对于其他继承人享有以自己的应继份取得所有权的优先权。[1] 这体现了发挥经营性遗产的效用和兼顾继承人利益的理念，值得借鉴。具体而言，参考法国立法例，该优先权的行使，由多名有继承权的人共同提出，以共同保持共有财产。在各方当事人不能协商一致的情况下，向法院提出优先分配财产的请求。法院根据当事人的利益、其管理财产的能力和参加经营活动的时间来裁判。除各共同分割人均同意外，获得企业优先权的继承人应对其他继承人给予现金补偿。但其也可以采用延期给付的方式进行，具体期限和给付金额由双方协议，协议不成时由法院裁判。[2]

综上，关于特定继承人的优先权的具体建议如下：

继承开始后，如健在配偶实际占有属于夫妻双方所有或被继承人个人所有的房屋，且该房屋在被继承人生前为夫妻双方的主要居所的，该健在配偶可在1年内当然无偿地使用该住房以及住房内配备的属于遗产的动产。

遗产分割时，健在配偶对属于夫妻双方所有或被继承人个人所有的在被继承人生前作为双方主要住所的供双方使用的生活住房及其内配置的动产相对于其他继承人享有以自己的应继份优先取得所有权的权利。立即补偿有困难的，健在配偶可以请求以延

① 陈苇主编：《外国继承法比较与中国民法典继承编制定研究》，北京大学出版社2011年版，第643页；陈苇：《〈中华人民共和国继承法〉修正案建议稿》，载易继明主编：《私法》2013年第10辑第2卷，华中科技大学出版社2013年版，第21页。

② 鉴于我国企业类型的多样化，企业的继承还须按照我国《公司法》的相关规定进行，故在此只作原则性的规定。

期给付的形式行使该权利，具体期限和给付金额由健在配偶和被补偿人协商，不能协商时，由法院裁判。

如果健在配偶不选择上述优先分配权，健在配偶仍然可以享有对于上述房屋的居住权和其内配置的动产的使用权，该权利直至其死亡或是再婚时止。但是其应向取得所有权的继承人给付租金，租金的数额由双方协议，不能协议时，由法院裁判。

不可分物的共有权人，对于该不可分物享有以其继承份额取得该物的优先权。如果数个继承人均为共有权人的，由占有较大份额的继承人取得。健在配偶对于房屋的优先权不得对抗房屋共有权人的优先权。

经常使用在遗产中的不可分物的继承人，对于该不可分物享有作为其继承份额取得该物的优先权。

直至继承开始之日与被继承人共同生活的继承人，有以其应继份取得家居用品和日用品的优先权。

行使优先权的继承人对取得遗产中超出其应继份的部分，应向其他继承人进行补偿。

对于农业、商业、工业、手工业或自由职业等各类企业，与被继承人共同经营企业的继承人对遗产中的该企业及公司权益相对于其他继承人享有以自己的应继份取得其所有权的优先分配权。如该优先权的行使，由多名有继承权的人共同提出，可以共同保持共有财产。在各方当事人不能协商一致的情况下，向法院提出优先分配财产的请求。法院根据当事人的利益、其管理财产的能力和参加经营活动的时间来裁判。除各共同分割人均同意外，获得企业优先权的继承人应对其他继承人给予补偿。补偿也可以采用延期给付的方式进行，具体期限和给付金额由双方协议，协议不成时，由法院裁判。

三、增设遗产分割的特殊方法

正如前述俄罗斯立法用专章对特殊遗产作了专门规定，这不仅更便于操作，也为法官裁量提供了依据。在我国确定哪些物应作特别规定时，针对我国司法实践的现状，借鉴瑞士和意大利立法例和我国民众遗产分割的习惯，对性质上结合为一体的物，因某一继承人的异议，应完整地分配给某一继承人；对家庭有特别纪念意义的物、祖传物因继承人中一人的异议，不得变卖。就应否变卖某物或应否计算后将该物分配给某继承人，继承人间不能达成协议时，由法院根据地方习俗，无地方习俗时，在考虑各继承人间的个人关系后裁定；对具有历史、科学和艺术价值图书室、画廊、收藏品，在有继承人反对的情况下，原则上不分割，由继承人保持共有。具体建议如下：

对于遗产性质上结合为一体的物，因某一继承人的异议，应完整地分配给某一继承人。

对家庭有特别纪念意义的物或祖传物，因继承人中一人的异议，不得变卖。就应否变卖某物或应否计算后将该物分配给某继承人，继承人间无法达成协议时，由法院根据地方习俗裁定，无地方习俗时，考虑各继承人间的个人关系后裁定。[1]

具有历史、科学和艺术价值的图书室、画廊、收藏品，在有继承人反对的情况下，原则上不分割，由继承人保持共有。

---

[1]　陈苇主编：《中国遗产处理制度系统化构建研究》，中国人民公安大学出版社2019 年版，第 494 页。

第七章 遗产分割效力制度

本章在考察我国遗产分割效力制度立法现状的基础上，分析我国司法实践现状存在的问题。在考察我国民众分割遗产效力习惯的基础上，借鉴国外立法例，提出完善我国遗产分割效力制度的立法建议。

第一节 我国立法现状的考察与评析

本节对我国遗产分割效力制度的立法现状进行考察与评析。

一、我国立法现状的考察

我国《民法典》未规定遗产分割的效力制度。关于遗产分割是否有溯及力以及遗产分割后继承人之间是否承担担保责任均未有明文规定。

二、我国立法现状的评析

遗产分割的效力制度空白，主要存在以下问题：

第一，缺少遗产分割是否具有溯及力的规定。关于遗产分割是否具有溯及力，我国学术界主要有移转主义和溯及主义两种观点。持移转主义观点的学者认为遗产分割有创设的效力，各继承人对于分割所得之所有权或其他权利，系由分割共同共有遗产而来，而不是从被继承人处得来。持溯及主义观点的学者认为遗产分割溯及继承开始时发生效力，继承人不是因遗产分割而取得权利，而是直接从被继承人处取得权利。[①] 前者更有利于保护善意第三人之利益，而后者更符合继承之本质。遗产分割是否具有溯及力，涉及继承人和第三人的切身利益，故采用哪种观点，我国立法须予以明确。

第二，缺少各共同继承人之间瑕疵担保责任的规定。虽然我国《民法典》第304条第2款规定："共有人分割所得的不动产或者动产有瑕疵的，其他共有人应当分担损失。"但这里的不动产或动产仅仅是针对物权的，对于遗产是债权的情况没有规定。[②] 而遗产分割时，继承人可能分得物权，也可能分得债权、股权以及知识产权等。故对遗产分割时共同继承人之间的瑕疵担保责任应予明确。对此，国外不少国家规定遗产分割后，各继承人在其分割所得遗产的实际价值范围内，对其他继承人因分割所得的遗产，负与出卖人相同的担保责任。对于分得债权的继承人，其他继承人对债务人的清偿能力负担保责任。规定共同继承人之间的瑕疵担保责任也是基于遗产分割应保障各共同继承人之间的公平而设立的，故在上述损失发生时，未受损失的继承人也要承担一定的损失。各共同继承人之间承担损失的比例以各继承人分得的遗产价值为限。此外，各国还对担保责任的成立要件、内容、责任的分担及免除和限制作了明确规定，这些都应在完善我国遗产分割制度时予以确立。

第三，缺少遗产分割时遗产有遗漏应如何处理的规定。在继承人分割遗产时，需要首先厘清遗产的范围。但如被继承人去世时未留有遗嘱，则继承人对于被继承人遗留的财产和权利具体包括哪些可能并不清楚。在继承人通过各种方式搜索确定了遗产范

---

① 张玉敏：《继承法律制度研究》，法律出版社1999年版，第156页。
② 陈苇主编：《外国继承法比较与中国民法典继承编制定研究》，北京大学出版社2011年版，第638页。

围并实际分割遗产后，可能还会出现部分遗产被遗漏的情形，对于该情形，具体该如何处理，是继承人之间进行补充分割还是重新进行分割，这些均需要予以明确。

第二节　我国司法实践案例的考察与评析

本节通过梳理司法实践中遗产分割效力制度的相关案例，对其存在的问题进行剖析。

一、我国遗产分割溯及力的司法实践考察与评析

（一）主要案情简介①

被继承人方某（于 2016 年 7 月过世）与丈夫陆某（于 2002 年 5 月报死亡）育有四子三女，即原告陆某 1、被告陆某 2、被告陆某 3、被告陆某 4、陆某 5（于 2016 年 11 月过世）、被告陆某 6、陆某 7（于 2021 年 1 月过世）。被告邵某 1 是陆某 5 与丈夫邵某的独生子。被告朱某 1 是陆某 7 与丈夫朱某的独生女。方某的父母早已先于其过世。

方某生前未留遗嘱，陆某 5、陆某 7 二人生前未表示过放弃对方某遗产的继承。系争房屋的产权于 2005 年登记在被继承人与原告二人名下，共有方式为共同共有，涉案房屋现由原告居住使用。原告想置换房屋，故主张对母亲的产权份额进行继承分割。其中，陆某 2、陆某 3、陆某 4、陆某 6 四人应当各自继承 1/14 的产权份额，朱某、朱某 1、邵某、邵某 1 四人应当各自继承 1/28 的产权份额，而原告继承 1/14 的产权份额后可享有系争房屋 4/7 的产权份额。现因被告邵某未能配合办理继承公证，故原告向法院起诉。

法院审理后认为，方某的遗产是系争房屋中属于其名下的二分之一产权份额。原告以支付被告折价款的方式取得系争房屋的

---

① 上海市浦东新区人民法院（2023）沪 0115 民初 66180 号民事判决书。

全部产权份额，房屋总价按照 400.40 万元计算。法院判决：一、房屋归原告陆某 1 所有，全体被告应于本判决生效之日起 30 日内配合原告办理房屋产权变更登记手续；二、原告陆某 1 应于本判决生效之日起 2 年内支付被告陆某 2、陆某 3、陆某 4、陆某 6 房屋折价款 28.6 万元/人，支付被告朱某、朱某 1、邵某、邵某 1 房屋折价款 14.3 万元/人。

（二）适用法律评析

本案为法定继承纠纷，原告因被告之一不同意配合办理房产变更手续起诉到法院。法院审理后，将房屋判归原告所有。根据我国《民法典》第 230 条规定，因继承取得物权的，自继承开始时发生效力。学术界通说认为，本规定意味着继承人从被继承人死亡时即取得对遗产的所有权。在本案中，被继承人方某于 2016 年 7 月过世，此时，原、被告全体继承人取得被继承人方某遗留的房屋的所有权。关于各继承人对于房屋的关系，学术界通说亦认为系继承人共同共有。假设上述意见成立，根据我国《民法典》第 232 条的规定，如继承人处分不动产物权，应依照法律规定办理登记，未经登记的，不发生法律效力。现原告作为继承人之一请求分割该房产并将房产登记在自己名下，实际上是各继承人拟将全体继承人共有的财产通过分割而转化为个人财产。而这种行为属于处分行为。因此，按照我国《民法典》的规定，全体继承人应先将涉案房产登记在全体继承人名下之后，才可以向法院提起遗产分割之诉。但本案中，涉案房产登记在原告和被继承人名下，在诉讼前，各继承人并未先将涉案房产办在全体继承人名下。而是通过遗产分割之诉，直接将被继承人的房产变更至继承人名下。由此可见，在司法实践中，对于遗产分割的溯及力，我国法院采"宣言主义"的观点，即遗产分割效力溯及继承开始时。这表明继承人直接从被继承人处取得遗产，而非各继承人对应有部分的交易或互换。① 而从房地产登记情况来看，其允许继承人不经共同共有登记而直接登记为所有人，也表明我国房地产登记实务上采宣言主义。②

二、我国遗产分割时共同继承人担保责任承担情况的司法实践考察与评析

（一）主要案情简介③

张某与刘某育有子女三人，即张某 1、张某 2、张某 3。张某夫妇生前在某市有北房 3 间、南房 3 间、西房 5 间。张某于 1988 年 1 月去世，刘某于 1996 年 3 月去世。2013 年 3 月，经张某 1、张某 2、张某 3 协商签订《析产协议》，确定父母留下的房屋中南房东数第 1 间、北房 3 间、西房北数第 5 间归张某 2 所有，南房东数第 2 间、第 3 间和西房北数第 1 间归张某 3 所有，西房北数第 2 间、第 3 间、第 4 间归张某 1 所有，并办理了公证。2013 年 8 月，上述房屋变更为由张某 1、张某 2、张某 3 三人共同共有。

当张某 1 准备办理各自的产权证时，张某 2 于 2013 年将南房东数第 1 间翻建导致张某 1 无法办理自己的产权证书。张某 1 要求将协商归张某 2 的北房东数第 1 间和归张某 1 的西房北数第 2 间、第 3 间归其所有，大门及院落共同使用，其余房屋如何分配由法院确定。

法院审理后认为，张某 1、张某 2、张某 3 作为张某与刘某的第一顺序继承人，就位于某市房屋的归属达成了一致意见，并已办理了共同共有的产权证书及公证书。张某 1、张某 2、张某 3 应当按照《析产协议》的约定确定房屋权属并互相协助办理各自的产权证书。现张某 2 擅自翻建房屋，导致张某 1 无法办理产权证

---

① 这为司法实践中法院所采取的普遍观点。
② 广东省佛山市顺德区人民法院（2022）粤 0606 民初 32663 号民事判决书；《不动产登记暂行条例实施细则》（2019 年修正）第 14 条。
③ 北京市丰台区人民法院（2016）京 0106 民初 10378 号民事判决书。

书，侵犯了张某1的合法权益。关于房屋的分割应当依据公证书处理，分得的共有物存在瑕疵给产权人造成损失的，应由侵权人予以赔偿。法院判决：位于某市×号院南房东数第1间、北房3间、西房北数第5间归张某2所有；西房北数第2间、第3间、第4间归张某1所有；西房北数第1间和南房东数第2间、第3间归张某3所有；大门及院落由张某1、张某2、张某3共同使用；在具备过户条件的情况下，张某1、张某2、张某3互相协助办理房屋产权变更登记手续。

（二）适用法律评析

本案为共有物分割纠纷，双方争议的焦点为涉案房屋的分割方式。张某1、张某2、张某3为被继承人张某与刘某的子女，在被继承人去世后，三人就父母遗留的房屋如何分割达成了协议并作了公证。2013年，房屋被登记为三人共同共有。后张某1在准备将房屋登记为各自所有时，发现张某2擅自将分配给自己的一间房屋进行了翻建，从而导致自己无法办理房屋过户登记。法院审理后认为，公证的遗产分割协议系双方的真实意思表示，故关于房屋的分割方式应按照原有方式保持不变。对于张某2擅自将房屋进行翻建的行为，系对张某1权利的侵害，故应承担侵权赔偿责任。在本案中，张某1的诉求仅为对涉案房屋进行分割，并没有提出损害赔偿的请求，故张某1可另案进行处理。法院最终判决张某2擅自翻建的一间房屋仍归张某1所有，实际上已对张某1的所有权进行了保护。因为，从实际生活出发，翻建一般会增加房屋现有的价值。当然，关于该翻建部分，张某1也可以通过诉讼请求张某2拆除。从上述法院的处理决定，我们不难看出，在继承人分得的共有物存在瑕疵时，法院支持侵权人给予赔偿。

三、我国遗产分割无效与可撤销情形的司法实践考察与评析

（一）遗产分割无效情形的司法实践考察与评析

1. 主要案情简介①

胡某与蒋某系夫妻关系，于 1980 年结婚，婚后生育了三个女儿，长女胡某 1、次女胡某 2、三女胡某 3。胡某于 2006 年因病死亡，蒋某于 2007 年死亡。胡某的父母先于其去世；蒋某的父亲先于其去世，其母蒋某 1 尚在。被继承人胡某、蒋某在 1990 年盖了房屋一所。被继承人胡某死亡后，其家属与医院于 2006 年 11 月 11 日达成赔偿协议：医院赔偿胡某 1、胡某 2、胡某 3、蒋某医疗费、死亡赔偿金等共计 168000 元。

2006 年 11 月 19 日，原告胡某 1、胡某 2 和被告胡某 3 及蒋某签订协议约定：（1）胡某 3 必须继承胡家门户，子女必有姓胡。（2）胡某 3 在继承父亲所有遗产的同时，必须监护、扶养好母亲。（3）母亲所拥有的相关遗产，在母亲百年归终后归胡某 3 所有。原告胡某 1、胡某 2 请求分割上述遗产，而被告辩称双方已按协议处分，原告无权要求再分。

法院审理后认为，2006 年 11 月 19 日的协议是当事人的真实意思表示，但协议所附条件即"被告胡某 3 必须继承胡家门户，子女中必有姓胡"，限制、侵犯了被告胡某 3 的婚姻自主权及他人（子女）的姓名权，违反了法律的强制性规定，故该协议无效，被继承人的遗产应按法定继承来处理。

2. 适用法律评析

本案为法定继承纠纷，双方争议的焦点为涉案遗产分割协议是否有效。法院审理后认为，该遗产分割协议违反了法律的强制性规定故而无效。司法实践中，有不少法院在认定遗产分割协议的效力时，适用的是民事法律行为无效和可撤销的规定。比如，

---

① 云南省玉溪市中级人民法院（2009）玉中民一终字第 57 号民事判决书。

原告胡某1、胡某2、胡某3与被告胡某4、胡某5等法定继承纠纷一案，关于遗产分割《补偿协议书》的效力，因被告胡某5为限制民事行为能力人，故该协议无效。① 又如，范某1诉范某等法定继承案，关于范某1、范某2、范某3所签订的《房屋产权协议》的效力，范某1为精神病人，一般应视作限制行为能力人，故其所签订的《房屋产权协议》无效。② 再如，刑某1与刑某3、刑某4、刑某5法定继承纠纷一案，关于刑某1、刑某3就21号院内房屋及院落分配所签订的《协议》，因损害了其他继承人，即刑某4、刑某5的利益，违反了我国《民法典》的相关规定，故该协议无效。③

　　此外，如按照被继承人的遗嘱分割遗产，则主要审查遗嘱订立时的形式要件和实质要件是否符合法律的规定。实质要件主要考虑的仍是是否符合我国《民法典》总则编民事法律行为无效和可撤销的相关规定，而形式要件主要审查是否符合我国《民法典》继承编所规定的对各类型遗嘱的要求。北京市海淀区人民法院在对2019年至2022年遗嘱继承纠纷案件进行梳理时发现，导致遗嘱产生效力争议的主要原因为设立的遗嘱不符合法定的形式要件，如自书遗嘱不是本人亲自书写、代书遗嘱见证程序存在瑕疵、打印遗嘱中遗嘱人没有同时书写签名和日期、共同遗嘱的遗嘱人不是夫妻等。④

　　（二）遗产分割可撤销情形的司法实践考察与评析

　　1. 主要案情简介⑤

　　被继承人林某某、张某某夫妇共生育三子，长子林某甲（被

---

①　广东省佛山市顺德区人民法院（2022）粤0606民初32663号民事判决书。

②　重庆市永川区人民法院（2011）永民初字第02862号民事判决书。

③　北京市第一中级人民法院（2023）京01民终5008号民事判决书。

④　林挚、樊高远、许鹏：《海淀法院发布2022年度遗嘱继承纠纷审判白皮书及典型案例》，载海淀法院网，https://bjhdfy.bjcourt.gov.cn/article/detail/2023/03/id/7219370.shtml，访问时间：2024年2月4日。

⑤　云南省保山市中级人民法院（2014）保中民一终字第201号民事判决书。（被

告)、次子林某、三子林某乙(原告之一)。林某于1997年去世,林某有一子林某丙(原告之一)。张某某于2010年去世,林某某于2013年去世。林某某、张某某夫妇有住房一套,原、被告认可价值为300000元,现由原告林某乙居住;某小区27平方米铺面一间,6平方米厨房一间,原、被告认可价值为300000元。林某某于2012年1月10日书写"遗嘱"1份,2012年7月13日书写"遗嘱"1份。上述"遗嘱"要求二处房产由被告林某甲继承50%,原告林某乙继承30%,原告林某丙继承20%。

一审法院审理后认为,庭审中,原、被告同意二处房产各值300000元,总价为600000元,法院予以认可。依据遗嘱和法律规定,二处房产原告林某乙应继承的总额为31.25%,原告林某丙应继承的总额为25%,被告林某甲应继承的总额为43.75%。原告林某乙和被告林某甲应继承的份额较大,该房宜归林某乙所有,某小区铺面房归林某甲所有,由林某乙和林某甲支付给林某丙相应的价款。

一审判决后,林某甲认为一审法院认定某小区铺面价值300000元与其实际价值相差极大,从而提起上诉要求对铺面进行价值评估后重新分割。二审法院受理后,经上诉人林某甲申请,法院委托评估公司对铺面房进行评估,结论为市场价值144000元,被上诉人林某乙、林某丙质证认为评估价格偏低,不予认可。法院审理后,最终按照实际评估价格对该铺面进行重新分割。

2. 适用法律评析

本案为法定继承纠纷,双方争议的焦点主要为一审中双方所确认的某小区27平方米铺面一间的价值300000元与实际价格是否有出入。在二审中,经上诉人申请,该房屋经专业评估公司评估后最终确认其价值为144000元,对此,法院予以确认并按照该价格对该铺面重新进行了分割。虽然法院并未明确说明对该铺面进行分割的具体理由,但从二审评估和一审双方协商的价格来看,二者相差156000元。故如按照一审价格分割该铺面,则明显对上诉人林某甲不公平。故二审法院实际上依据重大误解的规定允许林某甲撤销了一审时与其他继承人协商分割遗产的民事法律行为。可见，我国《民法典》总则编中关于民事法律行为可撤销的规定在遗产分割中仍然适用。

四、我国遗产分割时补充分割情况的司法实践考察与评析

（一）主要案情简介①

被继承人杨某与原告李某 1 是夫妻，是原告李某 2 的继父、被告杨某 1 的父亲、被告周某和杨某 2 的养子。2015 年 3 月 4 日，被继承人杨某病故。原告于 2019 年 1 月向法院提起诉讼请求分割遗产。2019 年 7 月，法院作出云 0103 民初 1427 号民事判决书，以法定继承的方式判决被继承人杨某的遗产，由原、被告五人各继承 1/5。判决生效后，经原告多方寻求，终于在某公司查到了被继承人杨某的两次共 4 万元出资证明、《申请》及银行转账 91800 元的记录。原告认为，上述资金属于遗产要求依法分割。

法院审理后认为，被继承人杨某生前向某公司出资入股，合计出资入股 40000 元及其产生的孳息合计 91800 元，在其死亡后，应当作为遗产进行继承。上述原被告五人均系法律规定的第一顺序继承人。故被继承人杨某遗产应当由上述原被告五人各自继承 1/5。

（二）适用法律评析

本案为法定继承纠纷，双方争议的焦点为被继承人是否还有遗漏的遗产。法院审理后认为，被继承人杨某生前向某公司出资入股，合计出资入股金额人民币 40000 元及其产生的孳息合计 91800 元为被继承人的遗产，该财产未在（2019）云 0103 民初 1427 号继承纠纷案中进行分割，属于遗漏的遗产，故按照平均分配的方式在五个继承人中进行分割。由此可见，全部继承人在对

---

① 昆明市盘龙区人民法院（2021）云 0103 民初 5779 号民事判决书。

被继承人的遗产进行分割后又发现了其他遗产的，继承人仍然可以对遗漏的遗产进行分割。此时，法院并未就之前的分割推倒重来，而是仅就遗漏的遗产再次进行分割。司法实践中，有不少法院持该观点。如原告刘某与被告张某1、张某2、芦某、张某3继承纠纷一案，被继承人张某4留有某银行4800股自然人股未在（2021）沪0110民初5386号继承纠纷案中处理，属于遗留的遗产，法院对该财产进行了再次分配。① 又如，原告朱某1与被告朱某2、朱某3等法定继承纠纷一案，被告朱某2提出被继承人朱某还有金首饰、村集体欠朱某的20000元等，法院认为其并不在原告主张的遗产范围内，超出了原告的诉讼请求。如该财产确实存在，被告朱某2可另案起诉。②

第三节　我国被调查民众分割遗产效力的习惯统计与分析

本次调研主要围绕被调查民众分割遗产的效力展开。现将调研的情况作如下说明：

一、我国被调查民众对分割遗产是否具有溯及力的情况统计与分析

问题：老王死亡时留有一套房屋（价值50万元）、存款20万元以及小汽车一辆（价值10万元）。老王去世时，其配偶和唯一的儿子小王均在世。老王死亡后，双方协议由健在配偶取得房屋的所有权，而由其儿子取得存款和小汽车，请问你认为健在配偶和小王从何时起取得其所分得的遗产的所有权？（　　）［单选］

A. 老王去世时

---

① 上海市杨浦区人民法院（2021）沪0110民初9565号民事判决书。
② 江苏省兴化市人民法院（2021）苏1281民初1381号民事判决书。

B. 双方达成协议时

C. 双方对遗产实际分割后

D. 房屋和小汽车等办理了过户手续后

E. 其他（及理由）：_____

从表7-1关于被调查民众分割遗产何时生效的情况统计数据看，有219人（占比21.97%）认为老王去世时继承人就取得协议分得物品的所有权。有241人（占比24.17%）认为健在配偶和小王在达成遗产分割协议时取得各自分得物品的所有权。有299人（占比29.99%）认为继承人在对遗产实际分割后，各自取得所分得物品的所有权。有230人（占比23.07%）认为应等房屋和小汽车等办理了过户手续后，健在配偶和小王才能取得所分得遗产的所有权。这表明，仅两成的被调查民众赞同继承开始时继承人就取得遗产所有权，而占近八成的民众认为继承人取得遗产所有权的时间在继承开始后，分别为签订遗产分割协议时、实际分割遗产时和特殊动产或不动产办理过户登记手续后。可见，我国民众对遗产分割何时发生效力分歧较大。

表7-1　被调查民众分割遗产何时生效的情况统计

项目	人数（人）	比例（%）
A	219	21.97
B	241	24.17
C	299	29.99
D	230	23.07
E	4	0.4
未填写	4	0.4
合计	997	100

二、我国被调查民众对分割遗产是否应承担瑕疵担保责任的情况统计与分析

（一）被调查民众对于所分得的物的瑕疵担保责任的情况统计与分析

问题：村民老王于 2016 年 12 月 10 日因病去世，死亡时他留有 50 只羊。老王有两个儿子甲和乙，故老王死后，甲、乙每人各分得 25 只羊，但在双方分完羊两天之后，乙分得的 25 只羊中就有 2 只暴病死亡，死亡的原因是这两只羊在兄弟俩分割前就已经得了羊痘（一种急性传染病），请问：此种情况出现时，这两只羊的损失该由谁承担？（ ）[单选]

A. 乙自行承担，羊已经分配完毕，乙分到了 2 只病羊，应该自认倒霉

B. 由甲和乙共同承担，甲应再分给乙一只羊或按一只羊的价格进行补偿

C. 按一只羊的价格进行补偿，但乙承担大部分损失，甲承担小部分损失

D. 其他（及理由）：_____

从表 7-2 被调查民众关于两只羊死亡损失如何承担的情况统计数据来看，我国西南三省（市）被调查民众中，有 294 人（占比 29.49%）认为该损失应由乙自行承担，因为羊已经分配完毕，乙分到了 2 只病羊，应该自认倒霉。有 431 人（占比 43.23%）认为该损失应该由甲、乙二人共同分担，甲应再分给乙一只羊或一只羊的价格进行补偿。有 262 人（占比 26.28%）认为该损失由两人共同承担，但是应该由乙承担大部分，由甲承担小部分。可见，我国西南三省（市）被调查民众认为对两只羊的损失责任的承担方式主要有两种：一是由分得死羊的继承人自行承担该损失；二是由两个继承人分担该损失，分担的方式又有公平分担和分得病羊的继承人多承担两种模式。即持第一种观点的人占近三成，持

后一种观点的人占近七成，其中支持公平分担损失的人占多数。

表 7-2　被调查民众关于死羊损失分担的情况统计

项目	人数（人）	比例（%）
A	294	29.49
B	431	43.23
C	262	26.28
D	7	0.7
未填写	3	0.3
合计	997	100

此外，根据我国学者 2017 年 1 月至 2 月对我国十省（市）被调查民众涉及遗产分割的观念及处理习惯进行的调研，统计数据显示在重庆、吉林、上海、河北、湖北、江西、四川、广东、海南、福建被调查民众赞同继承人之间应对遗产承担瑕疵担保责任的比例分别为 53.31%、40.5%、48.06%、44.24%、58.18%、52.13%、47.56%、67.22%、59.33%和 53.38%。[①] 这表明，该十省（市）被调查民众对于继承人之间是否应承担瑕疵担保责任认识不一，认为承担担保责任和不承担担保责任的几乎各占一半，未来应通过立法对该问题予以明确。

（二）被调查民众对于所分得的权利的瑕疵担保责任的情况统计与分析

问题：企业家老王于 2016 年 12 月 10 日因病去世，其死亡时留有存款 200 万元，债权 200 万元，老王只有两个儿子甲和乙，老

---

① 陈苇主编：《当代中国民众财产继承观念与遗产处理习惯调查实证研究（上卷、下卷）》，中国人民公安大学出版社 2019 年版，第 52、161、257、346、444、543、643、749、836、923 页。

王死后，甲和乙协商由甲取得存款200万元，乙取得债权200万元（该债权未到期）。甲和乙对上述财产进行分配后，乙取得债权所对应的遗产债务人无法归还200万元的欠款，故乙实际上未分到任何财产，请问在此情形下乙的损失应由谁承担？（　）［单选］

A. 乙自行承担，遗产已经分配完毕，乙分到了无法偿还的债权，应该自认倒霉

B. 甲和乙共同承担，甲应给予乙100万元进行补偿

C. 按100万元进行补偿，但乙承担大部分损失，甲承担小部分损失

D. 其他（及理由）：＿＿＿＿＿＿

从表7-3被调查民众关于债权损失承担的情况统计数据来看，我国西南三省（市）被调查民众中，有295人（占比29.59%）认为该损失应由乙自行承担，遗产已经分配完毕，乙分到了无法偿还的债权，应该自认倒霉。有411人（占比41.22%）认为该损失应该由甲和乙共同承担，甲应给予乙100万元进行补偿。有275人（占比27.58%）认为按100万元进行补偿，但乙承担大部分损失，甲承担小部分损失。可见，关于债权的损失承担方式和上述两只死羊的承担方式基本一致，即近三成的人认为应由分得债权的人乙自行承担该损失，近七成的人认为应由继承人甲和乙分担该损失，其中认为应平均分担的人占四成。

表7-3　被调查民众关于债权损失承担的情况统计

项目	人数（人）	比例（%）
A	295	29.59
B	411	41.22
C	275	27.58
D	12	1.21

项目	人数（人）	比例（%）
未填写	4	0.4
合计	997	100

（三）被调查民众关于遗产分割有遗漏时遗产分割效力的情况统计与分析

问题：老王死亡时留有一套房屋（价值50万元）和小汽车一辆（价值10万元）。老王去世时，其配偶和唯一的儿子小王均在世。老王死亡后，双方协议由健在配偶取得房屋的所有权，其儿子取得小汽车。双方将上述遗产分割完毕后，又发现老王还有银行存款10万元。请问：双方已达成的前述分割协议是否有效？（　　）[单选]

A. 有效，只需再对10万元存款进行分割就是

B. 无效，需对上述全部财产重新通盘考虑分割办法

C. 其他（及理由）：＿＿＿＿＿＿＿＿

从表7-4被调查民众关于遗产分割不完全效力的情况统计数据来看，我国西南三省（市）被调查民众中，有487人（占比48.85%）认为在还有10万元存款未分割的情况下，继承人之前所做的遗产分割有效，他们只需再对10万元存款进行分割就是。有352人（占比35.31%）认为继承人之前的分割无效，他们需对上述全部财产重新通盘考虑分割办法。可见，我国西南三省（市）被调查民众对遗产分割有遗漏时，关于遗产分割的效力有分歧。有近五成的民众认为在发现遗漏物之前的遗产分割有效，对于遗漏物继承人再行分割就是。而三成半的民众不认同此观点，认为在遗产有遗漏物未进行分割时，前述分割应属无效，继承人之间对于包括遗漏物在内的遗产应重新考虑遗产分割的办法。

表 7-4　被调查民众关于遗产分割不完全效力的情况统计

项目	人数（人）	比例（%）
A	487	48.85
B	352	35.31
C	73	7.32
未填写	85	8.53
合计	997	100

第四节　国外立法现状的考察与评析

遗产分割后各共同继承人之间对于所分得的遗产的效力是否溯及继承开始时，各共同继承人之间对于所分得的遗产是否应承担瑕疵担保责任以及关于遗产分割的无效和可撤销是否有特别规定，各国的立法不尽相同。本节拟围绕上述问题对于遗产分割的效力进行国外立法例的考察与评析。

一、遗产分割效力的国外立法考察

（一）法国立法例

1. 遗产分割的溯及力①

每一共同继承人均视为从继承开始时起就取得其分配份额内的全部财产或经裁判拍卖而归其所得的全部财产，各共同继承人视为对遗产中的其他财产从未享有所有权。此效果适用于通过其他任何具有结束财产共有效果的分割行为，且不论此行为是全部或部分结束共有，也不论是否仅对某些财产或继承人结束共有。

①　《法国民法典》第 883 条。

但是，依据共同共有人的委托或法院裁判批准而有效完成的行为仍然保持其效力，不论在分割时作为分割客体的财产分配给何人，亦同。

2. 共同继承人间的担保责任①

由分割前的原因导致的财产侵害与追夺，共同继承人相互负担保责任。对某一继承人所分得的债务在遗产分割前已显露无支付能力的，所有的共同继承人负担保责任。如财产被追夺的情况、被遗产分割证书中明定的特别条款排除或是因继承人本人的过错引起，其他共同继承人不负担保责任。各继承人按其继承份额的比例对其他共同继承人因继承的遗产可能被追夺而受到的损失负补偿责任。如某一继承人无支付能力，应由其负担的部分，由被担保人和其他有清偿能力的共同继承人分担之。担保之诉讼时效期间为 2 年，自财产被追夺或发现侵害之日计算。

3. 遗产分割的撤销与补充②

财产分割得因受到胁迫、欺诈或错误而被撤销。错误是指共同分割人权利的存在或份额方面，包括在可分割的财产总数中的财产所有权方面发生错误。如可以通过撤销以外的途径补救因胁迫、欺诈或错误而造成的后果，则法院可应当事人的请求，命令补充分割或变更分割。如被遗漏的继承人通过请求受领其份额或者受领实物或受领财产份额的价值而不取消已经进行的分割。已经转让其分配到的财产份额之全部或一部分的共同分割人，如其进行的转让是在发现欺诈或错误之后，或者是在胁迫停止之后，不得再以欺诈、错误或胁迫为依据提起诉讼。

如共同分割人证明其实际所得的分配份额较之应继份短少四分之一以上因此而受到损害时，得由被告方选择，用金钱或实物补足该人的份额。为了评判这种损害，对遗产的所有物件均按照

---

① 《法国民法典》第 884-886 条。

② 《法国民法典》第 887-892 条。

分割时的价值作价。在遗产分割之后就其引起的困难达成和解或者实现相当于和解的行为之后，不准许再提出补足分配份额之诉讼。

在单纯的遗漏某项财产未进行分割的情况下，该财产进行补充分割。

（二）德国立法例

共同继承人之间的担保责任。共同关系终止时，共同标的被分给其中一人的，其他共有人中的任一人均按其应有部分对权利瑕疵或对物的瑕疵负与出卖人相同的担保责任。该继承人可以请求事后补充履行、请求解除合同或减少买卖价款、请求损害赔偿或偿还突然支出的费用。①

（三）瑞士立法例

1. 遗产分割的溯及力②

遗产分割，自继承份额分配完成并由继承人取得时起，或自分割文书订立时起，对继承人有约束力。遗产分割协议必须采用书面形式才具有效力。

2. 共同继承人之间的担保责任③

共同继承人，在分割终了后，对遗产互负买方与卖方的义务。共同继承人之间应当相互担保各继承人根据遗产分配所取得债权的成立，并在债权分摊数额的范围内，对债务人的清偿承担无条件保证责任，但涉及证券交易所的有价证券除外。担保义务的诉讼，其诉讼时效从分割终结时起算，期限为一年；债权在遗产分割后到期的，则从其可请求支付时起算，期限为一年。

3. 遗产分割的撤销④

对分割协议的撤销，依撤销合同的一般规定处理。

---

① 《德国民法典》第757、437条。
② 《瑞士民法典》第634条。
③ 《瑞士民法典》第637条。
④ 《瑞士民法典》第638条。

（四）日本立法例

1. 遗产分割的溯及力①

遗产的分割，溯及继承开始时发生效力，但不能损害第三人的权利。

2. 共同继承人间的担保责任②

对于实物分割，各共同继承人对其他继承人按其应继份承担与出卖人相同的担保责任。对于遗产债权，各共同继承人对其他继承人因分割而取得的债权按其应继份担保其分割时债务人的资力。就未届清偿期和附停止条件的债权，各共同继承人担保债务人应当清偿时的资力。在共同继承人中有人无法承担担保责任时，其不能偿还部分，由求偿人和其他有资力的人按其继承的份额分担。但求偿人有过失时，其他共同继承人不予分担。如果被继承人以遗嘱另为其他意思表示时，上述担保责任条项不予适用。

（五）意大利立法例

1. 遗产分割的溯及力③

继承之分割溯及继承开始时发生效力。各共同继承人对自己应继份中的全部财产，即使是通过拍卖而取得，均视为自继承开始时即已取得。

2. 共同继承人之间的担保责任④

因遗产分割前发生的事由所发生的纠纷和追夺，共同继承人互负担保责任。但如果遗产分割文书的条款中免除该担保或由于继承人自己的过失造成的，不产生担保责任。在遗产分割后，对其他继承人所分得的遗产，共同继承人还负有对遗产被追夺的担保责任。但如追夺是因继承人自己的过失所造成的，不产生担保

---

① 《日本民法典》第 909 条。
② 《日本民法典》第 911-914 条。
③ 《意大利民法典》第 757 条。
④ 《意大利民法典》第 758-760 条。

责任。某一继承人财产被追夺的，由承担担保责任的全体共同继承人，根据被追夺时各自享有的财产，同时考虑到遗产分割时各自财产的状况，按照被追夺时财产的价值进行计算，按比例向被追夺的继承人承担偿还被追夺财产的价值的责任。共同继承人中的一人无清偿能力的，其应承担的部分由被追夺的继承人与有清偿能力的全体继承人平均承担。自遗产分割之日起5年内，共同继承人对负有定期收益给付义务的债务人的清偿能力承担担保责任。

3. 遗产分割的无效和撤销①

继承人可因胁迫或欺诈而提起无效之诉。自胁迫停止或发现欺诈之日起经过5年，提起无效之诉的权利消灭。如果是在发现欺诈或者停止胁迫之后进行的转让，则全部或部分出让自己遗产份额的共同继承人不得再以欺诈或胁迫为由对分割提起撤销之诉。但如果出让仅限于遗产份额中的易腐败或者低价值之物，则该共同继承人不丧失诉权。如某一继承人证明遗产分割时其遭受了四分之一以上份额的损失，遗产分割可被取消。当遗嘱人指定给某一继承人的份额少于应属其份额的四分之一以上时，遗嘱人指定的分割亦可被取消。自遗产分割之日经过2年，提起撤销诉讼的权利消灭。遗产分割是否显失公平应依据遗产分割时财产的状况和价值对财产评估后确定。被起诉的共同继承人可以用现金或实物补足原告等方式中断撤销之诉以及阻止新的分割。

4. 补充分割②

分割遗产时，遗漏一项或者数项遗产的，不导致分割无效，只产生补充分割的效力。

---

① 《意大利民法典》第761、763、766-767条。
② 《意大利民法典》第762条。

二、遗产分割效力的国外立法评析

（一）立法之相同点

前述各国除德国外均对遗产分割的溯及力有所规定，并且前述各国对于共同继承人之间的瑕疵担保责任亦作了规定。

（二）立法之不同点

立法之不同点主要有：第一，关于遗产分割的溯及力的规定不同。上述各国的规定主要为两种立法模式：一是移转主义，认为在遗产分割后，遗产的所有权才归继承人所有。德国[①]、瑞士采取此模式。二是宣言主义，遗产自继承开始时已归属于各继承人单独所有，遗产分割只是宣告财产归属的既有状态。法国、日本、意大利采取此种立法例。第二，担保责任的诉讼时效不同。瑞士明确规定继承人主张担保责任的诉讼时效为分割后1年或债权可请求支付之日起1年，其他国家无此规定。第三，担保责任的免除方式不同。法国、意大利规定对分割后的原因引起的财产侵害、财产分割证书明确规定免除继承人的过错所致，共同继承人不发生担保责任。日本规定如求偿人有过失的或被继承人以遗嘱免除的，共同继承人间不发生担保责任。第四，宣告遗产分割无效和撤销的原因不同。法国规定因受到胁迫、欺诈、错误而被撤销。意大利规定因受欺诈或胁迫而作的遗产分割无效，因继承人证明在遗产分割中遭受了四分之一以上份额的损失或遗嘱人指定继承人的份额少于应属于其继承份额的四分之一以上时，可以提出撤销遗产分割的请求。瑞士规定根据法律有关撤销契约的规定宣告撤销分割契约。第五，是否规定了遗产分割无效和可撤销的诉讼时效期间不同。意大利规定提起无效之诉的权利自停止胁迫或发现欺诈之日起经过5年，提起撤销之诉的权利自遗产分割之日经过2

---

① 我国台湾地区学者认为如此。参见陈棋炎、黄宗乐、郭振恭：《民法继承新论》，三民书局2001年版，第195页。

年，其他国家则未作规定。第六，是否规定遗产分割的补充分配不同。法国和意大利规定共同继承人所得份额少于应继份四分之一以上时，应补足分配，被起诉的共同继承人可以用现金或实物补足原告等方式中断撤销之诉以及阻止新的分割，其他国家无此规定。第七，是否规定遗产的补充分割不同。法国和意大利规定在遗漏一项或数项遗产时，遗产分割并非无效，而是应进行补充分割。

笔者认为，第一，关于遗产分割的溯及力，从前述采取宣言主义和移转主义的代表性国家来看，采取宣言主义的国家认为，共同继承人之间对于遗产为按份共有关系，而采取移转主义的国家认为，共同继承人之间的关系为共同共有关系。因此，遗产分割后的效力采取宣言主义还是移转主义与各国关于各共同继承人之间关系的定位有密切的关系。实际上是罗马法主义与日耳曼法主义两种不同的立法例下遗产分割效力的区别，在罗马法主义下，强调个人的绝对自由，在共同继承时，各共同继承人是对组成遗产的各个财产享有按份共有权，而非针对整个遗产按份共有。而日耳曼法主义则认为，在共同继承时，各共同继承人是对整个遗产共同共有，各共同继承人只对遗产享有潜在的应继份，而非针对组成遗产的各个遗产享有共同所有权。故在罗马法主义下，认为各共同继承人之间所成立的按份共有状态不过为暂时的而不得已的情形，遗产分割后，各共同继承人之间的按份共有视为自始未发生。而在日耳曼法主义下，各共同继承人之间对遗产的共同共有状态下为确实的存在。故采取罗马法主义的国家认为，遗产分割的效力应溯及继承开始时，而采取日耳曼法主义的国家认为，遗产分割的效力应从对共有遗产的分割时开始。故我国采取溯及主义还是移转主义与我国立法对共同继承人之间对于遗产关系的定性密切相关。

第二，关于共同继承人的担保责任的诉讼时效，各国的规定有所差异。从为了便于担保责任的尽快履行，使遗产分割确定的发生效力，各共同继承人要求其他继承人承担担保责任的诉讼时效不宜太长。结合我国《民法典》第 188 条关于诉讼时效的规定，各共同继承人请求其他继承人承担担保责任的诉讼时效期间以权利被侵害时起 3 年为宜。[①] 关于该诉讼时效无须另行规定，统一适用我国《民法典》的规定即可。

第三，关于免除担保责任的方式，前述三个国家的规定值得借鉴。因为被继承人的遗嘱和共同继承人的协议为遗产分割的依据，所以，被继承人的遗嘱或共同继承人的协议明确规定免除遗产分割之担保责任的，各共同继承人可免除担保责任。而因遗产分割后的原因或继承人的过失导致遗产被侵害的各继承人也免除担保责任的理由在于遗产分割后各继承人实际取得各自的应继份，其对分得的应继份负注意义务，而基于公平原则，继承人因过失而导致遗产损害的，应对自己的行为负责，其他继承人没有为其担保的义务。

第四，关于遗产分割的无效或撤销，瑞士的立法值得借鉴。因为无论是法国规定因受到胁迫、欺诈、错误而被撤销，意大利规定因继承人证明在遗产分割中遭受了四分之一以上份额的损失而请求撤销，均可以被各国立法法律行为中关于无效和可撤销的内容涵盖，因此，关于遗产分割的无效和可撤销无须再单独立法，只要适用该国的相关规定即可。就我国的情况而言，应适用我国《民法典》中关于法律行为无效和可撤销的具体条件，即在遗产分割时存在无民事行为能力人实施的，行为人与相对人以虚假的意思表示实施的，违反法律、行政法规的强制性规定和违背公序良俗以及行为人与相对人恶意串通，损害他人合法权益情形的，遗产分割无效。[②] 在一方受欺诈、胁迫或因处于危困状态、缺乏判断

---

① 我国《民法典》第 188 条第 1 款规定："向人民法院请求保护民事权利的诉讼时效期间为三年，法律另有规定的，依照其规定"。

② 我国《民法典》第 144、146、153、154 条。

能力等情形而致使民事法律行为成立时显失公平的，受欺诈方、胁迫方或认为显失公平的一方可以请求撤销遗产分割。在双方对遗产分割的主要内容有重大误解时，也可以请求撤销该分割。①

第五，关于请求撤销分割的提起期限，同理也应该与各国关于法律行为规定的请求撤销的期限相一致。在我国，应适用我国《民法典》第152条的规定，即当事人知道或应当知道撤销事由之日起1年内、重大误解的当事人自知道或应当知道撤销事由之日起90日内没有行使撤销权的；当事人受胁迫，自胁迫行为终止之日起1年内没有行使撤销权的；当事人自民事法律行为发生之日起5年内没有行使撤销权的，撤销权消灭。

第六，关于遗产的补足分割，法国和意大利的规定较为合理。遗产分割后如可通过撤销以外的途径（如用实物和现金的方式）补救因胁迫、欺诈、错误而造成的后果时，可补足分割，而非撤销分割。因遗产分割最终的目的是使遗产分别归属于每一个继承人，则补足分割可以避免再次分割从而节约资源、提高效率。

第七，遗产分割时对部分遗产有遗漏的，法国和意大利的规定是合理的，值得借鉴。上述两国均认为在此条件下自应补充分割，而非撤销分割。笔者认为，虽然这样和补足分割一样可以达到一样的效果。但是如果遗漏的遗产达到全部遗产价值一定比重，如一半以上时，应允许各共同继承人请求重新分割而非补充分割。因为遗产分割是针对整个遗产而进行的，如果构成遗产价值一半以上的遗产被遗漏，该遗产对于各继承人的意义一般较为重大。如遗漏的遗产为住房，则住房是以实物分割给某一继承人，由该继承人对于其他继承人给予补偿，还是将该住房予以拍卖后在各继承人之间分配所体现的效果将大不相同，特别是在继承人中有需要住房满足其居住需要时显得尤为明显，故此时应将该房屋与之前所分割的遗产作通盘考虑，而非仅针对该房屋再进

① 我国《民法典》第147—151条。

行补充分割。

第五节　我国遗产分割效力制度的完善建议

针对我国立法的现状和我国司法实践的情况，在对我国民众分割遗产效力的习惯以及国外立法现状进行考察评析的基础上，提出完善我国遗产分割效力制度的立法建议。

一、明确遗产分割具有溯及力

关于遗产分割的溯及力，移转主义与宣言主义各有利弊，相较而言，移转主义有利于保障交易安全，宣言主义有利于其便捷性。从我国实际情况出发，采取宣言主义更为合适。虽然前述被调查的西南地区三省（市）民众中对遗产分割的效力观点不一（见表7-1），但从我国司法实践和房地产实务出发，我国实际上所采取的是宣言主义。从共同继承人对遗产的关系上来看，前述国外立法例表明，采取罗马法主义的国家认为继承人之间的共有不过为暂时的不得已的情形，而采取日耳曼法主义的国家认为继承人之间的共有为确实的存在。而从继承的本质来看，继承开始后，继承人对于遗产享有的权利为继承权而非所有权，继承权是继承人取得所有权的基础和依据，所有权是继承人享有继承权的结果和表现。离开了继承权谈所有权，所有权只能是"镜中花""水中月"。[①] 故关于遗产分割的溯及力的规定应回归到继承的本质，即继承人取得对于应继份的单独所有权其根本原因是被继承人的死亡所导致的财产转移，而非各继承人对于各自拥有份额的交易。

关于遗产分割具有溯及力的具体建议如下：遗产分割的效力

---

① 关于继承权和所有权关系的详细阐述，参见杜志红：《论继承权的迷失与回归》，载《法治论坛》2021年第4辑。

溯及继承时开始发生。[①]

二、明确共同继承人之间互负担保责任

规定共同继承人之间的担保责任，不仅有助于保护继承人的利益，而且可以防止继承人之间因分得的遗产瑕疵而导致的不公，[②] 关于担保责任的内容，应既包括物的瑕疵担保和权利的瑕疵担保。前述民众继承习惯表明，近七成的被调查民众认为如继承人所分得的物或权利有瑕疵的，分得的人和其他继承人应共同承担损失责任（见表7-2、表7-3）。我国不少学者主张借鉴国外立法经验完善我国相关立法，即遗产分割后，各继承人在其所得的遗产份额范围内，对其他共同继承人所分得的遗产承担与出卖人同样的担保责任。各继承人在其所得的遗产份额范围内，对其他共同继承人所分得的债权，对于债务人在遗产分割时的支付能力负担保责任。债权附停止条件或未满清偿期的，各共同继承人就债务人在清偿时的支付能力负担保责任。共同继承人中有人没有支付能力无法偿还其应承担的份额的，其无法偿还部分由有求偿权的继承人和其他继承人根据其所得遗产份额的比例共同承担。但如不能偿还是因有求偿权的继承人的自身过失所致的，其他继承人不负分担责任。[③]

关于遗产分割后继承人之间应承担的对遗产的瑕疵担保责任

---

① 陈苇：《〈中华人民共和国继承法〉修正案建议稿》，载易继明主编：《私法》2013年第10辑第2卷，华中科技大学出版社2013年版，第21页；杨立新：《中华人民共和国继承法（修正草案建议稿）》，载《河南财经政法大学学报》2012年第5期，第25页；梁慧星主编：《中国民法典草案建议稿附理由·继承编》，法律出版社2013年版，第200页。

② 王歌雅：《论继承法的修正》，载《中国法学》2013年第6期，第100页。

③ 王利明主编：《中国民法典学者建议稿及立法理由》，法律出版社2005年版，第620页；陈苇主编：《外国继承法比较与中国民法典继承编制定研究》，北京大学出版社2011年版，第644页；梁慧星主编：《中国民法典草案建议稿附理由·继承编》，法律出版社2013年版，第204-208页。

的具体建议如下：

遗产分割后，各继承人以其所得的遗产份额为限，对其他继承人分得的遗产承担与出卖人相同的担保责任。

各继承人以其所得的遗产份额为限，对其他继承人分得的债权，就遗产分割时债务人的支付能力承担担保责任。前款债权附停止条件或者未届清偿期的，各继承人应当就清偿时债务人的支付能力承担担保责任。

依前条规定，负担保责任的共同继承人中有无支付能力而不能偿还其分担份额的继承人，其不能偿还部分由有请求权的继承人与其他继承人按其所得遗产份额的比例分担。但如不能偿还是因为有请求的继承人过失所致、被继承人以遗嘱免除或继承人协议免除的除外。

三、明确补足分割和补充分割的条件

在司法实践中，经常会发生继承人分割遗产后又出现新的遗产而继承人请求二次分割的情形。此时，法院一般是就遗漏的遗产进行补充分割而非对全部遗产重新进行分割。关于遗产中遗漏物的分割，我国被调查民众观点不一，有五成的人认为原分割有效，仅需对遗漏物再次分割。而三成半的民众不认同此观点，认为应重新分割（见表7-4）。笔者认为，借鉴法国和意大利立法例，原则上应补充分割而非重新分割。但此时，需要考虑遗漏物的实际价值，如该遗漏物价值超过遗产总价值半数以上时，基于平等分割遗产的理念，应对全部遗产重新进行分割。

此外，司法实践中，还存在遗产分割被撤销或确认无效的情形。此时，遗产分割的无效和可撤销的判定适用民事法律行为的相关规定即可，无须另行规定。但借鉴法国和意大利的立法例，如可通过撤销以外的途径如用实物和现金的方式补救胁迫、欺诈、错误而造成的后果时，可以补足分割，而非撤销分割。这样可以提高遗产分割的效率。

关于遗产分割的补充和补足分割的条件，具体的建议如下：

遗产分割时对部分遗产有遗漏的，自应补充分割，而非撤销分割。[①] 但如果遗漏的遗产占全部遗产价值的比重较大且影响分割之公平的，继承人可以请求撤销原分割而进行重新分割。

遗产分割后如可通过撤销以外的途径补救后果时，可补足分割。被请求人可以选择用金钱或实物补足该继承人的份额。

---

① 徐国栋：《绿色民法典草案》，社会科学文献出版社 2004 年版，第 282 页。

参考文献

一、中文参考文献

（一）著作类

1. 刘春茂主编：《中国民法学·财产继承》，中国人民公安大学出版社 1990 年版。

2. 张玉敏：《继承法律制度研究》，法律出版社 1999 年版。

3. 刘悦：《中国财产继承法律制度研究》，中国海关出版社 2003 年版。

4. 郭明瑞、房绍坤、关涛：《继承法研究》，中国人民大学出版社 2003 年版。

5. 张平华、刘耀东：《继承法原理》，中国法制出版社 2009 年版。

6. 陈苇主编：《外国继承法比较与中国民法典继承编制定研究》，北京大学出版社 2011 年版。

7. 陈苇主编：《婚姻家庭继承法学》，法律出版社 2002 年版。

8. 王歌雅主编：《婚姻家庭继承法》，清华大学出版社 2008 年版。

9. 夏吟兰主编：《婚姻家庭与继承法学原理》，中国政法大学出版社 2011 年版。

10. 马忆南：《婚姻家庭继承法学》（第 2 版），北京大学出版社 2011 年版。

11. 李明舜主编：《婚姻家庭继承法学》，武汉大学出版社 2011 年版。

12. 陈苇等：《中国继承法理论与实践研究》，中国人民公安大学出版社 2019 年版。

13. ［意］彼德罗·彭梵得：《罗马法教科书》，黄风译，中国政法大学出版社 1992 年版。

14. 周枏：《罗马法原论》（下册），商务印书馆 2004 年版，第 575 页。

15. ［意］桑德罗·斯奇巴尼：《民法大全选译·遗产继承》，费安玲译，中国政法大学出版社 1995 年版。

16. ［古罗马］盖尤斯：《法学阶梯》，中国政法大学出版社 1996 年版。

17. ［意］桑德罗·斯奇巴尼：《婚姻·家庭和遗产继承》，费安玲译，中国政法大学出版社 2001 年版。

18. 由嵘：《日耳曼法简介》，法律出版社 1987 年版。

19. 李宜琛：《日耳曼法概说》，中国政法大学出版社 2003 年版。

20. 李秀清：《日耳曼法研究》，商务印书馆 2005 年版。

21. 程维荣：《中国继承制度史》，东方出版中心 2006 年版。

22. 邢铁：《家产继承史论》，云南大学出版社 2012 年版。

23. 杨立新主编：《中国百年民法典汇编》，中国法制出版社 2011 年版。

24. 陈苇主编：《当代中国民众继承习惯调查实证研究》，群众出版社 2008 年版。

25. 高其才主编：《当代中国分家析产习惯法》，中国政法大学出版社 2014 年版。

26. 陈苇主编：《当代中国民众财产继承观念与遗产处理习惯调查实证研究（上卷、下卷）》，中国人民公安大学出版社 2019 年版。

27. 梁慧星:《中国民法典草案建议稿附理由·继承编》,法律出版社 2013 年版。

28. 王利明:《中国民法典学者建议稿及立法理由——人格权编·婚姻家庭编·继承编》,法律出版社 2005 年版。

29. 徐国栋主编:《绿色民法典草案》,社会科学文献出版社 2004 年版。

30. 张玉敏:《中国继承法建议稿及立法理由》,人民出版社 2006 年版。

31. 陈苇主编:《中国遗产处理制度系统化构建研究》,中国人民公安大学出版社 2019 年版。

32. 陈苇、宋豫主编:《中国大陆与港、澳、台继承法比较研究》,群众出版社 2007 年版。

33. 郑立、王作堂:《民法学》(第二版),北京大学出版社 1995 年版。

34. 邓曾甲:《日本民法概论》,法律出版社 1995 年版。

35. 张俊浩主编:《民法学原理》,中国政法大学出版社 1991 年版。

36. 马俊驹、余延满:《民法原论》,法律出版社 2010 年版。

37. 梁慧星:《民法总则讲义》,法律出版社 2018 年版。

38. 陈苇主编:《婚姻家庭继承法学》,群众出版社 2012 年版。

39. 陈棋炎、黄宗乐、郭振恭:《民法继承新论》,三民书局 2010 年版。

40. [德]克里斯蒂娜·埃贝尔-博格斯:《德国民法遗产分割(2042-2057aBGB)诺莫斯注解——2014 年最新版诺莫斯德国民法典继承法(1922-2385BGB)注解之一部分》,王强译,中国政法大学出版社 2014 年版。

41. 杨立新、朱呈义:《继承法专论》,高等教育出版社 2006 年版。

42. 杜景林、卢谌:《德国民法典——全条文注释》(下册),

中国政法大学出版社 2015 年版。

43. 马忆南：《婚姻家庭继承法学》（第 3 版），北京大学出版社 2014 年版。

44. 陈苇主编：《婚姻家庭继承法学》（第 2 版），中国政法大学出版社 2014 年版。

45. 王利明等：《物权法论》，中国政法大学出版社 1998 年版。

46. 陈苇主编：《中国继承法修改热点难点问题研究》，群众出版社 2013 年版。

47. 张曼莉主编：《法律社会学》，中央广播电视大学出版社 2012 年版。

48. 陈棋炎：《亲属、继承法基本问题》，三民书局 1980 年版。

49. 赵万一、吴晓锋：《商事思维下的公司法实务研究》，中国法制出版社 2009 年版。

50. ［英］约翰·密尔：《论自由》，许保骙译，商务印书馆 1959 年版。

51. ［法］孟德斯鸠：《论法的精神》（上），孙立坚等译，陕西人民出版社 2001 年版。

52. ［美］迈克尔·D. 贝勒斯：《法律的原则——一个规范的分析》，张文显等译，中国大百科全书出版社 1996 年版。

53. ［法］皮埃尔·勒鲁：《论平等》，王允道译，商务印书馆 2005 年版。

54. ［美］E. 博登海默：《法理学、法哲学与法律方法》，邓正来译，中国政法大学出版社 1998 年版。

55. 胡平仁主编：《法理学》，湖南人民出版社 2008 年版。

56. ［英］彼得·斯坦、约翰·香德著：《西方社会的法律价值》，王献平译，中国法制出版社 2004 年版。

57. 王立争：《民法基本原则专论》，安徽大学出版社 2010 年版。

58. ［美］约翰·罗尔斯：《正义论》，何怀宏、何包钢、廖申白译，中国社会科学出版社 1988 年版。

59. 贺卫方：《司法的理念与制度》，中国政法大学出版社 1998 年版。

60. ［美］理查德·A. 波斯纳：《法律的经济分析》，蒋兆康译，中国大百科全书出版社 1997 年版。

61. 卓泽渊：《法的价值论》（第二版），法律出版社 2006 年版。

62. 费安玲：《罗马继承法研究》，中国政法大学出版社 2000 年版。

63. ［英］梅因：《古代法》，沈景一译，商务印书馆 1959 年版。

64. ［法］爱弥尔·涂尔干：《乱伦禁忌及其起源》，汲喆、付德银、渠东译，上海人民出版社 2003 年版。

65. 江平、米健：《罗马法基础》，中国政法大学出版社 2004 年版。

66. 苏永钦：《民事立法与公司法的接轨》，北京大学出版社 2005 年版。

67. 谢怀栻：《大陆法国家民法典研究》，中国法制出版社 2004 年版。

68. 何勤华主编：《德国法律发达史》，法律出版社 1999 年版。

69. 谢怀栻：《外国民商法精要》（增补版），法律出版社 2006 年版。

70. ［英］安德鲁·伊沃比：《继承法基础》（英文版，第二版），武汉大学出版社 2004 年版。

71. 张家山二四七号汉墓竹简整理小组：《张家山汉墓竹简（二四七号墓）》，文物出版社 2001 年版。

72. 钱大群：《唐律疏义新注》，南京大学出版社 2007 年版。

73. 郝洪斌：《民国时期继承制度的演进（1912—1949）》，中国政法大学出版社 2014 年版。

74. ［日］滋贺秀三：《中国家族法原理》，张建国、李力译，法律出版社 2003 年版。

75. 最高人民法院民法典贯彻实施工作领导小组主编：《中华人民共和国民法典婚姻家庭编继承编理解与适用》，人民法院出版社 2020 年版。

76. 贾明军、袁芳主编：《继承案件裁判要旨总梳理》，法律出版社 2022 年版。

77. ［德］雷纳·弗兰克（Rainer Frank）、［德］托比亚斯·海尔姆斯（Tobias Helms）：《德国继承法》（第六版），王葆莳、林佳业译，中国政法大学出版社 2015 年版。

（二）论文和立法建议稿类

1. 蒙冬梅：《论我国继承法之遗产分割制度》，载《广西社会科学》2009 年第 12 期。

2. 林正雄：《遗产分割之研究》，台湾辅仁大学法律学研究所 1999 年硕士学位论文。

3. 陈锡川：《遗产分割与共同继承人间平等》，"国立"政治大学法律学研究所 1999 年硕士学位论文。

4. 唐敏宝：《遗产分割理论与实务》，载《司法研究年报》2004 年第 24 辑。

5. 秦志远：《遗产分割：制度与价值》，载《理论与探索》2007 年第 6 期。

6. 陈苇、冉启玉：《现代继承法的基本原则研究》，载陈苇等主编：《中国继承法理论与实践研究》，中国人民公安大学出版社 2019 年版。

7. 冯乐坤：《共同继承遗产的定性反思与制度重构》，载《法商研究》2011 年第 2 期。

8. 李国强：《论共同继承遗产的分割规则——以〈物权法〉的解释和〈继承法〉的修改为视角》，载《法学论坛》2013 年第 2 期。

9. 俞江：《继承领域内冲突格局的形成——近代中国的分家习惯与继承法移植》，载《中国社会科学》2005 年第 5 期。

10. 冀建峰：《农村家庭合法财产的分割——对山西省平遥县段村的调查》，载《山西农业大学学报（社会科学版）》2003 年第 3 期。

11. 麻昌华：《论法的民族性与我国继承法的修改》，载《法学评论》2015 年第 1 期。

12. 房绍坤：《关于修订继承法的三点建议》，载《法学论坛》2013 年第 2 期。

13. 付翠英：《遗产管理制度的设立基础和体系架构》，载《法学》2012 年第 8 期。

14. 陈苇、石婷：《我国设立遗产管理制度的社会基础及其制度构建》，载《河北法学》2013 年第 7 期。

15. 陈苇、贺海燕：《论民法典继承编的立法理念与制度新规》，载《河北法学》2020 年第 11 期。

16. 陈苇：《〈中华人民共和国继承法〉修正案建议稿》，载易继明主编：《私法》2013 年第 10 辑第 2 卷，华中科技大学出版社 2013 年版。

17. 杨立新、杨震：《中华人民共和国继承法（修正草案建议稿）》，载《河南财经政法大学学报》2012 年第 5 期。

18. 李校利、王孔雀：《论遗产所有权转移的时间》，载《当代法学》1993 年第 2 期。

19. 刘长宜：《遗产分割方法之研究》，东海大学法律研究所 1993 年硕士学位论文。

20. 吴国平：《遗产继承中债权人利益保护问题探究》，载《政法论丛》2013 年第 2 期。

21. 陈苇、刘宇娇：《中国民法典继承编之遗产清单制度系统化构建研究》，载《现代法学》2019 年第 5 期。

22. 陈苇、刘宇娇：《我国〈民法典〉遗产债务申报与通知制度立法完善研究》，载《学术论坛》2021年第6期。

23. 杜志红：《继承权的迷失与回归》，载《法治论坛》2021年第4辑。

24. 杜志红：《法定继承遗产分割纠纷诉讼时效的限制》，载《河北法学》2016年第6期。

25. 林秀雄：《民法第一一六四条至第一一七三条之注释研究》，载《"行政院国家科学委员会"专题研究计划成果报告》1998年7月。

26. 冯菊萍：《试论共同继承中的若干法律问题》，载刘宪权主编：《华政法律评论》（第6卷），上海人民出版社2013年版。

27. 丁建新：《共有财产分割适用竞价方法初探》，载《政治与法律》1993年第6期。

28. 黎乃忠：《限定继承制度研究》，西南政法大学2015年博士学位论文。

29. 陈志坚：《英国中世纪及近代早期的家产分配方案》，载《世界历史》2007年第5期。

30. 王灵：《英国婚姻家庭继承法现代化简析》，山东师范大学2004年硕士学位论文。

31. 陈苇、魏小军：《论我国遗产范围立法的完善》，载陈苇主编：《中国继承法热点难点问题研究》，群众出版社2013年版。

32. 麻昌华：《遗产范围的界定及其立法模式选择》，载《法学》2012年第8期。

33. 李洪祥：《遗产归扣制度的理论、制度构成及其本土化》，载《现代法学》2012年第5期。

34. 任江：《论我国〈继承法〉遗产范围的重构》，载《河南财经政法大学学报》2013年第5期。

35. 徐文文：《被继承人债务清偿纠纷审判实务若干问题探讨——兼论遗产债务清偿制度的完善》，载《东方法学》2013年第4期。

36. 杨森彪、杜鸿、吴俊鸣：《一方出资另一方签订合同的婚前购置房产如何继承》，载《人民司法·案例》2017年第23期。

37. 朱宗游、林春凤：《遗产形式发生转化时的价值确定及划分标准》，载《人民司法·案例》2010年第22期。

38. 付翠英：《遗产管理制度的设立基础和体系架构》，载《法学》2012年第8期。

39. 祝双夏、孙怡薇：《民法典继承编编纂视野下遗产管理的反思与制度重构》，载《家事法实务》（2019年卷），法律出版社2020年版。

40. 赵莉：《实体与程序并驾驱动遗产管理人制度》，载《法治现代化研究》2023年第3期。

41. 赵学升、黄伟峰：《一方同意人工授精后又反悔，不影响受孕子女的法律地位》，载《人民司法·案例》2009年第4期。

42. 李凯、孔才池：《正当权利的行使方式不得违背公序良俗》，载《山东法官培训学院学报（山东审判）》2017年第4期。

43. 李友根：《论抽签程序在经济法中的运用》，载《现代法学》2008年第3期。

44. 申建平：《继承法上配偶法定居住权立法研究》，载《求是学刊》2012年第4期。

45. 王歌雅：《论继承法的修正》，载《中国法学》2013年第6期。

（三）法典类

1.《瑞士民法典》，于海涌、赵希璇译，法律出版社2016年版。

2.《西班牙民法典》，潘灯、马琴译，中国政法大学出版社2013年版。

3.《日本民法典》，刘士国、牟宪魁、杨瑞贺译，中国法制出版社2018年版。

4.《意大利民法典》，陈国柱译，中国人民大学出版社2010

年版。

5.《越南社会主义共和国民法典：2005 年版》，吴远富编译，厦门大学出版社 2007 年版。

6.《拿破仑法典》，李浩培、吴传颐、孙鸣岗译，商务印书馆 1979 年版。

7. 杨立新主编：《中国百年民法典汇编》，中国法制出版社 2011 年版。

8.《法国民法典》，罗结珍译，北京大学出版社 2010 年版。

9.《德国民法典》（第 5 版），陈卫佐译，法律出版社 2020 年版。

10.《俄罗斯联邦民法典》，黄道秀译，中国民主法制出版社 2020 年版。

二、外文参考文献

1. Arthur Hobhouse. *The dead Hand：Addresses on the Subject of Endowments and Settlements of Property*. London：Chatto & Windus，1880.

2. Michael McAuley. "Forced heirship Redux：A Review of Common Approaches and Values in Civil Jurisdictions." 43 *Loy L Rev* 53（1997-1998）.

3. Dot Reid. "From the Cradle to the Grave：Politics, Families and Inheritance law." *Edinburgh Law Review*, vol. 12, no. 3, 2008.

4. Melanie B. Leslie. "Enforcing Family Promises：Reliance, Reciprocity and Relational Contracts." 77 *NCL Rev.* 5511999.

5. Ch. Perelman. *Justice, Law and Argument：Essays on Moral and Legal Reasoning*. London：D Reidel Publishing Company, 1980.

6. Frangois du Toit. "The Limits Imposed upon Freedom of Testation by the Boni Mores：Lessons from Common Law and Civil Law（Continental）Legal Systems." 11 *Stellenbosch L. Rev.* 358 2000.

7. Martin Schpflin. "Economic Aspects of the Right to a Compulso-

ry Portion in the (French and German) Law of Succession. " *German Working papers in Law and Economics*, 2006.

8. Joan Perkin. *Women and Marriage in Nneteenth - Century England*. London: Routledge, 1989.

9. R. D. Oughton. *Tyler's Family Provision* (2nd ed). Oxford: Professional Books Limited, 1984.

10. Jens Beckert. "Discourses and institutional Development in France, Germany, and the United States. " *Archives of European Sociology*, 2007.

11. J. Thomas Oldham. "What Dose the U. S. System Regarding Inheritance Rights of Children Reveal about American Families. " 33 *Fam. L. Q.* 265 (1999-2000).

后 记

本书是在我的博士学位论文基础上修改完成的。回首我在西南政法大学攻读博士学位期间的那些日子，民商法学院博士生导师张力教授、徐洁教授、石慧荣教授等教师的教学和指导让我获益良多，至今印象深刻、满怀感激！

我的导师陈苇教授自招收我入门起，认真指导我从事课题研究、撰写学术著作和论文，努力培养和提高我的学术研究能力，在指导我撰写博士学位论文时倾注了大量心血。在我确定选题和大纲时，她对我充分肯定、循循善诱；在我写作苦闷时，她及时点拨、鼓励和安慰；在我完成论文初稿时，她又多次对论文的结构和内容提出专业修改意见。陈老师精深的专业知识、严谨的治学态度、勤奋的教学科研工作精神，给我留下了深刻印象，时时激励着我抓紧时间、克服困难完成学业、干好工作。有如此良师与榜样，实乃三生幸事！

本书的出版获得导师陈苇教授、中国人民公安大学出版社刘长青和魏安莉编辑的热心帮助。无论是书名研判、内容编排、文字推敲，还是出版进程的推进，都饱含她们的关心和辛勤付出，在此表示衷心感谢！

家庭不仅是人生的起点、心灵的港湾，也是事业的加油站。在本书写作期间，"忙"和"累"被我不经意地挂在嘴边，是父母一路的照料、叮嘱和安慰，是公婆对我的支持和关怀，是爱人的体贴、鼓励和帮助支撑着我！没有他们，就没有本书的面世！

感谢女儿和儿子带给我的陪伴与快乐！

　　总之，感恩所有帮助过我的人！谢谢你们让冬日暖阳照进我心里，我将不负期望，继续努力前行！

杜志红

2024 年 2 月 28 日

附 录

西南政法大学外国家庭法及妇女理论研究中心简介
（中英文对照）

学术顾问（以姓氏笔画为序）：万相兰、王中伟、王建华、李春茹、
　　　　　　　　　　　　　　　陈　苇、谢晓曦
主　　　任：张　力
常务副主任：朱　凡
秘 书 长：石　婷

　　2003 年 12 月至 2004 年 12 月，西南政法大学民商法学院博士生导师陈苇教授受中国国家留学基金资助，由教育部公派出国留学，她作为访问学者到澳大利亚悉尼大学法学院进修家庭法一年。她回国后于 2005 年 1 月向学校提出了建立"西南政法大学外国家庭法及妇女理论研究中心"的书面申请。2005 年 4 月 1 日西南政法大学校长办公会议批准同意该研究中心成立。

　　本"研究中心"的工作宗旨是：通过整合本校婚姻家庭法及妇女理论方面的科研与教学资源，联合校内外其他单位与部门的相关人员，以西南政法大学为依托，开展中外学术交流，着力研究现阶段中外婚姻家庭继承法及妇女领域的重大理论和实践课题，为我国婚姻家庭继承法的完善及妇女理论的发展提供有益的借鉴经验，为我国立法机关提出相关建议，为司法部门提供法律咨询服务，争取多出科研成果，出精品科研成果，为创建国内一流、国际知名的西南政法大学而努力。

　　本"研究中心"的主要任务包括：1. 开展中外学术交流；2. 提供专业咨询服务；3. 进行学术前沿理论和司法实务问题研究；4. 培养婚姻家庭继承法及妇女理论的学术人才；5. 组织开展

学术讲座等，以期造就一批本学科领域有一定影响的学术骨干和后备学术带头人。

本"研究中心"的学术研究平台，为促进学术研究和学术交流，本研究中心主任陈苇教授自 2005 年起先后创办、主编出版《家事法研究》学术论文集刊和"家事法研究学术文库"丛书，到 2023 年年底为止的 19 年间，已出版《家事法研究》（2005 年卷至 2010 年卷）学术论文集刊六卷和"家事法研究学术文库"丛书著作三十三部。这些论文集和著作，着力研究婚姻家庭继承法领域的前沿理论和司法实务热点难点问题，在我国学术界和实务界已产生了良好的社会影响。必须说明的是，为进一步扩大《家事法研究》的学术影响，在 2009 年中国婚姻家庭法学研究会常务理事会上，经陈苇教授提出申请，该研究会常务理事一致同意，夏吟兰会长宣布自 2010 年起《家事法研究》改由学会主办。但由于 2010 年该学会将出版"2009 年中国婚姻家庭法学研究会年会论文集"，故夏会长委托陈苇教授继续主编出版《家事法研究》（2010 年卷）。即从 2011 年起《家事法研究》改由中国婚姻家庭法学研究会主办，它成为该学会的会刊。为继续推进婚姻家庭继承法领域前沿理论和司法实务问题的研究，本"研究中心"决定打造新的学术研究和交流的平台，自 2012 年起由陈苇教授担任主编，负责遴选出版"家事法研究学术文库"丛书，每年计划出版 1~3 本，由国家级出版社出版。同时，本"研究中心"继续与杨晓林律师组建的家事法律师团队合作，在"西南政法大学外国家庭法及妇女理论研究中心"网页——学习园地之"学术前沿"栏，通过登载婚姻家庭法律资讯简报，发表婚姻家庭继承法领域的前沿理论和司法实务热点难点问题的最新研究成果，以期实现学术研究与立法、司法的良性互动，促进中外学术研究和学术交流。

本"研究中心"的团队成员，以西南政法大学民商法学院婚姻家庭继承法和妇女理论研究所的人员为基础，并聘请校内外的专家、学者担任学术顾问和特约研究员而组成。

Appendix:

Introduction of the Research Center on Foreign Family Law and Women's Theory of Southwest University of Political Science and Law, China

Academic Consultants: Wan Xianglan, Wang Zhongwei, Wang Jianhua, Li Chunru, Chen Wei, Xie Xiaoxi

Director: Zhang Li

Deputy Director: Zhu Fan

Academic Secretary: Shi Ting

Introduction

Professor Chen Wei, the doctor tutor of the Civil and Business Law School of Southwest University of Political Science and Law, China [hereinafter refers to SWUPL], studied family law in the Law School of Sydney University, Australia from Dec. 2003 to Dec. 2004 Supported by the "STATE SCHOLARSHIP FUND AWARD" of China. In Jan. 2005, some days after came back to China, she presented the application for establishing "Research Center on Foreign Family Law and Women's Theory of SWUPL, China". On Apr. 1st 2005, the President's Working Office of SWUPL approved her application.

The aim of the Research Center is to develop academic exchange between China and foreign countries, put emphasis on grand important theory and practice problems of family law and women's theory by associating the researching and teaching resources of SWUPL with relevant personnel of other units and departments. All of that we have done and will do have some important meaning: first of all, we may provide the valuable experiences for the perfection of the laws of family and succession in China and the development of women's theory; the second, we may provide relevant suggestions to Chinese legislature, and may provide legal advice to judicial practice departments. We hope that SWUPL will be top ranking internally and famous internationally with our efforts.

The assignments of theResearch Center including: (1) developing academic exchange between China and foreign countries in relevant fields; (2) providing professional consultation service; (3) strengthening academic research; (4) training some academic adepts of family law and women's theory; (5) giving academic lectures. We hope that some adepts and reserve academic leaders with certain influence in family law field would be brought up.

The academic research platforms of theResearch Center: In order to promote the academic research and exchanges, Professor Chen Wei, director of the Research Center, has founded and edited the publication of the Periodical of Research on Family Law and the Works of Researches on Family Law since 2005. By the end of 2023, 6 volumes of the Periodical of Research on Family Law (Volumes 2005 to 2010) and 33 Works of Researches on Family Law have been published during the nineteenth years. These papers and books, focusing on the frontier theory research on Marriage, Family and Inheritance Law and the judicial practice issues, have had good social affluence in the academic circle and practice circle of China. It is noteworthy that, in order to further expand the academic influence of the Periodical, in the Executive Council of Society of Marriage and Family Law of China (SMFLC) in 2009, upon Professor Chen Wei's proposal, the Executive Council agreed and President Xia Yinlan announced that the Periodical of Research on Family Law was edited by SMFLC after 2010. As SMFLC would publish the papers submitted to the Annual Meeting of SMFLC in 2009, President Xia Yinlan authorized Professor Chen Wei to edit the publication of the Periodical of Research on Family Law (Volume2010) in 2010. The Periodical was edited by SMFLC and became its Society Journal from 2011. In order to continue to advance the theoretical research and judicial practice in the field of Marriage, Family and Inheritance Law, the "Research Center" decided to build a new platform for academic research. 1-3 of the Works of Researches on Family Law which will be selected and edited by Professor Chen Wei for publication each year by the national publishing press since 2012. At the same time, the "Research Center" continues to cooperate with the Family Law Lawyer Team built by Lawyer Yang Xiaolin. On the webpage of "Foreign Family Law and Women's Theory Research Center of SWUPL" ——"Academic Frontier" of Study Column, by published the Information briefing of Marriage and Family Law, the latest research achievements on the frontier theory of Marriage, Family and Inheritance Law and judicial practice issues are published to realize the benign interaction between academic research, legislation and justice and promote the academic research and exchanges between China and foreign countries.

The personnel of the Research Center is mainly composed of scholars from the Marriage, Family and Succession Law and Women's Theory Research Institute of the Civil and Business Law School of SWUPL, China. We also invite some famous experts and scholars around the whole country to be the consultants and special research fellows. They are the members of the Research Center too.

西南政法大学外国家庭法及妇女理论研究中心
2006—2012 年已出版书目

《外国婚姻家庭法比较研究》（2006 年出版）

《中国大陆与港、澳、台继承法比较研究》（2007 年出版）

《当代中国民众继承习惯调查实证研究》（2008 年出版）

《改革开放三十年（1978—2008）中国婚姻家庭继承法研究之回顾与展望》（2010 年出版）

《中国婚姻家庭法立法研究（第二版）》（2010 年出版）

《外国继承法比较与中国民法典继承编制定研究》（2011 年出版）

《当代中国内地与港、澳、台婚姻家庭法比较研究》（2012 年出版）

《加拿大家庭法汇编》（2006 年出版）

《澳大利亚家庭法（2008 年修正）》（2009 年出版）

《美国家庭法精要（第五版）》（2010 年出版）

《澳大利亚法律的传统与发展（第三版）》（2011 年出版）

《家事法研究》2005 年卷（2006 年出版）

《家事法研究》2006 年卷（2007 年出版）

《家事法研究》2007 年卷（2008 年出版）

《家事法研究》2008 年卷（2009 年出版）

《家事法研究》2009 年卷（2010 年出版）

《家事法研究》2010 年卷（2011 年出版）

西南政法大学家事法研究学术文库
2012—2014 年已出版书目

《婚姻家庭法之女性主义分析》（2012 年出版）

《基于性别的家庭暴力之民法规制——中国法与美国法之比较》（2012 年出版）

《亲属法的伦理性及其限度研究》（2012 年出版）

《人文主义视域下的离婚法律制度研究》（2012 年出版）

《遗产债务法律制度研究》（2013 年出版）

《防治家庭暴力立法与实践研究》（2013 年出版））

《私法自治视域下的老年人监护制度研究》（2013 年出版）

《离婚扶养制度研究》（2013 年出版）

《中国继承法修改热点难点问题研究》（2013 年出版）

《我国防治家庭暴力情况实证调查研究——以我国六省市被抽样调查地区防治家庭暴力情况为对象》（2014 年出版）

《家事调解制度研究》（2014 年出版）

图书在版编目（CIP）数据

遗产分割制度比较与适用研究/杜志红著 . --北京：
中国人民公安大学出版社，2024. 12. --ISBN 978-7
-5653-4847-1

Ⅰ. D923. 54
中国国家版本馆 CIP 数据核字第 2024ZT2058 号

遗产分割制度比较与适用研究

杜志红　著

策划编辑：刘长青
责任编辑：魏安莉
责任印制：周振东

出版发行：中国人民公安大学出版社
地　　址：北京市西城区木樨地南里
邮政编码：100038
经　　销：新华书店
印　　刷：北京市科星印刷有限责任公司

版　　次：2024 年 12 月第 1 版
印　　次：2024 年 12 月第 1 次
印　　张：10. 875
开　　本：880 毫米×1230 毫米　1/32
字　　数：285 千字

书　　号：ISBN 978-7-5653-4847-1
定　　价：60. 00 元

网　　址：www. cppsup. com. cn　www. porclub. com. cn
电子邮箱：zbs@ cppsup. com　zbs@ cppsu. edu. cn

营销中心电话：010-83903991
读者服务部电话（门市）：010-83903257
警官读者俱乐部电话（网购、邮购）：010-83901775
法律分社电话：010-83905745